U1003923

GAOZHONG YUWEN
XUANXIUKE ZHUANTI
JIAOXUE TANSUO YANJIU

高中语文选修课专题教学探索研究

陈劲松 著

中央民族大學出版社
China Minzu University Press

图书在版编目（C I P）数据

高中语文选修课专题教学探索研究 / 陈劲松著. —北京：中央民族大学出版社，2013. 2

ISBN 978 - 7 - 5660 - 0378 - 2

Ⅰ. ①高… Ⅱ. ①陈… Ⅲ. ①中学语文课-教学研究-高中 Ⅳ. ①G633. 302

中国版本图书馆 CIP 数据核字（2013）第 053250 号

高中语文选修课专题教学探索研究

作　　者　陈劲松
责任编辑　李　飞
封面设计　汤建军
出 版 者　中央民族大学出版社
　　　　　北京市海淀区中关村南大街 27 号　邮编：100081
　　　　　电话：68472815（发行部）传真：68933757（发行部）
　　　　　　　　68932218（总编室）　　　68932447（办公室）
发 行 者　全国各地新华书店
印 刷 者　北京宏伟双华印刷有限公司
开　　本　880 × 1230（毫米）　1/32　印张：10. 125
字　　数　250 千字
版　　次　2013 年 2 月第 1 版　2013 年 2 月第 1 次印刷
书　　号　ISBN 978 - 7 - 5660 - 0378 - 2
定　　价　26. 00 元

版权所有　翻印必究

总　　序

“苹果园”里“苹果芳馨”

这里的“苹果园”没有一棵真正意义上的苹果树，但在这里每年都会“硕果累累”，“苹果芳馨”，这就是充满生机和人文情怀的地方——北京市苹果园中学。

10 年前，一本以反映苹果园中学学生学习、生活的校园文学作品《青果芳馨》与大家见面，作品全部来自学生，一共 207 篇。尽管同学们的文笔还略显稚嫩，生活经验还不是很丰富，但翻看他们的习作，你会感受到女孩子们那“小荷才露尖尖角”般的清新与自然，感受到男孩子们那“大江东去，浪淘尽”般的胸襟与气魄，感受到他们对美好生活的热爱与憧憬，感受到作为苹果园中学学生的幸福与快乐。我们知道那些挂满枝头的“青果”在辛勤园丁的哺育下散发着缕缕清香……

10 年后的今天，还是在这个园子里，一套以反映苹果园中学教师新课程教学改革实践成果的系列丛书《苹果芳馨》在这里与大家见面。

从 2007 年开始，北京进入到新一个轮次的高中课程改革浪潮中，在这个大潮中，苹果园中学的干部和教师们与时俱进、敢为人先。一时间，苹果园中学这块充满激情的园子里，新课标成为研读的重点；新理念成为热议的焦点；新教学模式成为关注的热点；新课堂成为践行新理念的核心点……沉甸甸的教育教学成果铸就了教师、学生和学校的辉煌，北京市高中课程改革样本校、北京市科研工作先进单位、北京市基础教育课程建设先进单位的殊荣也如期而至。

学校是教师成长的舞台，教师是助推学校发展的基石。几年来，学校因为拥有一批卓越教师而显得熠熠生辉，星光灿烂。这些卓越教师是学校的名片，是践行新课程理念的领跑者，于是我们有了出版《苹果芳馨》系列丛书的想法与冲动，我们想用这样一种方式去总结他们在新课程改革与实践中的教学成果，去记录他们在践行新课程理念中的成长经历。

已经到了“苹果”成熟的季节，我们把《苹果芳馨》系列丛书呈现给大家。有陈劲松老师在探索高中语文选修课教学中关于“专题式”教学方式的实践研究成果；有白晔老师在开设高中心理健康教育课程中编写的校本教材；有赵研老师在践行学科新课程理念，形成独特教学风格，探索学科新教学模式的综合研究成果……

我们知道在今天的“苹果园”里那些硕大的“苹果”已挂满枝头，该是收获的季节了，希望您和我们一样，喜欢“苹果芳馨”。

于志勇

北京市苹果园中学校长

2012 年金秋 10 月

序　言

如何体现高中课程的选择性，以促进学生有个性地全面发展，是高中课程改革的重要目标。为了实现这个目标，需要在两个层面进行改革。首先，在课程结构上，应保证一定数量的选修课程。只有课程的多样化，才能保证课程的选择性和学生选择的机会。其次，选修课的实施如何体现选择性，体现出选修课的特色。从目前高中课程改革的现实而言，很多地区将一些学科的选修模块作为必选模块，进而作为必修模块来处理，没有真正体现选修课的价值，是不争的事实。但是与此形成鲜明对比，也值得关注和欣慰的是，一些学校和老师在选修模块实施方面做了大胆的探索，积累了宝贵的经验。

高中语文选修课应该怎么上？选修课和必修课有什么不同？或者说选修课的特色是什么？自从高中语文选修模块开始实施，老师们经常思考和探索这样的问题。特别是在各地将三个或四个选修模块指定为必选模块的情况下，所谓的选修模块（名义上的必选模块、实际上的必修模块)，与真正意义上的五个必修模块相比，给学校和教师留出的选择空间或余地也极其有限。各地之所以选择这三个或四个模块，是为了强调这几个模块的基础价值，或者说它们更直接对应高考，而非从促进学生多样化发展的角度来决定的。在极其有限的空间和规定动作下，让选修课如何上出选修的“味道”，很多学校和老师没有放弃，一直期待着并不懈地努力探索着。

令人欣喜的是，最近几年很多老师在选修课程实施方面大胆改革，勇于创新，取得了重大突破。有的老师在选修课程内容方面，在充分利用教材的基础上，大量增加其他内容和学习资源，开阔学生的视野，在广泛阅读、比较、选择中使学生提升自己的鉴赏和评价能力。有的老师在教与学的方式上大胆探索，突出学生的自主性，通过个体研读思考、小组探讨和交流、班级展示和评析等方式，突出学习方式的选择性、学习过程的个性化。有的老师在评价方面进行改革，加强评价内容的选择性，如提供多个阅读和作文题，学生从中可以选择作答；也有的突出评价方式的选择性和多样化，突破单纯的试卷形式，个人作品展示或小组成果交流等也可以作为评价方式；还有的加强评价结果的选择性，学生可以在若干次评价结果中选择自己最满意的结果作为最终的课程评价成绩。

受石景山区教委委托，我们从2010年开始在六所中学开展语文课堂改进项目，苹果园中学是其中的一所合作学校。这所学校的陈劲松老师在高中语文选修课程实施方面做了大胆探索，逐渐形成了富有成效的一些做法。她的“高中语文选修课专题式”教学，采用学生自主研修、小组交流、网络研修、作业展示与评价等组织形式，引领学生形成个性化的学习方式、个性化的探究能力。陈老师的探索基于苹果园中学的实际情况，注重的不仅仅是学生学什么，而且是怎么学、怎么更有个性地学、怎么更有效地学。在实现高中语文选修课的“选择性”、真正促进学生个性发展方面，陈老师做了深入的探讨，积累了很好的经验。陈老师的实践让我们看到，即使是在选修课必须要上成必修课的重压下，教师的大胆探索仍然可以让教和学的方式发生变化，仍然可以推动选修课在艰难中不断前行。

作为一所普通学校的一位普通老师，陈老师的探索、经验和教训可能更具有普适性，也许更能够体现出高中语文课程改革的现状。陈老师将自己在高中语文选修课教学过程、操作模式和具体做法等方面的经验做了整理，希望与同行们交流和探讨。我们期待陈老师的尝试和探索、反思和总结会给更多的老师提供借鉴与参考，也期待着更多的老师能够像陈老师这样共享宝贵的智慧，共同推动高中语文课程改革。

北京师范大学文学院教授，国家语文课程标准研制修订组专家，《中国教师》杂志主编

郑国民

目　　录

第一章　高中语文选修课专题教学的探索之路

第一节　综　述

（一）选修课程的定位和实施

1. 构建开放、有序的语文课程系统

北京市自2007年进入高中语文新课程的改革实验，设置必修和选修两部分课程成为新一轮语文课程改革最突出的特点。《普通高中语文课程标准（实验）》（以下简称《课程标准》）指出："为了适应高中教育发展的趋势，适应社会对人才的多样化需求和学生对语文教育的不同期待，高中语文课程必须体现时代性、基础性和选择性，既要在义务教育的基础上，使学生的语文素养普遍获得进一步提高，同时也要为具有不同需求的学生提供更大的发展空间。因此，需要建立一个新的高中语文课程结构和实施机制。"① 新的高中语文课程结构包括必修和选修两部分课程，这在我国普通高中的历史上是一次对传统课程系统的突破性改革和超越。

设置必修和选修两部分课程体现了《课程标准》提出的"遵循共同基础与多样选择相统一的原则，构建开放、有序的语文课程"的理念，两者共同构建了开放而有活力的语文课程系统。必修课程和选修课程有着各自不同的功能和定位。《课程标准》明

---

① 中华人民共和国教育部制订：《普通高中语文课程标准（实验）》，人民教育出版社，2004年版，第3页。

确规定了必修和选修在课程功能上的各自侧重："必修课程要突出课程的基础性和均衡性。学生通过必修课程的学习，应该具有良好的思想文化修养和较强的运用语言文字的能力，在语文的应用、审美和探究等方面得到比较协调的发展。选修课程也应该体现基础性，但更应该致力于让学生有选择地学习，促进学生有个性地发展。"①《课程标准》还指出："高中选修课程是在必修课程基础上的拓展与提高"，指明了必修和选修两部分课程紧密相关、相辅相成的关系。本着《课程标准》精神，应该对两部分课程进行这样的定位："必修课程要突出课程的基础性和均衡性，应该着眼于培养所有学生都必须具备的基本素养，为学生的发展奠定'共同基础'；而选修课程应在必修课程的基础上突出拓展性和选择性，更应关注如何适应学生不同的发展需要和发展潜能，促进学生的个性化发展。"②

2. 选修课程的目标

在高中开设选修课程是新课程改革的一项重大举措。遵循《课程标准》提出的"高中语文课程应进一步提高学生的语文素养，使学生具有较强的语文应用能力和一定的审美能力、探究能力，形成良好的思想道德素质和科学文化素质，为终身学习和有个性的发展奠定基础"的课程性质，开设选修课是"为了进一步切实提高学生的语文素养，针对不同学生有侧重地培养语文应用能力、审美能力和探究能力，促进学生特长和个性的发展，以适应及满足其兴趣和潜能、未来学习和就业的需要"③，其中，"适

① 中华人民共和国教育部制订：《普通高中语文课程标准（实验）》，人民教育出版社，2004 年版，第 4 页。

② 刘宇新：《选修课程的有效实施——选修课例展示与研究》，2010 年 8 月，北京教科院基教研中心中语室提供的教师培训课件。

③ 语文课程标准研制组编写：《语文课程标准（实验）解读》，湖北教育出版社，2004 年版，第 114 页。

应及满足”学生的“兴趣和需要”、“促进学生特长和个性的发展”是开设选修课的出发点和落脚点。从中可以看出，开设选修课程的主要目的是通过让学生有选择地学习来顺应不同学生的兴趣爱好，满足学生个性化可持续性发展的需要。归根到底，是为了从根本上实现高中语文课程“提高学生的语文素养”的育人目标，进而更好地满足现代社会对人才的多样性需求。

3. 选修课程的实施

选修课与必修课明显的区别在于一个“选”字，选修课更强调教与学的选择性，强调“自主性选择”。这样，走班式自由选课就成为了一种理想的选修课程形式。中学走班制选课方式源于美国，现已在世界范围内广泛推行。在施行走班制的这些中学，就像大学那样，各学科教师和教室固定，同一班级的学生根据自己对课程的不同选择分别到相应的教室去学习。这样的做法能够为学生提供根据自己的兴趣、爱好和需要选择课程的教学环境。但是，在我国还存在着现实条件的种种限制，比如，有些学校能够开设的选修课程数量有限，教室数量有限，尤其是统一高考对教学内容的制约，这些因素使走班式自由选课的实验难以普及实施。

针对现实，北京市教研部门创造性地提出了开展“专题选修”的指导思想，为全市推进选修课程实施寻找到了新的突破口。“专题选修”的做法是：采用“专题式教学”的策略，从现有选修教材中开发确立供学生选择的学习专题，让学生在现有教材内实现“专题选修”；在现有班级形式下，依托现行教材，采用“专题式教学”，在实现“共同基础”的前提下促进学生的“个性发展”。在专题选修的基础上，再去开发适合本校学生的选修课程，最终实现《课程标准》提出的

“建设满足社会发展需求和学生愿望的选修课”的目的。[①]“专题式教学”，是指依托现有的选修教材，充分开发、利用教材资源，从中挖掘适合学生开展探究的、有语文学习价值的“专题”来实施教学的方式。这样，在走班式自由选课条件不成熟的学校，“专题式教学”就成为了从学习内容的选择入手，通过对“专题”的选择来实现“选修”课程目标，以此来落实选修课程理念的一条途径。“专题式教学”突破了选修课程“走班”和“选课”的思维定式，这种教学方式无疑为实施选修教学提供了省时省力又易于操作的途径和方法。

（二）模块课程·专题教学

1. 模块教学

北京市倡导的“专题式教学”方式践行的是“模块教学”的课程理论和课程形态。“模块教学”本是国际劳工组织在20世纪70年代开发出来的一种较为先进的培训模式。成功的范例是加拿大荷兰学院的模块教学模式，它是一种以能力为基础、以培养技术岗位型人才为目标的教学形态。我国于1993年引进了模块教学，首先应用于职业教育。在已取得的实践经验的基础上，此次高中语文新课程改革积极推行“模块教学”课程理论和课程形态。对于“模块教学”，北京师范大学文学院的张秋玲博士做了如下的解读：以“模块”组织的课堂内容是多维立体的，教学可以从任何一个维度开始，可在任何一个维度结束，其整个教学过程随学生自身需要、学力水平、知识经验的变化而变化，整个教学过程以教学的终极目标为核心，呈球体状向多个维度“聚合←→辐射”，有别于传统线性展开的课程设计（见下图）。

以模块组织的语文教学，从真实情境下的语文学习问题开

① 刘宇新、韩明英、亓东军：《对选修课程中“专题式教学”的思考与设计》，载《中学语文教学》（京）2009年2期。

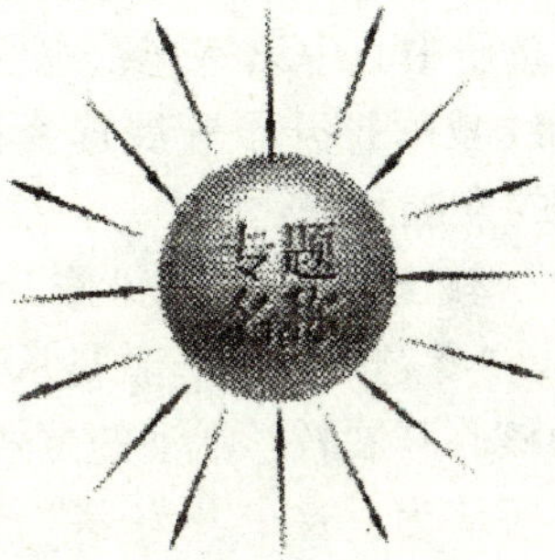

模块教学的“聚合←→辐射”模型图

始，教师仅提供指向学习问题的阅读材料，学生通过对阅读材料的研读，依据自身经验与学习态度研究问题，然后再通过拓展或深入阅读，以自主解决问题为终极目的。教师在这个过程中仅在学生需要帮助时提供技术指导与支持，引导其阅读路径，有时需要根据学生的阅读状态及时补充或抽换阅读材料，调整材料的难易，以适应学生的思维水平及思维品质的发展，呈现的是相对独立的“聚合←→辐射”特点。①其中的“聚合←→辐射”课程形态，展示了这种教学方式基于专题名称的逻辑起点而呈现的开放性的教学特点。而“学生是学习的主人、教师是学生学习的指导者”、“注重学生学习的个性化”、“具有课程的灵活性以及实践性”等理念，都能够成为开展选修课专题教学的强有力的理论支撑。

2. 专题式教学

从2008年开始，北京市的高中语文课程改革进入到选修模块教学的实验阶段。北京市教研部门本着“突出选修模块的学科

① 张秋玲：《把语文教学引回自己的家园——走进吴鸿“语文研究性学习常态化”实验的逻辑思考》，载《人民教育》2010年22期，第36页。

特点”的指导思想，积极倡导开展“专题式教学”的研究和实践。北京市基础教育教研中心中语室连续组织了多次的大型培训和研究课展示，为一线教师打开了开展选修教学的思路和灵感，促进了选修模块教学的发展和深化。

把“专题式教学”教出“选”和“修”的味道，是开好选修课必须解决的问题。“专题式教学”就是从选择、确立“专题”入手，以“专题”为核心开展教学活动的方式。北京教科院基教研中心中语室的刘宇新认为：这个“专题”，不是简单的知识点或能力点，也不是学习中遇到的一般问题，而是从教材中提炼出来的、具有研究或探讨价值、可以统领全部教学的“专题”。这样的“专题”应是切入点（确立的专题应当是学生深入学习文本的最佳下手之处）、专业点（确立的专题应当是学生所必须掌握的语文内容）、集结点（确立的专题应当是单元学习面对的共同问题）和提升点（确立的专题经过学生的研究，有助于其自身语文素养的提高）。[①] 采用“专题式教学”方式，需要教师在开展选修课专题教学之前，认真研读现有教材，从中挖掘“专题”资源。在教学中要引导学生确立“专题”，继而开展围绕“专题”的探究性学习。这种教学方式能够通过学生对学习内容的自主选择来实现选修课程的设计目的，从而在专题教学中教出“选修”的特色。

我们石景山区使用的北京版选修教材是北京市高中语文课程改革实验使用的两套教材中的一套（另有实验区使用人民教育出版社教材）。北京版教材的选修部分都是按照专题编排的，如“史传文学”、“报告文学”、“毛泽东诗文”、“外国小说”，等等。这种专题侧重内容组元，由于只划定了文本类型，而没有提出学

---

① 刘宇新：《选修课程的有效实施——选修课例展示与研究》，2010 年 8 月，北京教科院基教研中心中语室提供的教师培训课件。

生开展探究的“专题”，使得专题探究多少有点无从下手。相比之下，人民教育出版社选修教材以语文的专业问题作为“专题”，为开展探究提供了方便，但是，这两套选修教材的内容不一致，很难直接采用人教版的“专题”题目。引导学生从教材中确立探究“专题”，这是使用北京版教材必须面对的艰巨任务，是开展专题教学必须突破的一个难题。新的北京版教材迫使一线教师必须走一条探索之路，也是创新之路。

目前，北京市选修课专题教学尚处于起步阶段，对于一线教师来说，无论是“模块教学”课程理论，还是“专题式教学”方式，都还处在理论层面，需要去学习和适应。另外，对“模块教学”和“专题式教学”方式的研究也多是对理论的探讨、学理的论证，对教学中的实际问题缺少研究，对一线教学的指导意义不强。因此，还需要一线教师在教学中，通过努力学习和实践，在理论与教学实际之间架起一座桥梁，走出一条既符合理论认识又符合教学规律的专题教学之路，创造出更多有价值的实践成果。

（三）选修课中师生的共同发展

1. 教育理念的更新

选修课程是一个新型课程，带来的不仅是课程形态的变化，更是教育理念的更新。《课程标准》指出：“高中语文课程应遵循共同基础与多样选择相统一的原则，精选学习内容，变更学习方式，使全体学生都获得必需的语文素养；同时，必须顾及学生在原有基础、自我发展方向和学习需求等方面的差异，激发学生的兴趣和潜能，增强课程的选择性，为每一个学生创设更好的学习条件和更广阔的成长空间，促进学生特长和个性的发展。”① 侧重“多样选择”的原则开设语文选修课程，其主要目的是为了“适

① 中华人民共和国教育部制订：《普通高中语文课程标准（实验）》，人民教育出版社，2004 年版，第 3 页。

应及满足”学生的“兴趣和需要”、“促进学生特长和个性的发展”，这就要求教师在选修教学中要充分关注学生及其个性发展，教学的着眼点应由学科知识转变为人的发展。在教学方式上，不仅要改变重“教”轻“学”、“教”主导着“学”的传统的教学方式，而且强调让学生主动地学、自主地学，有相对自由的可供选择的空间。因此，在教授选修课程时，教师要超越传统的主导与被动的师生关系，在课程设计上应该更多地追求为学生搭建自主学习的平台，在教学过程中应该主动地追求教师与学生的互动性，共同探索，交流沟通，实现教学相长。《基础教育课程改革纲要》也明确指出，教学过程是师生交往、共同发展的互动过程。在这样的教育理念下，教师的角色应该实现如下转变：从知识的传授者转变为学习的促进者，从学生的管理者转变为学生的引导者，从教室中的权威转变为平等的合作者。最终，教师和学生应该建立起平等、民主、公正、宽容、鼓励和帮助的师生关系。

2. 学生的发展

新型的选修课程让学生和教师共同站在一个新的起跑线上，为实现学生在新课程中的发展创造了条件。语文新课程在高二阶段从必修课进入到选修课的教学。《课程标准》指出选修课是在必修课程基础上的拓展与提高，“更应该致力于让学生有选择地学习，促进学生有个性地发展。”① 因此，选修课应该增强学习内容的选择性，为学生的个性发展创设学习条件。高中学生已具备一定的语文素养，学习中的个性倾向渐渐明显，不同学生的学习兴趣和需求的差异逐渐增大，学生对语文学习的应用性目标、审美性目标、探究性目标的追求也会各有侧重，学生对选修课具有

---

① 中华人民共和国教育部制订：《普通高中语文课程标准（实验）》，人民教育出版社，2004年版，第4页。

不同于必修课的期望。因此，选修课应该具有很强的针对性，教学内容和要求必须在充分考虑学生特点和需要的基础上设定，在教学中就必须充分顾及到学生在原有基础、自我发展方向和学习需求等方面的差异，强化学生的兴趣，激发学习的潜能，从而促进学生特长和个性的发展。

北京市在现有条件下推行“专题选修”教学思路，是让学生在现有教材内通过选择“专题”来实现对学习内容的选择，这样选择的学习内容具有一定的灵活性和拓展性，在一定程度上可以满足学生对于选修课程的个性化的期望。学生在选择自己的“专题”的过程中，可以顾及自己的原有基础、自我发展方向和学习需求，可以有更多的自主选择，有助于强化学习主体意识和提升主动学习能力。在接下来的“专题”探究性学习过程中，学生要面对教材纷繁复杂的内容信息，要查阅有关信息，这样的学习方式能够充分锻炼学生搜集和处理信息的能力以及主动解决问题的能力，有助于激发自主探究性学习的热情，促进自主学习能力的发展。几年的实践证明，“专题选修”教学方式是一条既能够落实选修课程理念又能切实提高学生自主探究性学习能力的有效途径。

3. 教师的发展

开设选修课，为教师和语文课程同步发展创设了条件。新课程、新教材，新教法，这些都给教师过去习惯的教学观念和思维带来了明显的冲击，给教师带来了全新的挑战。既不能简单地沿袭原来传统课程的教法，一时又没有现成的教学模式、经验可以借鉴，这势必给一线教师带来一定的教学困难和困惑。教师只有面对现实，以积极主动的态度，去适应新课程、新教材，探索新教法，才能教有所成。虽然崭新的专题教材没有现成的教法可循，但教无定法，倒可以让教师摆脱传统教学的条条框框，突破传统的经验套路，打破因循守旧的思维习惯，有更多的自我发挥空间。从这个意义上说，选修课就像是一块未开垦的处女地，给教师带来了创新的领域和专业发展的自由空间。

高中语文课程改革实施以来，北京市一直倡导采用“专题式教学”开展选修课的教学思路。这种“专题选修”的方式对教师提出了新的要求：

一是必须提高课程开发的能力。专题教学的特点，使教师不仅是课程的实施者，也是课程的开发者。采用“专题式教学”的策略，要从现有选修教材中开发确立供学生选择的学习“专题”。从教材中开发“专题”的质量决定了专题教学的成败，这就促使教师必须创造性地使用教材，发掘自身的专业潜能，提高课程开发的能力，从课程的执行者转变为课程的开发者。

二是必须深入研究学生。新课程“以学生为主体”的理念要求教师要加强对学生的研究，把教学出发点和着力点从教师如何“教”转变为学生如何“学”，做到以学定教。选修课专题教学应该有很强的针对性，教学内容和要求必须在充分考虑学生特点和需要的基础上设定，所以，教师应该深入研究学生，根据学生的学习心理、学习能力和实际需要开展教学，要在专题知识与学生生活世界之间建立起结构性的联系，满足学生个性化、多样化的发展需求，形成基于学生需要的多样化培养模式。

三是必须全面改变教学方式和方法。在开展选修课专题教学中，教师应该改变传统的教学方法，提升专题教学的质量。对此，《课程标准》也指出：“为改变过于强调接受学习、死记硬背、机械训练的状况，特别要重视探究的学习方式，教师应努力提高组织教学和引导学生学习的质量。”①“专题式教学”的特点是让学生通过自主探究“专题”来实现“专题选修”，这就意味

① 中华人民共和国教育部制订：《普通高中语文课程标准（实验）》，人民教育出版社，2004年版，第15页。

着教学的重心就要从传统的教授课文转向指导学生开展自主探究活动，专题的教学过程转变成学生探究“专题”的学习过程。因此，教师在课程实施过程中的主要作用应该体现在帮助学生掌握主动探究学习方式，强化方法指导，激励学生积极参与，组织开展合作学习等方面，这对教师提出了更高的专业素质和教学能力的要求。

选修课和必修课的教学存在一定的差别，对教师的教学方法提出了新的要求。《课程标准》指出：“选修课的教学，要按照课程目标制订计划，不能因其设置灵活而凌乱随意、漫无计划，也不能因其拓展性要求而片面追求新奇深奥，脱离课程目标和学生实际。”可见，过于追求不切合实际的课程的选择性和拓展性，不符合教学的基本规律，是不可取的教学思路。开展专题教学，教师应该注意到不同专题的教学也存在一定的差别，《课程标准》指出：“不同类型的选修课之间存在着课程目标和教学方法上的差异”、“有的侧重于实际应用，有的着眼于鉴赏陶冶，有的旨在引导探索研究”①，所以教师特别需要注意寻找与专题内容相适应的教学方法。

开设选修课不可避免也不应该回避的问题是面对高考。几十年沿续的高考制度极大地制约着高中课程，千军万马过独木桥的现实，自然形成了急功近利教学语文的心理。于是，在高考应试的压力之下，有的教师把选修教学当成是高考应试的附庸，把选修课上成应试的复习课。这种做法显然违背了选修课程设置的初衷，造成了选修课这种课程的扭曲和变味。究其原因，可能是这些教师认为选修课程与高考脱节，担心开展选修教学对于取得高考成绩没有太大的功效。其实，北京市基教研中心一直倡导在选

① 中华人民共和国教育部制订：《普通高中语文课程标准（实验）》，人民教育出版社，2004 年版，第 18 页。

修课实施中要立足教材开展专题教学，没有追求远离高考的选修课程，这就不会形成课程理想与高考现实的巨大反差和尖锐矛盾，教师也就不必夸大选修课程与高考的矛盾。况且，从高考考试内容来看，阅读理解和作文两个高考板块分值最大、具有决定意义，选修课专题教学完全可以通过基于专题的读写实践来提升学生阅读理解能力和写作能力，从而在高考中获得理想的成绩。因此，我们有理由说，选修与高考不是绝对对立的两个方面，而是相辅相成的一体。当然，要实现这一点，最根本的条件就是教师提升选修课专题教学的能力。

教师在选修课专题教学中能够锻炼自我，促进专业成长。教师个人的专业发展也来自专业的引领。北京市基教研中心致力于“专题式教学”方式的研究，并且通过一系列的教研活动，带动一线教师开展专题教学的研究。教师参与专业培训，参与课程开发，与学生对话，与专家对话，研究的自觉性增强了，加快了专业发展。一线教师有贴近教学和学情的优势，要自觉参与教材中“专题”开发，而且要充分挖掘“专题式教学”的潜力和深层次价值，为开展专题教学打下坚实的基础。对教师来说，提高对这种全新的课程方式的研究和开发能力是一个挑战，更是职业生涯中新的发展方向。

语文选修课程能够成为教师专业发展的加速器。在以往传统的按部就班的教学过程中，作为知识的传递者，教师可能找不到自己的创造价值和成功感。而新型的选修课程成为了教师施展才华的舞台，给教师带来了创新的领域和专业发展的自由空间。开展选修课专题教学，教师必须钻研新教材、新教法，争取教学的长足进步和专业能力的提升。《课程标准》也指出：“教师应遵循教学基本规律，并根据自身的特色和条件，发挥优势和特长，努力形成自己的教学特色。”[①] 在开展专题教学的实践中，无论是开发确立“专题”，还是指导学生自主探究学习，都是与以往传统教学有很大不同的教学领域，都需要教师必须充分调动自己的积极性，发挥自身的优势和专长来实现教学的突破。教师在实践中思考、体验中感悟、调整中促进、锻炼中提升，在专业化成长的过程中触发专业潜力、活力和创造力，焕发职业热情，进而获得教师专业的个性化的发展。教师应该以开展专题教学为契机，自觉成为先进教育理念的实践者、新型课程的探索者、教学规律的研究者，最终，要成为专业化的创造者、专家型教师。

第二节 实践与探索

在北京市高中新课程的改革实验中，作为北京版教材实验一线的教师，我依托选修课专题教材，在“专题式教学”方面进行了扎扎实实的实践和深入细致的探索。

第一轮课程改革实验（2007 年 9 月—2010 年 6 月），在 2008 年进入选修课的教学，我在八个选修专题中开展了自觉的研究，即《左传》与《战国策》、诸子散文、鲁迅诗文、辞赋与骈文、欧美经典小说、唐宋古文、红色经典、京味小说专题。这期间，我逐渐摸索出一套适合校情、学情的较为有效的专题教学方法，初步形成了自己的选修课教学特色。

2010 年 9 月，我留任高三年级，进入第二轮选修课程的收尾阶段，进行了选修模块四中的唐宋古文专题、京味小说专题的教学，又有了第二轮教学体验和科研成果。

---

① 中华人民共和国教育部制订：《普通高中语文课程标准（实验）》，人民教育出版社，2004 年版，第 15 页。

自2011年9月起，开始新的高一年级教学，至今已进入高二年级，这是我开展的第三轮课程实验。期间，我已经成功开设了两个突破教材范畴、体现拓展性的专题教学，即李白专题、张爱玲作品选读专题。在专题教学方面的探索正在继续。

回首自己在选修课专题教学的探索之路，可以说困惑与挑战并存、思考与感悟交织，在坚持中慢慢积淀了经验，在求索中收获着欣喜和成功。

（一）从迷茫走向自觉

2007年，北京市进入高中新课程第一轮的改革实验。这一年，我的教学生涯进入第十七个年头，这时的我已经有了一定的知识积淀和教学经验，可是我却没有更多的职业的成就感，反而有更为强烈的焦虑和倦怠。审视教育现状，在素质教育、创新教育、快乐教育的旗帜下，我们的学生却不得不埋头“啃”读书本，两耳不闻窗外事，一心只读高考书。教育理论和实际现状是两张皮，这种情况招致社会对教育的质疑、对语文教学的非议。对此，我也算是有比较清醒的认识，但在实际的工作中，作为一名普通的教师，一方面为语文被标准化、肢解化、分数化的状况感到不满和愤慨，另一方面也被强大的应试力量裹挟着，竭尽所能地追求教学的功利化效果。在这种职业人格的分离焦虑中，职业倦怠悄然来袭，潜滋暗长。有几年，耳畔也时时飘过一些花样翻新的教育术语，但是，它们就像一阵流行的风，唤不起我内心的共鸣。这期间，其实，我自己内心也在挣扎，寻求改变。也正是如此，我满怀欣喜地迎接语文课程改革时代的到来。

新课程之初，面对新课程、新教材，新教法，的确一时无法适应这种变化，但我以积极主动的态度，去适应新课程、新教材，探索新教法。经过一年多必修课程的教学，新的课程理念已然落地生根，在教学观念上，我认识到应该从“教”主导“学”转变为“以学为中心”，从以往的接受、记忆、模仿学习转变为自主、合作、探究学习方式。在教学实践中，我开始尝试立足于问题教学，展开探究性学习。有了这样的基础，当高二年级开始进入选修课程时，我没有抵触情绪，反而有了一种新的期待，期待自己能很快适应新教材，期待自己能在教学中有新的突破，期待尝试和运用新的教学模式，也期待学生能通过我的教学更加主动地投入到学习中，并能掌握自主学习的方法，增强自主学习的能力，真正实现新课程实施的初衷。所以，我对选修课北京版教材的教学，投入了极大的工作热情，在教学中积极思考，在思考中不断探索，在实践中不断积累，在反思中不断提升，扎扎实实地走在一条探索之路上。

新型的选修课程，为教师的自主教学、学生的自主学习打开了较广阔的空间，同时在教材、教法和学法各方面都带来了全新的挑战。面临着选修模块的教学，我的心里也没有底。为了更快更好地适应选修模块的教学，除了接受北京市教研部门组织的暑期新课程培训外，我还认真研读了《课程标准》。《课程标准》对选修教学有系统的界定、规划和安排，但它只是一个指导纲领，理想化色彩比较重，缺少教学实施的策略，缺少课堂层面的指导，缺少具体的操作要领，尚需一线教师在选修实践探索中进一步丰富、完善和充实它。我还通过网络和教学期刊查阅选修课教学理论和研究成果，我发现这些研究大多是对现有课程教学理论的摘引和演绎，对教学中的实际问题缺少研究，缺少现实针对性，对一线教学指导意义不大。

1. 教师尝试确立“专题”

开始进入选修教学部分，一线教师普遍感觉到困难较大，困惑较多。初期开展专题教学，我感到最困难的地方就是确立“专题”。当时，我对于如何确立“专题”也知之不多。我们选修的第一个专题是《左传》与《战国策》专题，在暑期培训中，我校的教师组群策群力，拟出了十几个探究性题目：

（1）从《战国策》和《左传》看古人的讽谏艺术

（2）《左传》中的战争描写艺术

（3）刻画人物中细节描写的作用

（4）史传文学中谦辞的历史变迁

（5）史传文学“谏语”的分类与作用

（6）史传文学的场面描写

（7）《左传》的叙事特点分析

（8）史传文学的敬辞使用

（9）读《左传》品英雄

（10）我看秦穆公

（11）从《左传》作品看外交辞令

（12）谈《左传》里的战争中的人物形象

（13）《左传》中战争描写的特点分析

（14）《左传》中敬辞、外交辞令浅析

（15）我看史传中的某一历史人物

这些题目多是从史传文学的内容、创作手法入手拟定的，现在看来，有的也有偏失。比如，其中的“我看史传中的某一历史人物”，就不能关照到整个专题的学习内容。因为《左传》与《战国策》专题是我遇到的第一个专题，还没有教学的经验，又有文言文的教学难度，所以我当时只是在逐篇选文教学结束后，把这几个探究性题目直接推荐给学生，学生任选一个题目写篇小论文，很多学生选择的就是“我看史传中的某一历史人物”这个题目，就此草草结束了专题学习。

接下来开展的《史记》与《汉书》专题、《论语》与《孟子》专题，在教学方式上也没有根本性的改变。我先指导学生阅读“泛读导引”文章，让学生对专题内容进行一下整体了解，接下来逐篇完成课文学习，最后要求学生写篇小论文作为专题学习的总结。学生小论文多是单篇课文的总结，也谈不上探究性学习。以上三个专题的教学，都没有从课程的意义上与必修课的教学区别开来。究其原因，还是我在教学观念上没有及时从必修向选修课程转变，对选修课程有畏难心理，又缺乏专题教学的能力。在客观上，使用北京版教材，从文言文专题起步，也给新进入专题学习带来了一定的困难和障碍。

2. 尝试引导学生自主确立“专题”

到了诸子散文专题，经过认真学习《课程标准》，反思自己的教学，我认识到，教好选修课应该从确立“专题”方面找到突破口。在区教研员纪秋香老师的启发下，我开始把自己对“专题”的想法真正投入到教学实践。当时，我已经能够认识到专题教学必须是关注“整个专题”的教学，本着这个出发点，我开始尝试引导学生自主确立“专题”，体验整个专题的学习过程。学习之初，我引导学生重点研读“泛读导引”文章《魅力恒久的诸子散文》，要求学生根据文中重要信息确立自己的“专题”。因为是初次真正意义上的自己拟定“专题”，再加上学习文言文的困难，学生们初拟的题目往往不是十分恰当。一是大而空型，比如《诸子散文》、《古文的说理魅力》，等等。还有就是小而窄型，如《庖丁解牛》、《韩非子的说理特色》，等等。为了弥补“专题”的不足，在课文学习阶段，我把教学重点放在围绕学生的相关“专题”而展开的讨论交流上，这样下来，大多数学生对“专题”有了认识，在初期不够明确的“专题”逐渐变得清晰起来。以张泰同学为例，他在首篇选文《庖丁解牛》的学习中认识到了“庄子是很善于使用对比手法来说理的”。接下来，在后面课文的学习中，他格外关注对比手法的运用。最后，张泰同学完成了一篇小论文，题目是《对比，彰显思想》，副标题是“论诸子散文中对比手法的运用及效果”（在后面的文章《选修课中的专题教学的尝试与反思》中，记录了张泰从四篇探究作业、论文初稿，到最后定稿的过程）。这篇论文能够体现张泰在整个专题学习的成果。

在整个专题学习过程中，从“专题”的确立，到选文探究，最后到展示成果的各个环节，张泰的每一步成果都被选作范例，在课堂上让大家评价、修改、完善。应该说，这篇论文既是个人专题学习的成果，也是师生集体智慧的结晶。专题初期，对专题的论文应该是什么样子，我和学生都很茫然，经过这样的专题学习，终于产生了可以看作是专题学习成果的论文。像张泰一样，其他学生也经过探究和学习借鉴，最终完成了一篇论文写作。这些论文的形成过程，其实也记录了我第一次深入指导整个专题的过程，我对专题教学的流程和其中的困难都有了切身的体验。在这个专题教学过程中，我一直感到非常吃力。在初期确立“专题”环节，对于确立“专题”的原则和方法我自己都不太明了，缺乏对学生的有效指导，学生难以确立高质量“专题”题目，好些学生产生了畏难情绪，直接影响了后续的专题学习。进入选文学习环节，情况有了转变。在我的启发下，学生通过深入学习第一篇选文，找到了进入专题探究的具体的切入点，这就为后面的选文学习明确了探究的方向。在探究的“专题”导向下坚持学完四篇选文，学生也算体验了相对完整的专题学习过程。在这个专题教学过程中，我认识到了初期确立“专题”的重要性，也明白了自己对于“专题”及其教学规律认识的不足。这个专题教学，是我初次真正意义上的“专题式”的教学，尽管很不成熟，但是看到学生的小论文成果，我增强了开展专题教学的信心和热情。自此，我在后面的专题教学中都能够自觉地开展“专题式”的教学，一路走了下去。

3. 学生独立确立“专题”

到了鲁迅专题，我尝试让学生独立确立“专题”。考虑到鲁迅的诗文较文言文要容易理解和把握，我先要求学生阅读“泛读导引”文章，明确自己的“专题”方向。接着又用了两个课时放手让学生自读这几篇诗文，要求学生依据“专题”方向进行重点阅读和思考，从而确定“专题”。从学生的原创“专题”上，我发现学生的研究角度还是比较丰富的。第一类是研究作家的，比如“鲁迅其人”、“鲁迅个性”等。第二类是研究作品人物的，如“鲁迅与韦素园君”、“鲁迅作品中的不同社会类型的人物”、“鲁迅的怀人散文”，等等。第三类是研究作品思想内容的，比如“国民的病苦”、“谁是聪明人、傻子和奴才”，等等。第四类是研究作品的写作特色的，比如“鲁迅作品的讽刺手段”、“鲁迅散文中善于用词的特色”、“形散而神不散”，等等。经过评价、修改，这些从不同的角度和层面确立的“专题”成为整个鲁迅专题学习的重点。

这个专题在教学上的一个突破是让学生先确立自己的“专题”，之后再开展“专题”探究，这样的学习比前面诸子散文的学习更显合理、顺畅。如何评价学生原创的“专题”，其实此时的我并没有一套明确的标准，只是借鉴前期市级公开课上提出的“依据文本”、“合理切入”、“大小适度”、“富有文采”等几点内容。但是，我仍然觉得这样开展专题教学不够深入。于是，我开始深入思考对“专题”的认识，我模糊地认识到，一个好的“专题”应该符合趣味性、合理性和可行性。对于什么是合理的“专题”，我认识到应该依据文本进行探究，这就要紧密结合专题选文体裁的基本特点，用鉴赏文本的基本方法深入分析思考专题学习的内容，从务实而具体的角度来确立“专题”。这样，我对专题教学的认识有了提升。

4. 学生开展自主性探究

对辞赋与骈文专题，我开始尝试放手让学生开展自主性探究。我觉得，学生在前两个专题的学习基础上，已表现出独立自主确立“专题”的兴趣。于是，围绕着学生确立的“专题”，引导学生研读了专题中的《阿房宫赋》和《陈情表》两篇选文。之后，我对下一步的教学做了调整。对另两篇选文《滕王阁序》和

《兰亭集序》，除了要求学生梳理文意之外，没有在课堂上组织探究“专题”的教学，而是要求学生在确立的“专题”的导向下独立自主完成“专题”探究，还要写出每篇选文的探究作业，最后完成专题小论文。之所以这么做，是为了让学生自己找寻、发现选文间专题性的联系，强化自我探究的意识。我相信，经过诸子散文专题的训练，学生是能够完成这种连续性的学习的。果然，学生大多能够顺畅地进行后两篇选文的探究。以朱旭同学为例，他确立的“专题”是“古文中骈体句和对偶的运用”。在《陈情表》中，他认识到“叙事可以用对偶和骈体句”。下一篇学的是《阿房宫赋》，他认识到“写景可以用对偶和骈体句”。按照这样的学习基础和思维轨迹，他在自读后两篇选文的过程中，举一反三，触类旁通。他在探究作业中写道“自学得比较深的就是下篇《滕王阁序》”，有了自己新的发现：“抒情也可以用对偶和骈体句”。这样，他顺利地完成了小论文的写作，也完成了这个专题的自主性学习任务。

在这个专题教学中，我最大的收获是：对“专题”可行性有了充分的思考。我认识到“专题”的可行性在于有个很具体的切入角度；要有学生能够把握住的探究深度和广度。只有这样，才能保证整个专题的探究活动的开展。

通过诸子散文专题、鲁迅专题、辞赋与骈文专题这三个专题教学，我完成了从迷茫走向自觉的转变。新型的选修课程是一个“触媒”，触发了我的职业热忱，点燃了我的探究和科研的热情。从被动到主动，从不自觉到自觉，我积极投身到了这种新型的“专题式”的教学模式的探索中，在探知“专题”及其教学规律方面越来越深入，探究之路越走越宽。

详细情况，我在后面的文章《选修课中专题教学的尝试与反思》中还有具体阐述，这里就不再赘言。

（二）量的积累，质的突破

在整个专题探究性学习过程中，“专题”的确立是关键的环节，起着决定整个专题学习成败的重要作用。如何指导学生开展确立“专题”，是摆在教师面前的重要课题。经过几个专题的摸索之后，我才逐渐深化了对“专题”的认识。

1. 确立“专题”的突破

（1）学生确立“专题”的突破

进入欧美经典小说专题，我在确立“专题”方面有了新的构想和尝试。考虑到自己对整体把握专题还没有真正有效的方法，所以，我以单篇选文开始确立“专题”的实验。首先进入选文《堂吉诃德》，我引导学生在自读文本、读懂故事的基础上，选取一个对文本进行探究的切入点。学生很欢迎这个“放低了”的要求，他们主要就小说人物及其描写方法确定了“专题”，比如“走进堂吉诃德的心灵世界”、“论人物与精神”、“幻想之王”、“对话突显人物性格”、“人物刻画分析”等，并且完成了小论文的写作。

接下来，进入《警察与赞美诗》选文，我又引导学生在学习《堂吉诃德》的经验之上，从更丰富的角度寻找细致、具体的切入点。经过一节课的讨论和交流，我班的每一位学生都确立了自己的“专题”。最终，写出一篇小论文。论文的题目无一雷同，如下：

①关于人物

解读主人公苏比：《流浪汉苏比》、《内心的转变》、《苏比的自尊》、《苏比的冬居计划及其实施》、《奇怪的苏比》、《苏比——一个灵魂高傲却又自甘堕落的流浪汉》、《苏比的“贫穷”》、《如愿以偿的苏比，你快乐吗?》、《可怜的苏比》、《可悲的苏比》、《苏比的悲哀》、《苏比的可笑结局》、《扭曲的人性》、《荒谬（唐）的苏比》、《我眼中的苏比》、《尽己所能》、《苏比的烦

恼》、《反常的、不合常理的苏比》

评价和鉴赏：《幸运？不幸？》、《追求？放弃？》、《现实对苏比的嘲弄》、《苏比——美国社会的典型产物》、《谁造就了苏比？》、《苏比的启示》、《苏比的革命》、《抓住机遇》

改写和续写：《苏比的自述》、《从岛上回来之后》、《苏比，×××喊你回家吃饭》

关于次要人物：《梦想的终结者》、《警察——社会的写照》、《警察 PK 赞美诗》；《我眼中的侍者》

②关于情节：《游戏般的夜晚》、《结尾之妙》、《巧合？偶然？》、《出人意料，情理之中》、《事与愿违》

③关于环境：《小说中的景物描写》、《小说所折射的美国社会》、《一个是非不分、黑白颠倒的社会》、《可怕的社会》、《苏比所生活的世界》

④关于小说的主题：《必然与偶然》、《宗教的力量》

⑤关于小说的技法：《精彩的人物描写》

⑥关于作者：《短篇小说之王——欧·亨利》

如此丰富多彩的“专题”，表明了学生已经打开了思路，能够多角度多层面地思考，在确立“专题”方面有了突破。这个专题我用两篇选文进行了确立“专题”的实验。承接鲁迅专题的经验，从选文体裁的基本特点入手，以小说的人物、情节和环境三个要素为主，从创作手法、写作特色、作家作品等角度来确立“专题”。在此基础上，实现了一个大的突破，那就是能够进一步寻找更为细致、具体的切入点。比如，学生最关注苏比这个人物，为了让学生对苏比的认识由笼统、模糊转向清晰、明了，我引导学生分别站在作者、主人公自己、周围人和读者等不同角度分析人物，从中找到自己最感兴趣的苏比某一方面的特点，从而确立下研究苏比的具体、独特的角度。在寻找恰当“切入点”的过程中，学生加深了对文本的理解和把握。其中，一些新的“专题”是借助课堂师生讨论交流，观点碰撞，互动激发而生成的。最后，我班学生确立的“专题”丰富多彩。这个结果让我惊喜。在这个专题中，我在指导学生自主确立“专题”方面，开始积蓄了自己的经验，增长了专题教学的能力，也增强了教学研究的自信心。同时，我也认识到，引导学生开展专题学习，应该摆脱以往学习的沉重感，努力营造轻松愉悦的教学情境，让学生体验到师生合作交流、共同学习的愉悦。在教与学的互动中，应该注重激发学生对专题学习的乐趣和探究的愿望。

但是，在这个欧美经典小说专题中，因为课时紧张，我放弃了另两篇选文的探究学习，而且也没有能够把《堂吉诃德》与《警察与赞美诗》两篇选文勾连成一个专题。我意识到，从关注整个专题的角度来说，这个专题的学习过程是不完整的，也就不能够说是一个成功的专题教学。

接下来，进入唐宋古文专题。虽然这又是一个文言文专题，学习难度大，但我们的专题学习比早期的诸子散文专题、辞赋与骈文专题已经上了一个台阶。经过欧美经典小说专题的确立“专题”的训练，学生在专题之初就能够从思想内容角度出发，探究文章所折射出来的人生道理、治学之道；或是从写作角度入手，探究对比论证法、举例论证法等创作手法。较少出现过于笼统的空泛的题目，如“唐宋古文的特点”一类。也较少出现只关注单篇选文的狭窄的题目，这表明学生关注整个专题的意识增强了，确立“专题”的能力也有了一定提高。

在这个唐宋古文专题中，我开始注重选文学习阶段的专题教学的课堂学习过程。在这个阶段的教学中，我通常是要求学生课前要完成探究作业，然后从中挑选出具有代表性的作业，在课堂上组织学生评价、修改。我是想通过课堂评价作业的环节，引导学生参照、比较、借鉴、反思，发现自己的问题，随时作出调整。我希望课堂学习中学生的“专题”探究和选文的学习并入一条轨道，不再是两条各行其道的平行线。但是，从实际教学上看，显然离理想状态还存在着差距。课堂上存在着“就作业论作业”现象，据我分析，主要是因为学生“专题”不同，他们的学习侧重点不同，对于其他专题的作业点评，引不起他们关注的兴趣和共鸣，有的学生有选择地放弃某些内容的学习。这样，通过评价作业来深入探究文本的目标就很难实现了。我也认识到自己在选修课堂组织教学上存在着一些尚待解决的问题。比如，如何在课堂教学中展开探究活动，探究活动又如何与文本学习结合起来。于是，这两个问题就成为了我在以后的教学中力争有所突破的课题。

（2）教师实现突破

到了红色经典专题，我在确立“专题”方面的认识有了质的突破。本专题的“红色”主题提示我应该关注题材内容。当分析确立“专题”的角度时，我有一种豁然开朗的感觉，题材和体裁两大角度不就是能够开启“专题”之门的两把钥匙吗？要确定本小说的“专题”，小说体裁的三要素（人物、情节、环境）、题材的特点（如斗争的艺术）等都比较适合。在“关注整个专题”方面，我进一步认识到，应该归纳四篇选文的题材的共性，梳理选文间的关联。针对有的学生确立的“专题”（如“抗日战争和解放战争”之类）缺乏语文特点的情况，我领悟到了确立“专题”的原则，应该是“发掘语文兴趣，探讨专题重点”。一个有研究价值的“专题”的要素除了“兴趣性”、“关注整个专题”之外，我又增加了三条，即“充分体现语文特点的内容”、“专题重点研究内容”、“题材、体裁的共性和关联的内容”。我把这些认识，提炼出了确立“专题”的“三原则”和“六方法”的雏形，即遵循趣味性、合理性和可行性的原则，发掘语文兴趣，探讨专题重点，依据专题选文，探究共性和关联，切入合理适度，表述明确精练。以此标准，我要求学生对自己初拟的“专题”作出判断和评价，明确自己的“专题”意图，调整修正“专题”目标。我认为自己在本专题教学方面最大的突破就是对确立“专题”的原则和标准有了更深入的认识。自此，我开始有信心、有方法引导学生自主确立“专题”，使我的专题教学更加贴近有规律可依的“专题式”教学。

2. 基于专题的读写实践

曾在前一个唐宋古文专题中的选文教学阶段存在“就作业论作业”现象，在红色经典专题，这个环节有了明显改善。我根据学生不同的“专题”类型，进行探究内容的深入指导。期间，注重打通与其他“专题”的联系，使探究不同“专题”的学生能够感到课堂学习都可以为我所用，从而也就集中了学习注意力，对学习内容产生共鸣，进而能够真正参与到课堂学习中。例如，在选文《智识小炉匠》的学习阶段，其中有一节课，探究重点是“环境描写”。首先，展示一份探究作业，如下：

情景烘托人物

张斯琦

文章一开篇便以“天阴地黑，疾风呼啸，飞沙扑面，北国的严冬降临了！小分队向山涛林海无边无际的老爷岭出发了。奇峰险恶犹如乱石穿天，林涛汹涌恰似巨海狂啸。林密仰面不见天，草深俯首不见地”这样一种情景展开了后文的描写。山高，奇峰险恶犹如乱石穿天；林密，林密仰面不见天；地广，老爷岭，三千八百顶；兽多，小分队现在每天和野兽作邻居。通过描绘这样一种场景，使读者体会到山高、林密、地广、兽多这样的自然环境使剿匪工作很艰苦。这样的环境用来烘托下面主要人物的出场，和他们发现蛛丝马迹，接着顺藤摸瓜，最后真相大白的过程。

随后，课堂探讨分三步进行，主要讨论的问题有：

①“通过描绘这样一种场景，使读者体会到山高、林密、地广、兽多这样的自然环境使剿匪工作很艰苦”这句话是否表达出场景描写的作用？

②“用来烘托下面主要人物的出场，和他们发现蛛丝马迹，接着顺藤摸瓜，最后真相大白的过程。”请结合这几句话，进一步分析环境描写是怎样推动情节发展的？

③东北林海雪原特有的景观给你留下了什么印象？这样的环境描写对塑造英雄人物起到了什么作用？

以上三个问题的讨论，既是“环境描写”“专题”内容的深化，也直接涉及了“情节”、“人物”两大“专题”的内容。通过在课堂教学中展开这样一个“专题”的深入探究活动，又通过朗读、分析等手段深入文本学习，引导学生认识到：在解放战争中艰苦恶劣的林海背景下，以杨子荣为代表的战士在剿匪斗争中展现了敢于吃苦，斗智斗勇的革命精神。经过这样的学习，不同“专题”的学生殊途同归，共同认识到小说的“红色”特点。

在四篇选文学习之后，我又引导学生在各自的“专题”下探讨、整合四篇选文的材料，深入认识其中的共性和关联点。这样，既发掘了独篇各自的写作特色与蕴含的思想内容，又注意到了作品间的传承与关联，从而实现了从鉴赏独篇文本到探究整个专题的学习内容的转变，也就真正实现了从“关注整个专题”到“专注整个专题”的转变。

这个专题的学习效果非常突出，学生的小论文质量超越以往。韩华同学在小论文中写下这样的认识：“我想，这一切都是源于这些伟大的战士们对祖国深深的爱！正值祖国六十年华诞，看到这篇文章也让我再次深深地感谢曾为我们美好的生活作出牺牲的战士们！他们为了我们的幸福生活不畏艰险！对这些战士来说，死，不可怕，鲜血，更是为这一片他们深爱着的土地所流的！它见证了一片赤子之心，他们永远活在这一片郁郁葱葱的林海雪原！永远在我们心中！”可见，通过专题学习，红色经典作品真正走进了现代中学生的心灵世界，这应该是一个成功的专题教学的效果。

3. 专业引领，全面提升专题教学的认识

京味小说专题是选修课的最后一个专题了。2009 年 12 月，我个人有机会在北京教育科学研究院中学语文教研室的刘宇新主任、夏宇老师和本区教研员纪秋香老师的直接指导下，完成了一节名为《走进作品，探寻京味》的市级公开课，此课的主题就是确立“京味小说”的“专题”。此次精心的备课，全面促进了自己对选修课专题教学的认识，尤其对引导学生确立“专题”有了一次深刻的体验。

此书的三篇文章都记载了我在这个专题的教学实践过程。

其一《京味小说的专题设计》，是我自己对京味小说专题的文本解读及“专题”设计，我初步设计了近七十个“专题”。给学生一杯水，教师要有一桶水。这些“专题”就是我指导学生确立“专题”时的那“一桶水”。

其二《为学生铺设一条“自主发现”之路》，从我设计的京味小说专题的四则学案谈起，表述了自己对于设计和使用学案的认识和思考。我努力把教学设计及学法的指导渗透进这一系列的学案中，实际上是在学案背后为学生铺设了一条主动探究之路。

其三《走进作品，探寻京味》的课堂实录。这节公开课的学习任务是师生讨论交流学生初拟的学习“专题”，要求学生评价、辨析、修改这些初拟“专题”，借此帮助他们发现探究“京味小说”的准确方向，提炼优化自己的“专题”。这节课有来自全市的二百多位教师听课，被公认为是一节学生参与好、受益大的高质量的选修课。在课堂上，我的学生不仅没有常态的紧张、拘束，而是表现出积极的学习兴趣和超水平的发挥。市教研部的刘宇新主任、夏宇老师及各区县教研员都给予了高度评价。刘宇新主任这样评价："教师立足于指导学生依据教材，确立新的研究专题。教师首先展示学生先期拟定的专题，以此为例，分析得失，指导确立专题的方法；然后让学生或修改、或自拟专题，并写出更替理由。这节课固然是一节指导确立新专题的课，但是，文本阅读、能力训练、文化积累、鉴赏评价，无不在其中。归根结底，还是在完成提高学生语文素养的任务。"成功完成这节公开课，应该说为我的第一轮的选修课"专题式教学"实验画上了一个圆满的句号。

本专题的扎实深入的教学，促使我深化了对"专题"的规律性认识。在公开课上，我启发学生从"从北京的吃儿看北京人的讲究"这个例子提炼出"从……看……"这种体现出切入点、提升点的拟题方法。实践证明，"从……看……"这个公式是一个行之有效的方法。于是，我把自己最初提出的"切入合理适度"修改成"切入提升恰当"。自此，我推出了自己的确立"专题"的"三原则"和"六方法"，"三原则"是指遵循趣味性、合理性和可行性的原则，"六方法"是发掘语文兴趣，探讨专题重点，依据专题选文，探究共性、关联，切入提升恰当，表述明确精练。

经过第一轮的选修课的教学，我初步摸索出了一套适合校情、学情的较为有效的选修课教学方法，初步形成了自己的选修课教学特色。从最初的蹒跚起步，到最后的精彩亮相，展现的是我孜孜追求专业成长的过程。每一个专题，我都留下了坚实的脚步，最终，我收获了教学的长足的进步。

（三）继续专题探索，深入教学研究

送走了参加高中语文新课程改革的第一批毕业生，我留任高三年级，从选修课专题教学开始新一轮的教学，使我有机会能够继续自己的第二轮选修课专题教学的探索。

首先进入唐宋古文专题。如何突破上一轮的教学，是我设计这个专题教学的一个出发点。教学中，我发现许多高三学生还在为缺少写作材料而苦恼。其实，唐宋古文专题就为我们提供了大量的写作素材。我认为只要引导学生走进教材，有心挖掘文章内涵，体悟作者的思想感情，就能积累下一些写作素材，写作时就不会犯愁。于是，我设计本专题的教学重点一是探究文章所折射出来的人生哲理，二是探究韩愈、柳宗元、王安石等历史文人的人生轨迹和思想感情。这样的专题探究是通过学习一篇选文写一个作文片断联系起来的。下面，是三则习作片段：

独钓寒江雪

高 策

只要给柳宗元一个空间，他可以尽展才华，如同郭橐驼种树一般，一定顺民之天以致其性，使百姓安居乐业，幸福康健。柳宗元本是官场上的一分子，但因参与了一场轰轰烈烈的革命被贬为了永州司马。官场上没有了他的位置，社会上也没有了他的位置，他是孤独的，但他的文学艺术却成就了他的精彩。他被贬到柳州，“十年憔悴到秦京，谁料翻为岭外行”，他很失望，但没有绝望，他开始在柳州实现迟到了十年的理想。曾经的“蛮荒”被他治理成为了适合人类居住的地方，他在柳州找到了真正属于他的位置。

读王安石

彭 达

“你一定在路上，征尘已经飞扬。你走得越是匆忙，就越显从容坚强！你拍拍我的肩膀，追逐你的目光，我多想变得和你一样！”我心中的王安石是个顶天立地的大丈夫，他为变法，不顾众人的排挤与辱骂，依旧从容地走在前进的路上。“墙角数枝梅，凌寒独自开。遥知不是雪，为有暗香来。”他，在凌寒之间，依旧将香气留给人间，这种不屈不挠的精神是值得我们学习的。

他是坚强的，他曾为当朝宰相，曾一人之下，万人之上。曾有“不畏浮云遮望眼，自缘身在最高层”的傲气。可谁知竟被贬为庶人，郁郁之中写下了“春风又绿江南岸，明月何时照我还?”他希望被再次重用，但此生亦不失去意义，仍旷达地活着。

非凡的耐力，成就伟大的事业

北宋熙宁二年（1069），王安石在宋神宗的支持下开始推行新法，采取一系列改革措施。面对朝中以司马光为代表的保守派大臣一次又一次的诘难，王安石咬紧牙关不松口。在“天变不足畏，人言不足恤，祖宗之法不可守”信念支撑下，整整七年，为了改革，为了变法，王安石可以说是殚精竭虑、无所畏惧、不折不挠。王安石变法虽以失败告终，但是，这是封建时代最有意义的一场政治经济的大改革。王安石也被列宁称为“中国十一世纪最伟大的改革家”。

试想，如果王安石没有坚守“达则兼济天下”的宏伟志向和“三不主义”的信念，他怎能以非凡持久的耐力推动变法的进程?如果他缺乏耐力，怎会支撑起大丈夫的“勇者不惧”的浩然之气?又怎能让“不畏浮云遮望眼，自缘身在最高层”的强音在历史的长河中千载鸣响!

这三则习作片段都被选作课堂讨论的材料。前两则是学生的习作，第三则是我的“下水”作品。师生同题作文的做法，使学生乐于切磋交流、展示和评价写作成果，也促进了教师和学生的深度交流。通过对这些习作的评价和修改，学生加深了对作品和作家的深入理解，丰富、深化了对历史、社会和人生的认识。学完四篇选文之后，学生完成了一篇题目是《位置与价值》的作文。就是通过这样的读写结合的方式，我们就完成了本专题的学习。

应该说，本专题的教学和上一轮的教学有所不同，我没有刻意追求自主确立“专题”，而是明确了探究的方向，让学生有目标、有针对性地开展探究。这种务实的教学内容和要求，是在充分考虑北京版教材的本专题内容的特点，以及学生的需要的基础上设定的。这种很强的针对性带来了实际效益，与上一轮的专题论文相比，本次学生的作文更显思想深度和个性创意，表明本专题的教学是切合学情、务实有效的有益尝试，这也算是对以往文言文专题教学的一个突破。

第二轮进入京味小说专题，我的教学经验推广到年级备课组，产生了一定的辐射和影响。我的“专题”设计、学案设计、专题材料，都提供给首次开展本专题教学的同事。围绕专题教学，备课组形成了共同探讨与和谐教研的氛围。

本专题在教学上遵循上一轮的教学思路，驾轻就熟，教学过程更为顺畅。我也更加注重教学细节，尤其是在选文教学阶段，组织学生通过评价探究作业，深化文本解读，在探究学习和文本学习的结合方面有了新的心得。从后面《一个学生的专题学习追踪》文章中可以看出本专题教学的深入、细致。

综上，我记录了自己两轮专题教学的过程。在两轮选修课的教学中，经过不断总结和修正，我把自己的“专题式教学”定位为“积极开展专注整个专题的自主探究性的读写实践活动”，追求“专注整个专题”和“自主探究”的专题教学特色。一是立足北京版教材，着重探索“捆绑”整个专题的学习内容（包括“泛读导引”文章、四篇选文以及相关的拓展材料）进行整体化教学；二是强化学生自主确立“专题”，让学生自主选择自己探究的重点内容，让学生的自主选择作为他们整个专题学习的重点，贯穿于整个专题的学习过程。这样的教学在很大程度上实现了专题学习的整体性、选择性和自主性，也就让学生在现有教材内实现了“专题选修”。

（四）进入第三轮实验，追求拓展和突破

自2011年下学期，我进入新高一年级教学，这也意味着我个人进入了第三轮的新课程改革实验。在高一年级，没有教材规定的专题教学任务，但我也在必修课程的教学中做了一些“专题式”教学的尝试。比如在教授李白的《与韩荆州书》课文时，要求学生积累和整合学习过的李白诗文，进行专题探究。在这个李白专题的学习过程中，学生一直兴致盎然，最后完成了小论文的写作，取得了不错的学习成果。通过尝试李白专题的教学，我认识到自己应该主动拓展学习内容，进一步深入“专题式”教学实验，实现更大的突破。

到了2012年的上学期，我开设了一个校本的选修课程——张爱玲作品选读专题学习。开设校本的选修课程，要求教师根据学科特点独立设计课程内容。作为语文教师，我本着拓展阅读的目的，在充分尊重学生的兴趣和需要的基础上而选择设计了这个教材之外的学习专题。这个专题教学的课程目标是引导学生走进经典，在阅读和思考中领略作家的永恒魅力，从而培养阅读文学作品的兴趣和爱好，增强审美和探究的能力，提升语文素养。在专题教学的过程中，我引导学生精读张爱玲中短篇小说选《红玫瑰与白玫瑰》，结合其中的《倾城之恋》、《红玫瑰与白玫瑰》、《金锁记》、《茉莉香片》四篇必读篇目进行讨论交流；还引导学生阅读了专家、学者，如夏志清、王安忆、贾平凹等人的评论文章；最后学生完成了论文的写作，完成了课程学习任务。第一次开设校本的选修课程，我体验到了初次独立设计和开展教材之外的专题教学的挑战性，也尝到了一些成功的滋味。张爱玲作品选读专题学习被学校评为本年度“最受学生欢迎的课程”。而且，为了这个课程在网易中开设的博客——劲松 laoshi 的日志，成为这个课程的一大特色。博客成为教学的辅助手段，为师生互动搭建了一个交流平台，在第一轮的选修课专题学习中发挥了很好作用，也为我开设下一轮校本选修课程提供了方便条件。

在2012年的下学期，我在高二年级开设了第二轮的张爱玲作品选读专题学习的校本课程。在前一轮教学的基础上，此轮教学能够发扬光大专题教学的优势和特色，而且能够弥补前一轮教学的遗憾，学生会有更突出的学习成果。

两轮张爱玲作品选读专题学习的详细的情况可以参见后面的文章《张爱玲作品选读专题学习》，此处不再赘言。

进入2012年的下学期，我们也开始进入教材规定的选修课教学阶段。我又在自己最钟爱的京味小说专题教学中做了更深入的尝试。我完成了一节可持续发展教育课堂教学实验的市级公开课《解读北京人，传承精气神》，在围绕“北京人”专题进行的专题探究方面，取得了不错的教学效果。此课教学的详细情况可以参见后面的《解读北京人，传承精气神》课堂实录。

本人的第三轮的选修课程专题教学的实验正在继续，而我的“专题式”教学的探索将更加深入，争取实现更多的拓展和更大的突破。

第三节　收获与思考

（一）形成了自己的选修课专题教学特色

1. 开展专注整个专题的自主探究性的读写实践活动

投身选修课专题教学的实践，将近五年，我以积极的态度连续在十几个专题教学中开展“专题式教学”。我在教学实践中不断摸索，针对学情、教学的实际状况，不断思考、反思、修正，逐步形成了自己的“专题式教学”的特色，即开展专注整个专题的自主探究性的读写实践活动。其中，我在“专注整个专题”、“自主探究”和“读写实践”三个方面，都有深入的探索，有了自己的心得。

（1）专注整个专题

“专注整个专题”，是培养学生专题意识、提升探究能力的关键。这个说法有一个从“关注”到“专注”的变化过程。基于对教材专题学习内容的把握和对“专题”的理解，我从实验初期就强调“关注整个专题”，注重整体化教学。随着教学的深入，我逐步认识到仅仅“关注”是不到位的，只停留在“关注”的意识层面，“专题”探究的过程和文本学习的过程还不能融合为一体。注重整体化教学应该落实在整个专题教学的全过程，从确立“专题”，到选文教学，最后写小论文，都应该围绕教材整个专题学习内容，“专注”于学生自己的“专题”展开学习。这个认识是在完成了五个专题教学后才逐渐清晰起来的。自此之后，在红色经典和京味小说两个专题教学中，我又发现了“专注整个专题”的教学策略，那就是探讨、整合四篇选文的共性和关联点。这样，既发掘了专题题材内容的共性，又注意到了作品间的传承与关联，也就真正实现了从“关注整个专题”到“专注整个专题”的转变。可以说，从“关注”到“专注”的变化，以及探究“共性和关联”，这个“发现”的过程就是我在专题教学中的一项重要突破，为我提出自己的专题教学策略以及形成自己的选修课的教学特色奠定了基础。

另外，“专注整个专题”还表明了教材是我开展专题教学的出发点和落脚点。北京版选修教材没有提供可以让师生展开探究的“专题”，需要师生自己从教材中挖掘“专题”。正是充分考虑了北京版教材的特点，我明确了立足教材开展专题教学的定位。在教学实践中，我深刻地体会到，北京版教材的这种“缺失”虽然带来了教学难度，但也因缺少固有限制而为开展专题教学开阔了探究空间，也为教师拓展了立足教材开展专题教学的研究领域。除此之外，立足教材，也表明了我对教学的务实态度。当前，一些后现代教育理念，强调多元解读、自主性解读、自由解读，这些理念有助于培养学生创新性的学习品质。但是，如果过于夸大和放纵这种性质的阅读，可能会导致游离文本、信马由缰、天马行空的低效学习。选修课本身比传统课程更具有学习的自由度，从这个意义上，教师更应该把握好“放”和“收”的分寸和尺度。出于这样的考虑，我在选修课教学中强调学生开展“专注整个专题”，就把学生的探究路径规引在“依据文本”之中，让学生始终行走在语文学习的轨道中。在评价我的市级公开课时，市教研室的刘宇新主任、夏宇老师认为我的专题教学“培养了学生建立有联系的、有理性的、深入学习的意识，表明了教师对于培养学生自主学习能力、提高学生素养的追求。”点明了我提出“专注整个专题”的意义所在。

（2）自主探究

在“专题式教学”中，“自主探究”是指教师应该引导学生在自主学习情境中开展“专题”探究。遵循《课程标准》所提出的“语文教学应为学生创设良好的自主学习情境，帮助他们树立主体意识，根据各自的特点和需要，自觉调整学习心态和策略，探寻适合自己的学习方法和途径”,[①] 我在专题教学中强调让学生自主确立“专题”。自主确立“专题”的意义在于顺应和满足学生的选择需要，从而促进学生特长和个性的发展。从学生丰富多彩的“专题”题目上可以看出他们“专注整个专题”的视角不同、思考问题的深度和广度不一致。经过“专题”的确立及后续的专题学习，他们就会自觉主动地倾向于各自的“专题”开展学

---

① 中华人民共和国教育部制订：《普通高中语文课程标准（实验）》，人民教育出版社，2004 年版，第 15 页。

习。这样的“专题”学习因为没有统一模式的限制更能激发学生的内在兴趣和潜能，从而促进学生特长和个性的发展。让学生自主探究，应真正体现“自主”的学习方式，提倡的是学生的自主发现，而要实现这个目标，更需要教师发挥主导作用，教师的作用应充分体现为“引导发现”，关键在于教会学生探究的方法。经过不断摸索，我有了自己的研究成果，那就是推出了自己的确立“专题”的“三原则”和“六方法”：“三原则”是指遵循趣味性、合理性和可行性的原则；“六方法”是发掘语文兴趣，探讨专题重点，依据专题选文，探究共性、关联，切入提升恰当，表述明确精练。实践证明，这套策略能够有效地引导学生自主探究，学会探究的方法。

（3）读写实践

在我区教研员纪秋香老师的倡导和引领下，早在开设选修课之前，“读写实践”就已经成为我区一线教师普遍使用、切实有效的教学手段，取得了很好的教学效果。进入到选修课专题教学阶段，在继承以往的读写实践经验的基础上，基于专题的读写实践成为开展“专题式教学”的一条必要的学习策略。“基于专题学习的读写结合，以专题学习为平台，立足于文本阅读，以写作为学习的重要手段……促进学生参与到专题学习的言语实践活动中。”①

我在专题教学实践中，在确立专题、选文探究、写专题论文各个阶段，都以“读写实践”为主要教学策略。比如，在选文探究阶段，我的学生要完成四篇选文的探究作业，这种探究作业可以看作是自主探究的方式，也凝聚了初步学习的成果，是宝贵的教学初始资源。学生的探究作业大多处于原生状态，往往是零星的、片面的、模糊的，教师要筛选出带有普遍性、典型性的作

① 纪秋香：《基于专题学习的读写结合的实践思考》，载《2011 年全国高中语文模块课程·专题教学理论与实践研讨会议资料》，北京师范大学出版社。

业，发现其中有探究价值的新信息、新问题，从而紧密依据这些信息确定下一步的教学目标和教学内容。课堂学习就往往从品评学生的探究作业切入，就“专题”内容开展课堂讨论交流。可见，这样的读写实践活动，不仅能够帮助学生通过自身的阅读和写作提升探究水平，而且能够搭建师生与教材、专题、文本展开探究的活动平台，有效地促进“专题式教学”的深入开展。

学生在完成整个专题的探究学习之后，最终要把自己的探究成果整理出来，完成专题论文。这些专题论文可以看作是读写实践的成果。本书精选的学习成果都是学生的专题小论文。这些论文记录了学生专题学习的过程，也展现了学生专题学习的效果。随着专题的进展、教学的深入，可以看出学生的论文质量有了很大的进步。透过我的学生确立的“专题”和小论文的写作水平，可以看出他们对教材中的“泛读导引”文章、四篇选文的理解比较有水平，他们能够把握体裁和题材的特点，通过鉴赏文本的基本方法完成感受、思考、领悟和发现，表现出深入教材分析鉴赏文本的能力。

2. 独创了确立“专题”的“三原则”和“六方法”

在选修课专题学习过程中，“专题”的确立是起始环节，也是最关键的环节，起着决定整个专题学习成败的重要作用。因此，如何指导学生开展确立“专题”，是摆在教师面前的重要课题。经过几个专题的实践和摸索，我逐步加深了对“专题式教学”的规律性的认识和把握。经过不断的分析、调整、修改、完善，我提出了自己确立“专题”的“三原则”和“六方法”，即遵循趣味性、合理性和可行性的原则，发掘语文兴趣，探讨专题重点，依据专题选文，探究共性、关联，切入提升适当，表述明确精练，独创了自己的选修课专题教学方法。

（1）趣味性

兴趣是专题学习重要的动力源，学生自主确立“专题”，最初往往基于自己的兴趣爱好。但是有些学生会忽视语文学科的学习要求，因此，应该本着“发掘语文兴趣”的思路进入确立“专题”的学习，其中的“语文特色”要素是挖掘学习兴趣的最有效的保证和提升。

（2）合理性

以“探讨专题重点，依据专题选文，探究共性、关联”来确立“专题”的思路是确保“专题”合理有效的重要条件。其中，“探讨专题重点”强调的是关注整个专题的重点内容。“依据专题选文”，是指应该依据教材选文进行专题学习，这就要紧密结合专题选文体裁的基本特点，用鉴赏文本的基本方法深入分析专题的学习内容，从而确立“专题”。“探究共性、关联”就是探究整个专题学习内容的共性和关联，体现的是对整个专题的深入理解，这个思路对确立“专题”起着至关重要的作用。

（3）可行性

符合可行性原则的确立“专题”的思路有“切入提升适当，表述明确精练”。其中的“切入点”和“提升点”两个要素紧密相连，相辅相成。“专题”应该有个很具体的切入角度，在此基础上挖掘“专题”的提升点，就明确了“专题”探究的方向。另外，每个“专题”题目的文字表述要准确精练。一个好的“专题”题目不仅显现文字表述水平，而且体现对专题的认识水平，从而彰显思维品质。推敲锤炼题目用语，能够培养学生的语言应用能力。

从教学反馈来看，学生依照“三原则”和“六方法”，能够自主确立有探究价值的“专题”，可见，所提出的确立“专题”的“三原则”和“六方法”是符合教学的规律，有一定实践价值的研究成果。详细情况，我在后面的文章《自主确立“专题”，实现“专题选修”》中还有具体阐述，这里就不再赘言。

3. 专题教学的反思

反思自己的专题教学，我发现，学生探究专题的角度和层次欠丰富，在“拓展”和“创新”方面没有突出发展。这也表明，我的专题教学定位或许有一定问题。我个人长于思考，注重钻研，经过不断思考、实践和逻辑建构，我把自己的“专题式教学”定位为“开展专注整个专题的自主探究性的读写实践活动”。其中“专注整个专题”和自主确立“专题”两项内容，是我所追求的“专题式教学”的特色。但实施起来我发现都有一定的难度，对于学生来说，未必能够“踮起脚”就能“够得着”，学习基础薄弱的学生更会面临学习的困难。我推断，可能是因为过于强调这两项内容，需要学生花费大量的时间进行学习，导致一些学生情绪低落，影响了学习效果。在教学实践中，也出现了这种现象：稍稍放宽了对这两项的要求，反而有更令人惊喜的效果。比如，在欧美经典小说专题中，学生就对单篇选文的学习表现出特别的热情。又比如，在第二轮的唐宋古文专题，学生没有经过“专题式”的学习反而写出了更有个性的作文。这样的现象，也让我意识到，定的标准过高、要求过严，反而难以达到期待的效果。鉴于此，我认识到自己创设的“开展专注整个专题的自主探究性的读写实践活动”专题教学方式，固然是一种有益的方式，但也不应该成为唯一的专题教学方式，要根据专题内容的难易程度、学生的实际水平，做适当的调整和变化，也让学生尝试新的学习方式。因此，在以后的专题教学中，我要特别注意避免教学方法上的简单化和模式化，努力引导学生以更高更广的视角来确立“专题”，大胆迁移拓展，真正实现从鉴赏文本到探究专题的跨越。

（二）选修课专题式教学促进了专业发展

在过往的选修课专题教学的过程中，随着对新课程理念的深入学习、体验和思考，我切切实实地经历了对语文教学越来越深刻的领悟过程。我真真切切地感受到参与选修课专题教学的实践过程是自己与语文课程同步发展，全面促进专业成长的过程。

我以积极、主动、自觉的态度连续在十几个专题教学中开展“专题式教学”。期间，我对教材使用中的重点、难点，课程开设中遇到的困难和阻力有了切身的感受，也努力寻找克服困难、解决问题的有效方法。经过这样的锻炼，我自己的课程开发、整合的能力也得到了充分的发展，并对使用的北京版教材有了深入研读、整体把握的能力。围绕工作的重心，我个人一直沉浸在专题教学与研究的情境中，尤其对“专题式教学”的研究抱以强烈的兴趣和持久的热情，而且结合具体的教学成果，还加深了对“专题式”教学的规律性的认识和把握，提炼出了确立“专题”的“三原则”和“六方法”，独创了自己的选修课专题教学方法。通过自觉主动地参与选修课“专题式教学”实践，我的教学经验不断丰富、发展，实现了一定的教学的突破和专业的成长，并且激发了自己对教学研究的兴趣，焕发了对工作的热情和对职业的热忱。

我所从教的北京市苹果园中学正在申办石景山区级示范校，我这三轮所教的都是理科教学班，鲜有在语文方面学有专长的优秀生，很多学生对语文学习态度不够积极。高二阶段，专题学习介入了他们的成长，很多学生逐渐摆脱了对语文的乏味感，重新树立起学好语文的信心，培养了学习语文的兴趣。每个专题学习，我的学生都能完成一篇小论文，其中不乏出色的作品。每每看到校刊登载的小论文，我的心里都充满收获的喜悦。经过这样系统的专题学习，这些学生强化了自主探究、深入学习的意识，培养了独立学习知识、收集与处理信息等方面的能力，也就是增强了后续学习和终生发展所需要的可持续发展能力。我相信，无论是上大学，还是走上工作岗位，我的学生一定会在阅读或写作方面表现出独有的优势，或许有的还能成为论文写作的高手。

我个人也采用公开课、展示课、撰写专题论文等方式不断地巩固发展科研成果，在校、区、市产生了一定的辐射和影响。2009 年 12 月，我上了一节成功的市级公开课《京味小说的专题学习》，来听课的全市教师超过二百人，我的专题探索受到专家的一致好评。这节课被选为北京市新课程教师培训的观摩课例。结合教学成果，本人积极撰写论文，我所撰写的《选修课中专题教学的尝试与反思》、《高中语文选修课专题式教学实施策略》、《选修课“专题式”课堂教学的有效实施》、《自主确立“专题”，实现“专题选修”》等多篇论文连年获得国家级、市级论文评比一、二等奖。

参与选修课专题教学，也为我拓展了教学和教研的空间。2011 年 11 月底我参加了在重庆合川召开的全国第二届高中语文模块课程·专题教学理论与实践研讨会，我的论文《自主确立“专题”，实现“专题选修”》被选录入专题论文集，另一篇论文《选修课专题式篇章教学的有效实施》获得这次全国研讨会的论文二等奖。2012 年 10 月底，我又参加了在北京师范大学召开的全国高中语文模块课程·专题教学研讨会暨第三届博士生论坛。在这两次全国研讨会上，我认真聆听了多场语文教育专家学者，如苏立康、饶杰腾、郑国民、张秋玲、唐建新、刘宇新等的学术报告，他们结合自己对于模块与专题教学的研究提出了很多富有启发性的思想和观点，对我有很大的指导作用。我还现场观摩了以深圳市新安中学特级教师吴泓为代表的优秀教师展示的教学课例，对于我开展教学有很大的借鉴作用。通过参与这样高水平学术交流活动，我了解了先进的教育教学理念，拓展了自己的学术视野，这对我全面开展选修课“专题式教学”实践，以及提升自己的教学科研素质产生了良好的影响。

新课程是教师专业发展的加速器，我切实地感受到了高中语文新课程改革对于教师自我发展的重要意义和价值。作为一名普通的一线教师，参与选修课“专题式教学”实践，实现了一定的教学的突破和专业的成长。我个人在专业上的点滴进步，直接受益于北京市和石景山区两级教研部门的专业引领。北京市基教研中心中语室在引导全市开展“专题选修”的教学及研究方面做了大量的工作，通过一系列大型的培训和研究课展示，致力于推行“专题式教学”方式，为一线教师实施选修教学指明了方向，提供了切实有效的方法。在区教研员的推荐下，我个人有机会承担了一次市级公开课的教学任务。我的这节京味小说专题教学的公开课是北京市第一轮高中语文新课程改革实验中的最后一次大型研究课。在我区教研员纪秋香老师倾注心血的指导下，我经过了三次大型试讲，教案更改十几稿，在深入备课、优化教学设计的过程中，我充分地认识到自己在教学上的不足之处，迅速提升了教学能力。市教研室的刘宇新主任、夏宇老师对我进行了三次直接指导，让我获益匪浅。承担这次公开课，让我经历了一场深刻的专业锻炼，促使我深入思考选修课和专题教学的规律，使我对“专题式教学”的研究进入到一个新的阶段，极大地促进了专业的发展。

经过三轮教学之后，我也发现了选修教学暴露出来的一些深层次的问题，比如：课程量大，课时不够；备课量大，教师负担比较重；尚未建立可推行的学习评价标准等。尤其是这两年高考考核内容与选修教学存在脱节现象，引发和加深了一些教师对选修课的不当认识。比如：不顾教材的规定性以及学生的实际，随意拓展，任意生发，把选修课当作热热闹闹的第二课堂；简单地照搬大学选修课的模式，把大学的内容搬到中学选修课堂上；在高考的压力之下，把选修教学当成是高考应试的附庸，把选修课扭曲为应试的复习课，等等。另外，北京市对于选修教学的研究目前处于起步阶段，还没有出现多少系统的有价值的研究成果。其中，有关课程特点的研究较多，而有关教学过程与评价的研究却显得比较单薄，不够充分，对一线教学指导意义不强。广大一线教师迫切需要这方面的研究成果和经验，以指导实际教学。

通过这五年的教学实践，我认识到，要使一线教师亲近选修课，使选修教学变得常态化，真正融入一线教师的教学生命中，还需要在课程标准和选修教学实际之间，探索一条符合实际的选修课教学之路。显然，在一线的探索具有相当大的拓荒意义。我的教学实践和研究的重点，是在语文选修课教学这一领域进行的“专题式”教学活动。我的亲身实践和切身体会，既有对具体教学实施细节的动态描述，又有个案研究的细致分析，能够体现一线教师教学的原创价值。囿于自己的理论修养和教学经验，我的教学实践肯定还存在很多不足，所谓的成果也未必有多大的推广价值。但我想，我在高中语文一线的教学岗位上，扎扎实实地投入了教改实验，在未开垦的教学领域留下了一个探索者实实在在的足迹，这或许可以给研究的专家们提供一些实际的案例，也可以让其他的教师批评、借鉴，这就是我最真诚的心愿，也是将多年心得体会归结成书的初衷。发挥一线教师的优势，着眼于教学实践，将教学实施细节进行动态描述，以及对学习个案进行细致分析，借此显示本人专题教学及研究的鲜明的拓荒价值和原创性质，这也是写作本书的意义所在。

只有把握住教学的规律性，才能掌握教学的主动性，从而促进教学的创新性。这是我使用北京版教材开展选修课专题教学的深刻体会，也算是我对自己二十年教学工作的一个总结。回顾自己以往的教学实践，虽然也有一定的独创性，但离创新的要求还有不小的距离。在此基础上，如何站在未来看现在，让自己的教学更具创新性和前瞻性，从而实现教学真正的可持续发展，乃至跨越式发展，这将是我今后教学思考的一个命题，更是我今后努力工作的一个方向。

第二章 “专题式教学”实践和认识

第一节 立足教材开展专题教学

提要 让学生在现有教材内实现“专题选修”，成为推动高中选修课程实施的一条有效途径。开发教材，确立“专题”，这是使用北京版教材开展选修课教学必做的前期功课。在整体把握专题的基础上，先要研发出教材的“专题”，明确教材的探究方向，进而引导学生确立适合自己的“专题”，从而明确个人的探究方向。在选文学习阶段，应该依托“专题”，将探究活动和文本学习有机结合；应该合理利用专题选文，保证“专题”探究不偏离以教材为核心的语文学习情境。

在当前选修课程设置还无法满足学生自由选课的情况下，让学生在现有教材内实现“专题选修”，就成为推动高中选修课程实施的一条有效途径。北京版教材是北京市高中语文课程改革试验使用的一套教材，选修部分都是按照“专题”编排的，如“史传文学”、“毛泽东诗文”、“京味小说”，等等。这种专题是由选文的内容而确定的，而教材并没有提出学生开展探究的“专题”。因此，开发教材，确立研究“专题”，这是使用北京版教材开展选修课教学必做的前期功课。对教师而言，需要深入钻研教材，整体把握专题学习内容，从中挖掘出合理恰当的“专题”资源；并且要把研究成果融入专题的教学设计之中，合理地转化为适合学生需求和实际水平的学习资源，这何尝不是一个艰巨的挑战？在三轮的教学实践中，我深刻地体会到，北京版教材的这种“缺失”虽然带来了教学难度，但也因缺少固有限制而为开展专题教学开阔了探究空间，为教师拓展了立足教材开展专题教学的研究领域。下面，我就结合教学过程，分别从教材中确立“专题”、依托“专题”探究文本两个环节，谈谈自己的教学实践和心得体会。

一、挖掘教材“专题”资源，确立探究“专题”

1. 研发教材的“专题”

研发教材的“专题”，必须整体把握整个专题，从丰富繁杂的信息中筛选、归纳出有探究价值的重要内容。我在教学实践中，经过不断探索和总结，摸索和提炼出确立“专题”的“三原则”和“六方法”，即遵循趣味性、合理性和可行性的原则，发掘语文兴趣，探讨专题重点，依据专题选文，探究共性、关联，切入提升适当，表述明确精练。我认为，可以借助其中的“语文特点”、“专题重点”、“共性和关联点”这三个要点来理解有探究价值内容的特点。

“专题重点”是这三个要素中的核心。专题重点内容应该是有探究价值的学习内容。“语文特点”是指具有语文学科特点的学习内容，符合“语文特点”是成为“专题重点”的先决条件。北京版教材的专题多是由选文的内容而确定的，所以必须关注选文的题材内容。一个专题的题材包括方方面面，只有起决定专题性质的重要题材才符合“语文特点”，可以被认定为“专题重点”。那些游离于专题之外的内容，或者专题中的一些细枝末节、无足轻重的内容，显然都不适合确立为“专题重点”。除此之外，专题的“语文特点”还充分体现在文体上，某一类文体最典型地承载了某些语文知识、创作手法、写作特色等，这些典型内容都是“专题重点”。另外，作为专题的主体内容的选文不再是单篇课文的组合，而是按照一定的结构层次组成的一个教学系统，选文之间往往具有题材和体裁的共性或关联点。由此，我发现，题材和体裁就是构成“专题重点”的经纬线，只要抓住了题材和体裁内容的“共性和关联点”，就抓准了确立教材的“专题”的肯綮。

下面以高三选修四的“京味小说”专题为例，侧重从题材角度来说明确立教材的“专题”的思路。这个专题包含一篇“泛读导引”文和四篇选文。“泛读导引”文《京味小说别开生面》提示了京味小说的题材共性，即北京城、北京人、北京话、北京特有的风土习俗和人情世故。这个专题的四篇选文是京味儿浓郁的小说《过年》、《寻访“画儿韩”》、《云致秋行状》和《辘轳把儿胡同9号》。其中，老舍的《过年》的背景是庚子事变，通过描述一个普通旗人家庭的过年的生活情景，写出了大清帝国行将灭亡时五光十色的社会面貌，特别是作为清朝统治的特殊支柱的旗人社会在大动荡中的分化和没落。邓友梅的《寻访“画儿韩”》描述的是以甘子千、画儿韩为代表的京城文化人在新旧时代里的不同命运，写出了他们在特殊历史时期里波荡起伏的人生境遇。汪曾祺的《云致秋行状》描述的是一个闪耀着人性光辉的演艺界的人物云致秋在不同时代的命运遭遇。韩建功的《辘轳把儿胡同9号》塑造的是生活在北京胡同中大杂院里的普通小市民，表现出时代变迁和政治风云对市井小人物的冲击和影响。

阅读四篇选文之后，着手研发教材“专题”，应该从整体内容着手，要对整个专题的学习内容做统一概括和归纳。经过阅读文本，印证了“泛读导引”文提示的京味小说的题材共性，依此深究共性题材的京味儿特点，就可以挖掘出重要的“专题”。另外，专题选文是按照一定的结构层次组成的一个教学系统，经过对四篇选文所描述的时代背景的梳理，就会发现四篇选文序列地展现了北京城从清末到当代社会的历史面貌。因此，可以说这组京味小说也是历史风云变幻中的北京城的发展史。四篇小说体现了时代变迁对传统京城社会、文化的冲击，我们可以从中体味到京味文化的传承、变迁与发展。以上这些聚合选文间关系链条的“关联点”是确立“专题”时也必须挖掘的题材内容，它们往往成为凝聚难度、深度、广度的高质量的“专题”。与此同理，还可以从本专题的小说体裁着眼，挖掘创作手法、写作特色以及相关的作家作品的共性和关联点。总之，挖掘出专题内容的共性和关联点，就抓住了有探究价值的“专题重点”，可以就此确立教材的“专题”。

2. 从教材中找准“切入点”，确立恰当的“专题”

在明确教材专题重点的基础上，进入引导学生确立个人“专题”的环节。学生可以从不同角度不同层面挖掘这些专题重点，从中选择一点或几点，最终确立自己感兴趣又有探究价值的“专题”。在这个环节，找准“切入点”是关键。找“切入点”是学生容易出现问题的环节。比较典型的问题，首当其冲的就是大而空型，比如诸子散文专题就拟订“专题”是“诸子散文”、“古文的说理魅力”等；鲁迅专题，就拟订诸如“鲁迅的深刻思想”、“鲁迅作品的艺术特色”等，这些题目表意笼统空泛，明显不够具体。还有一种小而窄型，如诸子散文专题拟订的“庖丁解牛”、“韩非子的说理特色”等；史传文学《左传》与《战国策》专题中拟订的“我看史传中的某一历史人物”等，这些都只关注局部，缺乏对整个专题的把握。以上这些问题表现出学生对于专题所找的切入点要么过大，要么过小，没有适度的把握。拟订大而空的题目的原因在于不会找具体恰当的切入点；而拟订小而窄的题目原因是不会找提升点，没有弄清自己专题的探究方向。

那么，如何解决这个问题？我认为，最基本、最有效的方法就是回到教材文本语境中，通过细致分析文本来发现具体适宜的切入点。下面是我在京味小说专题中的一个教学片段，借此来说明这个教学思路。

师：下面，同学们聚焦“北京话”小专题。我们班围绕“北京话”设题人最多，占半数。同学们的此类小专题题目大多是《北京话的特色》、《地道的北京话》这一类，题目太大，过于概括，而且也不能体现专题提升点，方向不够明确，这些都不利于整个专题的学习。请同学从学案中的后两则材料选择一个进行修改。

生17：她的题目是“北京话语言艺术特色”，北京话就是语言，我们组改为“北京语言特色”。

师：修改成“北京语言特色”在表述上是精练了，但是题目还是过于概括，我们看看如何能够改善这类小专题。下面，我们深入分析周炀同学的摘选信息。《过年》中旗人的话最有京味儿。哪个同学朗读一下这几句话。

生18：“他最爱花草，每到夏季必以极低的价钱买几棵姥姥不疼、舅舅不爱的五色梅。”

“咱们旗人，但分能够不学手艺，就不学！”

“您拜年去的时候，就手儿辞一辞吧！”

“您放心，没错儿，押出去房契，可不就是卖房！俸银一下来，就把它拿回来！”

师：张泰同学朗读得好，你在朗读的时候觉得哪些词语有老北京的味道？

生19：“姥姥不疼、舅舅不爱”是俗语吧，这句话读起来特别随意，还很风趣。“但分”这个词，现在我们不说了，但读起来还是很有强调的意思。“就手儿”和“没错儿”两个儿化音，怎么读都有北京味儿。最有意思的是这句话，“可不就是卖房”，如果我这么读，“可不就是卖房”，就是卖房的意思。可是这个地方说的是不卖房，所以我得这么读：“可不就是卖房”。

生20：我觉得“咱们”、“您”这些人称代词也特别有北京的味道。

师：张泰的认识很丰富，关注到了方言土语、口语、儿化音等具体语言形式。周炀补充得好，又注意到了北京话中的人称代词。老北京人特别讲究称呼，您、您老人家，在你和他的下面加个心字，透着北京人的礼数。请张泰同学去掉刚才说到的这些特色，用现代普通话重读一遍这几句话。

生19：“我们旗人，能够不学手艺，就不学！”

“你拜年去的时候，就手辞一辞吧！”

“你放心，没错，押出去房契，可不就是卖房！俸银一下来，就把它拿回来！”

师：这是山寨版的朗读。张泰同学这次的朗读感觉如何？

生19：北京味儿都没了。

师：大家听张泰两种版本的朗读是不是就明白了北京话的特色来自什么。我们再来修改周炀小专题，同学们有什么新的创意？

生21：“姥姥不疼、舅舅不爱”这样的北京的俏皮话太有意思了，所以我准备拟个小专题，就叫“北京的俏皮话”。

生22：从北京话的儿化音品味京腔京韵。

生23：从北京的方言土话看北京话的特点。

师：从北京的方言土话看北京话的地域性特色。

生24：我自己修改了，改成“北京话的发展变化”。

师：你要探究不同历史时期的北京话的特点，这个小专题是个深刻的小专题。同学们新拟的小专题注意到了北京话的具体语言形式，合理切入，能够显示提升，有了进步。

在这则片段中，要求学生朗读了一组京味儿浓郁的语句，并且去掉体现京味儿的词语，换用现代普通话重新朗读了这几句话。两种不同朗读效果，使学生关注到了北京话的方言土语、口语、儿化音等具体语言形式，也就明白了探究北京话的切入点。

其中，“从……看……”这种拟题的思维方式和拟题方法，能够有效地帮助学生找到切入点和提升点，明确自己的探究方向。经过这样的专题学习，基本上解决了初拟专题时暴露的认识不清、方法不当的问题，真正提升了专题探究的能力。

确立一个好的“专题”，是对学生提出了综合性的要求。

学生既要挖掘自身的兴趣和需要，切合自己的个性；也要符合教材的规定，保证探究内容的合理性；还要贴合确立“专题”的规律和方法，确保探究活动的可行性。实践证明，完成这个学习环节，有助于学生增强综合学习能力，提升语文素养。

二、以“专题”探究，推动选文学习

在确立“专题”之后，就进入了选文学习阶段。这个阶段的教学任务是在“专题”的导向下研读文本。与必修课不同，学生“专题”在选文的学习中占据主要地位，那么，对于教材的使用也就不同于必修课的做法。一方面，选修课应体现为“用教材教”而非“教教材”的观念，也就是说教材只是个例子，是个平台，是个媒介，因此，教材应该为“专题”所用，从中挖掘适合研究“专题”的内容，可以有选择地使用，甚至大胆取舍。另一方面，绝不能把教材只是当作一个简单用件，因为“专题”研究的目的还是为了完成专题教材体系规定的学习内容，“专题”学习的本质还是以文本学习为主要目的。所以说，这一阶段的学习也必须遵守“立足教材”、“尊重文本”的原则，合理利用专题选文，保证“专题”探究不偏离以教材为核心的语文学习情境。

1. 以点带面，促进文本学习

进入单篇选文学习阶段，学生要先对每篇选文进行“专题”探究，写出探究作业。在此基础上再进行课堂学习，围绕初步探究成果对文本展开深入学习，促进“专题”的深入探究。学生的探究作业中存在的比较典型的问题是：只按照“专题”的需要选择文本局部，对号入座地贴上“专题”的标签，也就是“贴标签式”解读文本。比如，在京味小说专题学习中，一位同学确立的“专题”是“北京话”，他就在选文中找几句有特点的北京话，摘录下来，贴上标签“这就是北京话”，就算完成探究了。这样的作业往往角度单一、深度不够、内容浅薄，暴露出忽略文本、随意解读的问题。这种现象之所以普遍存在，原因在于学生缺乏深入探究的意识，缺少深入解读文本的方法。

如果一篇文质兼美的经典文章，在某位学生的专题学习中，只是被当作一个简单用件，文本的其余部分被舍弃，那么这样的专题学习肯定是肤浅、低效的，这既背离了专题教学的深入探究的初衷，也造成了教材资源的浪费。要解决“贴标签式”解读文本的问题，就要引导学生在教材与自己“专题”之间建立起联系。在课堂教学中，就学生的“专题”切入教学，选取几则具有代表性的探究作业进行评价、辨析、修改，一点点地将学生的注意力引导到教材体系所规定的学习内容中来。

例如，在唐宋古文专题学习中，进入《种树郭橐驼传》选文学习，课堂学习重点是围绕学生的“专题”深入探究文本的写作特点。有位叫范珊珊的同学，她确立的“专题”是“对比论证法”，展示了她的作业：

作者先用郭橐驼的对话来说明郭橐驼与他植者的差别，因为郭橐驼能“顺木之天以致其性焉”，他尊重树生长的自然规律，所以他的树长得又大又好。而他植者的不是这样，而是“根拳而土易，其培之也”，要不就是“爱之太恩，忧之太勤”，关心得太多，却没有正确方法，找不到主要矛盾，最后导致“虽曰忧之，其实仇之”的结果，适得其反。这一番对比引出了作者对官治民的想法，他认为官像他植者，民是树，看似爱护有加，实则干涉太多，使民痛苦，所以他利用郭橐驼与他植者的对比来阐述官应该如何治民。溺爱不是爱，顺应其本真才是真理。

在点评探究作业环节，我就把她的探究作业作为例子，让学生们一起共同分析。在这个过程中，我引导学生具体分析对比论证的“鲜明地突出”的表达效果，使学生发现作业在深入探究方面的缺陷。接下来，我引导学生分析新例：“其莳也若子，其置也若弃”使用了什么手法？有什么表达效果？验证前面的学习效果，巩固了分析方法。进而，组织学生展开对全文的分析“试具体说说作者是怎样运用层层对比、联想对比的方法来阐明文章主旨的”，使学生掌握了文章论证的脉络层次：先以种植的当与不当作对比，继以植后管理的善与不善作对比，最后以治民与种树相映衬。这样，学生就能够站在把握全文的高度，理解了本文在反复比照中阐明事理的写作特点。这样的学习，以点带面，促进了对文本的深入解读，有效地克服了学生贴标签式学习的误区，也能够有效地克服以往的标准化解读文本的弊端。这样的课堂教学过程是紧扣教材与“专题”而开展的文本对话活动，既让选择此类“专题”的学生有所收益，也带动了其他学生对文本的深入理解，这才是符合专题学习的有效教学。

在专题教学中，课堂教学内容要充分把握文本解读与专题探究的契合度。对于同一文本，不同的“专题”有不同的解读内容与侧重点，相应的解读方法与角度也会有所差异。鉴赏不同类型文本的视角和方法也会有所不同。因此，建立文体意识，掌握文本解读的基本方法、基本路径至关重要，这是深入教材开展专题探究的根本。

2. 依托“专题”，整合专题篇目

“专题式”的学习，强调的是专注于整个专题的探究性的学习。对学生而言，应该通过对单篇选文的探究，逐渐建构起对专题的某一方面内容的认识。对教师而言，必须顾及班级学生的诸多“专题”开展选文教学，如果想在单篇选文的教学中全部兼顾，面面俱到，那也只能是蜻蜓点水、胡子眉毛一把抓，难以保障学习效果。所以，就要对选文进行目标分解，在每篇选文的教学过程中有选择地侧重一两个“专题”，实现重点突破，让选文彼此间构成有意义的联系，由此，大致形成整个专题教学的意义链条，整合为一个相当完整的系统。

以红色经典为例，本专题共四篇选文，分别是《反割头税大会》、《黎明前的黑夜》、《智识小炉匠》、《肖飞买药》。在《反割头税大会》选文学习中，我侧重“人物”展开“专题”教学；而在《黎明前的黑夜》选文学习中，我侧重“斗争的艺术”展开“专题”教学；《智识小炉匠》是第三篇选文，我准备侧重“环境描写”展开“专题”教学。我班的王玮尘同学确立的“专题”是“红色经典中的环境描写”，之前，我曾对他的前两次的探究作业，进行过课下的个别指导。当时，他已经写完了第三篇探究作业。接下来的教学任务，要评价学生的探究作业，指出专题探究的得失，改善探究方法。在此基础上，对“专题”内容进行整合。我把王玮尘的三则探究作业在课堂上进行了展示，让学生们进行探讨。

①环境描写无论是在叙事文章中，还是在小说中都是为了渲染气氛，烘托人物的性格。在《反割头税大会》中，“那天，青天黄地，万里无云”营造出当天美好的天气，给人们一种积极的心态；在第12段“进了城门一看，每年年集最热闹，今年比往年人更多。卖肉的，卖菜的，嘈嘈杂杂。卖年画的，压扁了嗓子，尖声唱着”渲染了人们赶集的热闹气氛，给予人们一种乐观的心态；在第33段“做买卖的停止了生意，万人空巷，看着这雄壮的队伍在大街上走过。一群群农民，迈着有力的步伐，学生们唱着《国际歌》站满了一条街。排头到了税局子，排尾还没离开爆竹市”烘托了人们反对被压迫、被统治的斗志。

②在《黎明前的黑夜》中，“漆黑的夜空，像浸透了墨汁。

细雨飘零的云层缝隙中，间或透出点点红色绿色的灯火。那是在高空夜航的运输机，从云层中掠过，夜航灯，就像红绿的流星，一纵即逝”这段中“漆黑的夜空”渲染了当时被关押在重庆集中营的恐怖气氛，表现了集中营的人们依旧为祖国奋斗的主题；“梆梆梆……”急促的梆声，突然出现了。“梆梆梆！梆梆梆！”“连续不断的梆声，惊扰着魔窟的黎明，在浓雾弥漫的深山野谷中四面回响”这段渲染了当时江姐和李青竹在就义前紧张的气氛，烘托出人们恐惧的心情；“熟悉的牢房，一张小小的条桌，一排干净的碗筷，墙头挂着一块破镜……一张张激动凝泪的战友的脸”这段中描写了江姐她们艰苦的生活环境，烘托出江姐在就义前从容不迫的状态。

③在《智识小炉匠》中，“天阴地黑，疾风呼啸，飞沙扑面，北国的严冬降临了！”“林密仰面不见天，草深俯首不见地”这两段不仅烘托了剿匪斗争的严酷氛围，也充分渲染了小分队执行任务的不畏艰苦；战士们宿营在一个难得的石洞里，望见森林的奇景，“在他们对面的一棵大树杈上，有一个碾盘大的大树洞，一只黑熊爬呀，爬呀，爬上去了，钻进了树洞……”这段描写舒缓了叙事节奏，增强了故事的传奇色彩，渲染了战士们的乐观情绪。第101段中“黑昏，起了山风，刮得呜呜乱响”烘托出当时杨子荣找到山外匪巢的紧张心情，也渲染了匪巢的黑暗。

针对王玮尘的三则探究作业，我要求学生小组针对“是否紧密结合原文具体分析？是否表达清楚了环境描写的表达效果？”进行评价。有的学生指出，在《黎明前的黑夜》的探究作业中，只出结论，没有具体的分析。我要求学生结合文本展开具体分析。接下来，有一个学生分析“高空夜航的运输机，从云层中掠过，夜航灯，就像红绿的流星”这句话，认为是优美的景色，这遭到了其他学生的强烈反对。我相机引导学生展开讨论。在讨论中，大家对当时国民党撤退时的背景材料增加了了解，也认识到了江姐和难友数飞机的行为，表现了被关押在集中营中的革命者依旧为祖国奋斗的主题。通过朗读、分析、讨论，学生能够总结出环境描写在渲染烘托气氛、衬托人物性格以及表现主题等方面的作用。

在选文学习的后期，学生存在的典型问题是缺乏整体意识，不能整合专题内容。为了推动深入探究，我要求学生结合王玮尘的三则探究作业谈谈这三篇作品所表现的环境特点和时代特色。在此基础上，我又设计了两个问题，让学生集体深入讨论：①三篇作品中体现出来的环境特点有没有共性？②这能为突出小说的“红色”特点起到什么作用？这样，这个学习讨论的环节就使学生深化了对专题的整体认识，使他们认识到红色经典专题中的环境描写，渲染烘托了农村革命、地下革命、解放战争时期的剿匪等斗争的严酷氛围，也充分衬托了朱老忠、江涛、江姐和杨子荣等革命英雄面对艰难险阻所表现出来的毫不畏惧、英勇顽强的革命精神。专题学习之后，王玮尘同学在探究作业的基础上写出了一篇名为《环境，不仅仅是一种点缀》的论文（见附录），论文中不仅有对环境描写的作用“渲染气氛，烘托人物的性格”的认识，还有探究红色经典作品的共性和关联点的深入见解，实现了对自己“专题”内容的整合，较好地体现了课堂学习的效果。

这样的专题学习，通过依托“专题”，对选文进行目标分解，能够将探究活动和文本学习有机结合。整合专题的篇目，能够将“专题”内容融会贯通。可见，教材只有在“创造性”使用过程中才能显现它作为学习资源的价值。

像王玮尘同学一样，所有同学通过这样的专题学习，最后都完成了一篇小论文。从我的学生的小论文可以看出他们对“泛读导引”文章、四篇选文的理解水平，他们能够把握体裁和题材的特点，通过掌握鉴赏文本的基本方法完成感受、思考、领悟和发现四个过程，表现出深入教材开展分析的能力。反思自己的教学，我觉得，还存在一些问题，需要下一步在教学中不断完善。比如，学生们探究专题的角度和层次还欠丰富，在“拓展”和“创新”方面还有待于进一步发展。在以后的专题教学中，我要特别注意避免教学方法上的简单化和模式化，努力引导学生以更高更广更深的视角来确立自己的“专题”，大胆迁移拓展，真正实现从鉴赏文本到探究专题的跨越。

附录

环境，不仅仅是一种点缀

——论红色经典中的环境描写

高三（10）班　王玮尘

环境描写无论是在叙事文章中，还是在小说中都是为了渲染气氛，烘托人物的性格。

在《反割头税大会》中，“那天，青天黄地，万里无云”营造出当天美好的天气；“进了城门一看，每年年集最热闹，今年比往年人更多。卖肉的，卖菜的，嘈嘈杂杂。卖年画的，压扁了嗓子，尖声唱着。”渲染了人们赶集的热闹气氛，衬托出人们乐观的心态；“做买卖的停止了生意，万人空巷，看着这雄壮的队伍在大街上走过。一群群农民，迈着有力的步伐，学生们唱着《国际歌》站满了一条街。排头到了税局子，排尾还没离开爆竹市”，烘托了人们反对被压迫、被统治的斗志。

在《黎明前的黑夜》中，“漆黑的夜空，像浸透了墨汁。细雨飘零的云层缝隙中，间或透出点点红色绿色的灯火。那是在高空夜航的运输机，从云层中掠过，夜航灯，就像红绿的流星，一纵即逝。”这段中“漆黑的夜空”渲染了当时被关押在重庆集中营的恐怖气氛，表现了被关押在集中营的革命者依旧为祖国奋斗的主题；“梆梆梆……”急促的梆声，突然出现了。“梆梆梆！梆梆梆！”“连续不断的梆声，惊扰着魔窟的黎明，在浓雾弥漫的深山野谷中四面回响。”这段渲染了当时江姐和李青竹在就义前紧张的气氛，烘托出人们恐惧的心情；“熟悉的牢房，一张小小的条桌，一排干净的碗筷，墙头挂着一块破镜……一张张激动凝泪的战友的脸。”这段中描写了江姐他们艰苦的生活环境，烘托出江姐在就义前从容不迫的状态。

在《智识小炉匠》中，“天阴地黑，疾风呼啸，飞沙扑面，北国的严冬降临了！”“林密仰面不见天，草深俯首不见地。”这两段不仅烘托了剿匪斗争的严酷氛围，也充分渲染了小分队执行任务的不畏艰苦；战士们宿营在一个难得的石洞里，望见森林的奇景，“在他们对面的一棵大树杈上，有一个碾盘大的大树洞，一只黑熊爬呀，爬呀，爬上去了，钻进了树洞……”这段描写舒缓了叙事节奏，增强了故事的传奇色彩，渲染了战士们的乐观情绪。“黑昏，起了山风，刮得呜呜乱响”烘托出当时杨子荣找到山外匪巢的紧张心情，也渲染了匪巢的黑暗。

“红色经典”小说中的环境描写，渲染烘托了农村革命、地下革命、解放战争时期的剿匪等斗争的严酷氛围，也充分衬托了朱老忠、江涛、江姐和杨子荣等革命英雄面对艰难险阻所表现出来的英勇无畏的革命精神。环境描写不仅仅是一种点缀，能够让读者更好地去理解小说，品味人物，感受作者的用意。

第二节 自主确立“专题”，实现“专题选修”

提要 在选修课中推行“专题式”教学方式，积极开展专注整个专题的自主探究性的读写实践活动，强化学生自主确立“专题”。遵循趣味性、合理性和可行性的原则，帮助学生理清确立“专题”的思路，即“发掘语文兴趣，探讨专题重点，依据专题选文，探究共性、关联，切入提升适当，表述明确精练”，使学生学会自主确立“专题”。自主确立“专题”是一个系统的语文学习过程，一般要经历“定向”、“初拟”、“确立”等阶段才能完成。“专题”的确立是真正增强学习能力、提升语文素养的过程。

开设选修课程是高中语文新课程改革的一项重大举措。《普通高中语文课程标准（实验）》指出，开设选修课是“为了进一步切实提高学生的语文素养，针对不同学生有侧重地培养语文应用能力、审美能力和探究能力，促进学生特长和个性的发展，以适应及满足其兴趣和潜能、未来学习和就业的需要”，其中，“适应及满足”学生的“兴趣和需要”、“促进学生特长和个性的发展”，是开设选修课的出发点和落脚点，这些都充分体现了以学生为主体的新课程理念。由于现实条件的种种限制，理想状态的走班式自由选课一时难以实施。针对现实，北京市采取了“推荐选修”的应对措施，解决思路是采用“专题式教学”的策略，从现有选修教材中开发确立“专题”，以“专题”为核心开展教学活动，让学生在现有教材内实现“专题选修”。

我们石景山区使用的北京版选修教材是北京市高中语文课程改革实验使用的一套教材，它的选修部分没有提出学生开展探究的“专题”，所以，从教材中确立“专题”，这是使用北京版教材必须面对的一个课题，也是开展专题教学必须突破的一个难题。在最初的专题教学中，我考虑到让学生从自己的兴趣和需要出发来确立“专题”，这样就可以发挥学生的能量，丰富“专题”题目。随着专题教学的深入，我发现，学生自主确立专题，不仅能够丰富“专题”，而且能够培养学生的专题探究能力。更重要的是，这样还可以让学生体验自主探究性的学习过程，使学生真正成为专题学习的主人。由此，我认识到，学生自主确立专题，是充分发挥学生主体作用，积极促进学生个性化发展的一条有效途径。

一、确立“专题”的“三原则”和“六方法”

在指导学生自主确立“专题”的过程中，我坚持以学生为主体，发挥教师的主导作用，并逐渐形成了自己的一套思路和方法，即确立“专题”的“三原则”和“六方法”。“三原则”是指遵循趣味性、合理性和可行性的原则；“六方法”是发掘语文兴趣，探讨专题重点，依据专题选文，探究共性、关联，切入提升恰当，表述明确精练。借此帮助学生理清确立“专题”的思路，使学生学会自主确立“专题”。

1. 趣味性

兴趣是专题学习重要的动力源，学生自主确立“专题”，也要符合自己的兴趣爱好。一般来说，学生对本专题的什么内容最感兴趣，他能在阅读“泛读导引”文章、初读专题选文后就能作出准确判断和选择，把自己的专题探究范畴确定下来。教师当然要支持和鼓励学生这种真实、宝贵的原发感受。但是，如果只顾及自己的兴趣而拟定的“专题”难以保证质量，比如红色经典专题，有的学生初拟“专题”是“抗日战争和解放战争”；京味小说专题，有的学生初拟“专题”是“京味小吃”，这样的初拟“专题”忽视语文学科的学习要求，偏离了语文学习的轨道。因此，“语文特色”要素是挖掘学习兴趣的最有效的保证和提升，应该本着“发掘语文兴趣”的思路进入确立“专题”的学习。

2. 合理性

以“探讨专题重点，依据专题选文，探究共性、关联”来确立“专题”的思路是确保“专题”合理有效的重要条件。其中，“探讨专题重点”强调的是关注整个专题的重点内容。如《左传》与《战国策》的“专题”“我看史传中的某一历史人物”；如鲁迅专题中的“鲁迅与韦素园君”等“专题”，就不能关照到整个专题的学习内容，犯的是顾小失大的毛病。

至于“依据专题选文”，是指应该依据教材选文进行专题学习，这就要紧密结合专题选文体裁的基本特点，用鉴赏文本的基本方法深入分析专题的学习内容，从而确立“专题”。比如鲁迅专题，从学生的原创“专题”上，我发现学生的探究角度还是比较丰富的。第一类是研究作家的，比如“鲁迅其人”、“鲁迅个性”等。第二类是研究作品人物的，如“鲁迅作品中的不同社会类型的人物”、“鲁迅的怀人散文”，等等。第三类是研究作品思想内容的，比如“国民的病苦”、“谁是聪明人、傻子和奴才”，等等。第四类是研究作品的写作特色的，比如“鲁迅作品的讽刺手段”、“鲁迅散文中善于用词的特色”、“形散而神不散”，等等。这些紧密依据选文，从不同的角度和层面开发、确立的“专题”就可以成为整个鲁迅专题学习的重点。

专题教学，看似纷繁复杂、无从下手，但毕竟还是有规律可循。就如同写散文，看似形散，神却不散。而做到“神聚”，就要从给出的专题中找出共同点或关联点，即找出共性的东西，这个共性的东西就是这个专题的一个纲、一条主线，找到这个纲，拎出这条主线，就可以从中把握这个专题教学的核心。“探究共性、关联”就是探究整个专题学习内容的共性和关联点，体现的是对整个专题的深入理解，这个思路对确立“专题”起着至关重要的作用。比如红色经典专题，我引导学生在小说的“人物”、“情节”、“环境”等“专题”范畴下探讨、整合四篇选文的材料，寻找其中的共性和关联点，从而确立了“英雄”、“反面形象”、“战斗中的感情”、“斗争的艺术”、“斗争的环境”等“专题”。再如京味小说专题的“北京人的人情味”“专题”能够把四篇小说中的北京人的典型特色联系起来，是一个探究“北京人”的好“专题”。可见，探究整个专题学习内容的共性和关联点，既能发掘独篇选文各自的写作特色与蕴涵的思想内容，又能关注作品间的传承与关联，实现了从鉴赏独篇文本，到探究“捆绑”整个专题的学习内容的转变，也就真正实现了从“关注整个专题”到“专注整个专题”的转变。

3. 可行性

符合可行性原则的确立“专题”的思路有“切入提升适当，表述明确精练”。其中的“切入点”和“提升点”两个要素紧密相连，相辅相成。“专题”应该有个很具体的切入角度，在此基础上挖掘“专题”的提升点，就明确了“专题”探究的方向。从学生反馈来看，“从……看……”这种体现出切入点、提升点的拟题方法是一种有效的拟题方法。比如京味小说专题，“从北京话的儿化音品味京腔京韵”、“从北京话看北京的文化”等“专题”就是清晰展现切入点、提升点的例子。另外，每个“专题”题目的文字表述要准确精练。比如鲁迅专题，有个初拟“专题”是“鲁迅的写作手法——如何写人”，修改成“鲁迅写人的妙笔”，题目表述就显得精练了。一个好的“专题”题目不仅显现文字表述水平，而且体现专题学习的认识水平和思维品质。推敲锤炼题目用语，能够培养学生的语言应用能力。

学生依照“三原则”和“六方法”，经过对整个专题的学习内容（包括“泛读导引”文章、四篇选文以及相关的拓展材料）的感受理解，深入思考，寻找选文的共性和关联点，找到整个专题学习的重点，从而能够自主确立有探究价值的“专题”。

二、体验系统化的语文学习过程

在专题的总体设计中，确立“专题”处在专题学习的起始阶段，起着决定整个专题学习成败的重要作用。自主确立“专题”，不可能一蹴而就，而是一个系统的语文学习过程，一般要经历确定方向、初拟“专题”、确立“专题”等阶段才能完成，教师要引导学生体验系统化、过程化的学习。

1. 确定方向

专题学习之初，教师首先要引导学生认真研读专题的“泛读导引”文章，吸纳文章的精髓，可从中了解专题选文的基本特点，从较为宽阔的视角思考专题学习的内容，从而确立专题学习的角度和方向。

2. 初拟“专题”

教师要引导学生在研读“泛读导引”文章的基础上认真阅读专题选文，整体把握专题选文的特点，梳理和整合四篇选文的共性或关联点。一般来说，整合四篇选文的共性或关联点之后，学生有了对整个专题学习内容的理性认识，感性兴趣和理性思考的结合促使学生选定自己的最优兴趣点，依此，学生就可以初步拟出“专题”。可见，初拟“专题”就是学生把自己的兴趣点与选文的共性或关联点进行比照、选择，从而激活最优兴趣点的过程。

以京味小说专题为例（参见下面学案），一般来说，学生对四篇选文的兴趣会呈现多样化，诸多的兴趣点可能会让学生难以取舍。接下来，梳理和整合四篇选文的共性或关联点，结论如下：①京味作家；②北京城的历史变迁；③北京人的命运轨迹，政治风云、时代变迁对北京人的深刻影响；④京味语言特色等，这时，学生会思考自己的多个兴趣点的共性或关联点，再参照选文的共性和关联点，从而作出分析、判断、选择。这位学生通过对“京味语言特色”和“北京人的特点”的整合，就此激活了自己的最优兴趣点（见※※※处），最终他拟定了“北京人的能说会道”“专题”。

京味小说专题的学案：

京味小说	作者	故事发生的历史时期	故事内容要点	写作特色	我（学生）的兴趣点
《过年》					老北京过年的风俗，大姐夫的旗人做派
《寻访“画儿韩”》					画儿韩的命运
《云致秋行状》					云致秋的能说会道
《辘轳把儿胡同9号》					大杂院里的人际关系
四篇选文的共性或关联点	①京味作家	②北京城的历史变迁	③北京人的命运轨迹，政治风云、时代变迁对北京人的深刻影响	④京味语言特色	※※※ 北京人的能说会道
初步拟定专题	北京人的能说会道				

3. 确立“专题”

“初拟”阶段后，接下来进入“专题”的“确立”阶段。在这一步，要对初拟“专题”进行评价、辨析、修改，提炼优化“专题”，借此帮助学生发现专题探究的准确的方向。为了实现“专题”的最优化，学生要更深入地阅读专题选文，思考辨析，并以准确的语言表达出思考的结果，确立一个有合理切入点的具体化的“专题”题目。

下面以我在京味小说专题的课例来说明“确立”阶段的教学思路。我个人有机会在市、区教研员的直接指导下完成了一节名为《走进作品，探寻京味》的市级公开课，此课的主题就是确立“京味小说”的“专题”。课前学生完成了初拟“专题”，从学生原创的“专题”题目上可以看出他们关注专题的视角不同，思考问题的深度和广度不同，“专题”的水准也就有高下之分。比如，小高同学自拟“专题”的题目是“北京的吃儿”，可以看出他对“京味小说”专题的兴趣停留在“京味儿”饮食现象层面，拟定的“专题”偏离了语文学科应探究的范畴。我把小高同学的学案材料和其他四份学案材料一起印发给全体学生，作为课堂学习的初始资源。

这节课的学习任务就是讨论交流这几则有代表性的初拟“专题”。公开课的教学就是从评价小高同学“北京的吃儿”开始的。为了让学生通过评价的环节自己反思失误，发现拟题误区，我首先明确了判断一个好“专题”的标准。参照确立“专题”的“三原则”和“六方法”，我认为有价值的评价重点有：①凭借相关文本信息而拟定的“专题”是否适当。②“专题”是否关注整个专题内容。③探究的是否是专题重点内容。让学生以此来评价学案材料，进行小组合作交流。经过讨论，一个小组评价小高同学的“专题”“探究的不是课文的重点内容”。听了同学们的评价，小高有了拟题的新构思，把“专题”改成了“北京人的讲究”。在课堂上我注意避免自己对小高的学案评头论足，而是引导学生从他的学案着手展开生生间、师生间与小说文本、专题多重对话，让学生自己去体验、感知、品味、反思、发现、探究、收获，从而深化对确立“专题”的认识，强化自主学习意识和探究能力。

这节课的一项重要任务就是指导学生自主确立“专题”的方法。我启发学生从“从北京的吃儿看北京人的讲究”这个例子提炼出“从……看……”这种体现出切入点、提升点的拟题方法。在公开课的后期，学生新拟的“专题”，比如“从北京话的儿化音品味京腔京韵”、“从北京的方言土话看北京话的特点”、“从北京话看北京的文化”等，说明学生掌握了有效的拟题方法。学生学会探究的方法，才会真正提高确立“专题”的能力，才能保证自觉主动地倾向于各自的“专题”开展学习。

以上这则教学片段较好地呈现了“专题”的“确立”的学习过程。市教研员给予了这样的评价：“教师立足于指导学生依据教材，确立新的研究专题。教师首先展示学生先期拟定的专题，以此为例，分析得失，指导确立专题的方法；然后让学生或修改、或自拟专题，并写出更替理由。这节课固然是一节指导确立新专题的课，但是，文本阅读、能力训练、文化积累、鉴赏评价，无不在其中。归根结底，还是在完成提高学生语文素养的任务。”可见，这节课的教学过程足以说明“专题”的“确立”阶段也是一个充实而丰厚的语文学习过程。

经过以上系统化的专题学习，学生能够自主确立既适合自己又有探究价值的“专题”。“专题”确立之后，学生能够在“专题”的导向下自主选择专题的重点内容进行探究，并且能够在深化阅读理解的基础上完成一篇文本探究型的小论文。因为学生自主确立的“专题”丰富多彩，探究整个专题学习内容的途径就丰富起来了，选修课教学也就有了可喜的繁盛效果。

（此论文获得2010—2011年度北京市中学语文“提高教学实效性”论文评比一等奖）

第三节 选修课程“专题”探究与文本学习的结合

提要 选修课选文教学阶段，要紧密结合“专题”开展文本的探究，把探究活动与文本学习结合一体，从而使选文的教学过程转变成学生探究“专题”的学习过程。课堂实施中应该选准课堂探究的切入点，把文本学习引向深入。而且应该纠正探究中的偏差，使学生明确专题学习的方向。在此基础上，整合专题选文，提升探究成果，为后续的小论文的写作打下基础。“专题”探究与文本学习结合的学习方式能够有效地培养学生的专题意识和探究的能力。

在高中开设语文选修课程是新课程改革的一项重大举措，新课程、新教材，新教法，这些都给教师带来了全新的挑战。教师在推进教学中要不断攻克一些教学难题。比如，在选修课程的专题教学中就普遍存在着这样一种现象，那就是把选文当作孤立的作品，侧重于讲读，这实际上等于是把选修课程上成了必修课程。这样即便能够引导学生对某一篇文本有深入全面的理解，也会因为没有兼顾整个专题而背离选修课专题教材设置的初衷。究其原因，还是教师没有落实选修课程的功能，也没有找到“选修”教学的有效途径。

《普通高中语文课程标准（实验）》提出，开设选修课是“为了进一步切实提高学生的语文素养，针对不同学生有侧重地培养语文应用能力、审美能力和探究能力，促进学生特长和个性的发展，以适应及满足其兴趣和潜能、未来学习和就业的需要”，而且强调通过“让学生有选择、有个性地学习”，实现有个性、有差异的发展。从中可以看出，选修课程比传统课程更加关注学生的兴趣爱好、个性和需要，特别强调课程应该为学生提供多种选择。由于现实条件有种种限制，走班式的自由选课的选修方式难以普遍实施。针对现状，北京市推行“专题式教学”的策略，意在从现有选修教材中开发确立供学生选择的学习专题，让学生在现有教材内实现“专题选修”。“专题式教学”，是指围绕一个专门研究或讨论的“专题”实施教学，通过对“专题”的选择来实现“选修”课程目标。这样，在现实的背景下，“专题式教学”就成为了从学习内容的选择入手来落实选修课程的一条途径。

专题式教学以“专题”为核心开展教学活动。专题学习之初，要引导学生确立“专题”，明确自己专题学习的重点。之后，进入选文教学阶段，要紧密结合“专题”开展文本的探究，深入探讨“专题”，这就意味着对“专题”的探究活动与文本学习结合为一体，选文的教学过程因此也就转变成了学生探究“专题”的学习过程。在新课程改革实验中，我依托北京版选修课的专题教材开展“专题式”教学，对选文教学的课堂实施进行了积极的探索和实践，逐渐增长了一些教学经验，也对选修课程多了一份体会和领悟。本文着重以京味小说专题的教学实践为例对此展开探讨。

一、基本认识

1. 应该设立三个梯度的教学目标

在选修课专题教学的整体设计中，确立“专题”、选文教学、展示成果是一个基本的过程，其中，选文教学阶段是主体环节，有必要围绕专题教学的总目标而设定阶段性目标及教学重点。以“京味小说”专题为例，专题教学的总目标设定为“引导学生开展专注整个专题的自主探究性的读写实践活动”，依此，选文教学的阶段教学目标可以设定为：

（1）自读《过年》、《寻访“画儿韩”》、《云致秋行状》和《辘轳把儿胡同9号》四篇选文，通过参阅注解和旁批读懂故事情节，整体把握人物形象及写作特色，提高独立阅读能力。

（2）重点阅读自己“专题”所涉及的内容，并通过思考和写探究作业来推进自己的探究学习，培养专题探究意识，提高探究能力。

（3）通过课堂讨论交流对作品展开深入的学习和探究，学会从多角度和多层面来探究“专题”。

这则选文教学阶段目标的重点在于以一个“板块”学习的形式稳扎稳打地完成四篇选文的专题学习任务，彻底打破必修课的那种以“课文”为单位的教学形式，所以避免了孤立讲读单篇选文的现象。

在选文教学阶段开展课堂的教学活动，其间的七八节课都是专题学习的一环，每一课时的教学目标的设定都不能背离教学总目标及阶段目标。通常的做法是紧密依据学生的探究作业确定下一课时的教学目标和教学内容，这样能够保证课时教学富有实效，也能够保障专题教学链条环环相扣、紧密相连、梯度延展。

2. 强化探究文本内容的专题化

选修课的选文教学的重点是就学生选择“专题”的内容，立足文本开展探究学习，既要关注“专题”在每一篇选文的落实，也要确保学生由文本的学习而对“专题”的认识不断丰富深入，因此，在选文教学的课堂实施中必须构建起“专题”与文本间的有机联系。经过不断地实践和摸索，我认识到突破的关键在于强化探究文本内容的专题化。我认为可以运用两种教学思路：依文研题和依题研文。依文研题就是从探究作业中挑选出学生普遍关注的文本内容，设计核心问题牵动学生对文本的深入鉴赏，引发学生对各自“专题”的深入思考和探究。而依题研文的出发点应是学生的“专题”及探究情况，从探究作业中挑选出同类或有关联的“专题”，找到学生探究中的带有普遍性的问题，以此设计文本教学，侧重引导“专题”学习。兼顾这两种教学思路，灵活运用，既能引导学生行走在文本学习的轨道中，又能把“专题”探究引向纵深，从而实现“专题”探究的最大效益。

二、课堂实施

开展选文教学的课堂活动，每一节课都应该紧密结合学情，力求有针对性地解决学生自主学习中的问题，实现重点突破。通常，课堂教学起点来自学生的探究作业，这种作业凝聚了初步学习的成果，是宝贵的教学初始资源。教师努力筛选出带有普遍性、典型性的作业，发现其中有探究价值的新信息、新问题，从而紧密依据这些信息确定每一课时的教学目标和教学内容。

1. 选准课堂探究的切入点，把文本学习引向深入

学生原生态的探究作业往往是零星的、片面的、肤浅的，课堂教学的主要任务就是从中选准课堂探究的切入点，把“专题”探究和文本学习融合在一起，共同引向深入。

比如，在“京味小说”专题学习中，“北京话”专题小组的高爽同学在自读《过年》和《寻访“画儿韩”》两篇选文后分别完成了两篇探究作业。他对两篇选文中的有关“北京话”的文本内容有了较为细致的理解和发现，“专题”的探究也显示了一定的水平。对他来说，如果缺乏“深入”探究的途径和方法，后续的学习容易停留在现有水平。为了引导学生深入探究，实现突破，我确定这一课时目标为：通过展示、评价探究作业，引导学生思考、发现研究“北京话”专题的角度和方法，并且引导研究其他“专题”的学生借鉴、学习运用“细化”和“深化”的方法探究专题。

课堂学习是从评价探究作业开始的，要求学生品评探讨“在两篇作业中，高爽认识到北京话有什么特点？第二篇作业和第一

篇作业相比，他的认识有了哪些提高？”借鉴高爽同学的探究成果，学生们认识到北京话具有口头语、方言土语、儿化音、叠词等表现形式。在此基础上，我进一步指导学生明确了具体细致分析“北京话”的方法。其他学生举一反三，触类旁通，也就掌握了具体切入的探究方法，这是通过这两则探究作业开展课堂学习的第一个收获。

接下来，要引导学生思考和发现“深入”探究的途径和方法。我指导学生沿着“依文研题”的思路开展学习。首先要求学生找寻两篇文本中的北京话的例子，以小组为单位完成朗读、分析鉴赏的学习任务。一名代表朗读了这个文段“就这点本事也上我这儿来打苍蝇吃吗？骗得过画主本人，这才叫作假呢，叫他再学两年吧！”（《寻访“画儿韩”》），他的思维不再停留在“就作业谈作业”的层面，而跳跃到了对文本进行鉴赏分析的层面。以此契机，我鼓励大家和这位同学一起与文本对话，深化讨论内容。学生在讨论中逐步挖掘这些精彩的京味语言的深刻内涵，深化了这些认识：北京人的能说会道；北京人“说”的艺术；北京人的幽默感；北京话的市井味；北京人的人情味；北京人典型性格和精神气质等，对“北京话”“专题”的探究走向了深入。

在展示交流中又往往能够触发新的灵感、碰撞出新的问题。有个学生对作业中“北京人骂人不带脏字”这个认识特别认同，我再次组织学生讨论“从文本中看出北京人是怎样嘲讽人的？体现出北京人的什么特点？”学生的热情被点燃了，掀起了再一轮的热烈讨论，有如下结论：自嘲有幽默效果，冷嘲热讽就更见讽刺力量；北京人拥有平民气、市井气、风俗味、人情味；北京人“说”的艺术暗含找乐子的心态。这些结论呈现了课堂探究活动的新成果，比最初的探究作业的结论要厚重、深入。这节课通过讨论交流两则“北京话”专题的探究作业，使学生明白了应该从具体语言形式合理切入，还应挖掘语言的深刻内涵。一方面可以品味京腔京韵，归纳北京话的特点，品味作品语言，感受作品的京味儿特色。另一方面可以感受北京人“说”的艺术，理解北京人独有的精神风貌。学生们理解和掌握了依文研题、“深入”探究的途径和方法，可以把后续的专题探究引向纵深，实现选文教学的重要效益。

2. 纠正探究中的偏差，明确专题学习的方向

学生的探究作业也会暴露出一些问题，比较常见的问题有对文本内容的不当解读，还有偏离文本的生发探究。课堂教学应该引导学生分析、修改作业范例，从而发现自己的问题，纠正偏差，进而明确专题学习的方向。

例如，有一则“北京风俗文化”小组的探究作业，摘录了《寻访“画儿韩”》中描绘的北京城的标志性建筑，着重分析建筑的特色，显然偏离了京味小说专题的研究价值。为了让学生自己辨析、发现探究的问题，我要求学生参阅专题标准来评价这则作业。我个人在实践中摸索和提炼出一套确立“专题”的思路和方法，即遵循趣味性、合理性和可行性的原则，发掘语文兴趣，探讨专题重点；依据专题选文，探究共性、关联；切入提升适当，表述明确精练。借助其中的“兴趣点”、“语文特点”、“专题重点”、“共性和关联点”、“切入点”、“提升点”等要点可以帮助学生理解“专题”标准。通过讨论交流，学生能够指明这则探究作业脱离了“语文特点”和“专题重点”，发现了偏离语文学习内容的问题。这个教学环节使学生强化了“专题”探究的意识和方法。

其实，分析环境描写在小说中起到什么作用，这是文本鉴赏的一个难点。只有突破这个难点，才能让这个“专题”的探究顺利开展。因此，我引导学生沿着“依题研文”的思路开展了深入文本的学习。首先，要求学生朗读《寻访“画儿韩”》的第一段，接着要求学生讨论交流“文中第一段是小说的环境描写，作者运

用了什么手法来描写环境？这段环境描写的作用是什么？”按照要求，学生深入此段展开具体分析，逐渐认识到此段使用对比、引用的手法来描写环境是为了突出主人公甘子千。甘子千为寻找“画儿韩”，来到三十年前曾到过的陶然亭，环境的重大变化让他感到情随事迁、物是人非，这种场景引起甘子千对三十年前与“画儿韩”“过节儿”的回忆。段中描述“自新之路”已铺了柏油，说明“随着时代的进步，北京的老建筑也在与时俱进”，此段渲染环境的变化，能够烘托出甘子千寻找旧友时的焦虑和无助。引导学生正确理解此段环境描写的作用，使学生深化了对文本内容的把握。在探究方法方面，也使学生明确了“专题”导向下的文本的研究价值不能偏离“语文特点”、“专题重点内容”等要素。通过纠偏，学生发现了自己探究方向的错误，明确了探究的正确方向。通过“纠偏”的课堂教学，保障了选文探究性学习的顺利开展。

3. 整合专题选文，提升探究成果

在各篇选文教学之后，整合专题学习内容是保障专题探究走向成功的最后一环。引导学生在“专题”导向下对四篇选文进行比较、概括、归纳，促进学生从相对的高度、深度、广度重新审视“专题”，可以使学生获得新的体验和发现。比如在京味小说专题学习中，吴海峰同学确立了“北京人的讲究”“专题”，对四篇选文都进行了探究性学习，在此基础上探讨、整合四篇选文的材料，他认识到：“通过京味小说专题的学习，我深刻地认识到了小说中的北京人很重视老礼儿，很在乎面子，这是北京人精神层面的讲究。通过这些让我倍感亲切的‘老北京’，我认识到我们北京人的人性特点：我们热情，我们中庸；我们爱讲究，我们好面子；我们有很多优点，但我们也有不少缺点……无论社会怎样发展，时代多么进步，我们的内心可能总会存在这两个挥之不去的字——讲究。北京人的讲究，讲究的北京人，在我看来，

‘讲究’既是我们生在天子脚下的自豪，又是我们北京后生肩负时代重担的责任!”这个案例呈现了这名学生对专题的思考及认识的深入过程，他从只关注独篇选文各自的思想内容，到关注作品间的共性与关联，逐步实现了从鉴赏独篇文本到探究整个专题的学习内容的转变。这样的转变，不仅能够保证“专题”在文本学习阶段的落实，而且能够保证学生对“专题”的认识会随着思考的深入而不断丰富深入。这样整合专题，不仅能够深化、丰厚学习成果，为后续的小论文的写作打下基础，而且能够有效地培养学生的专题意识和探究的能力。这个教学环节如果缺失，既不能保证学生形成对专题的整体性、系统性的认识，也不能架起学生与专题知识间的桥梁，“专题式”学习就没有真正实现。

综上，在选修课的选文教学课堂实施中教师应致力于构建“专题”探究与文本间的有机联系。其中，选准课堂探究的切入点和纠正探究中的偏差，能够保障文本学习走向深入，学生沿着“专题”学习的方向展开探究。在此基础上，引导学生整合专题的所有选文，能够提升整个专题的探究成果。这样的选文教学过程从点到面，从单篇延伸到专题整体，不仅能够避免讲读单篇选文的现象，而且实现了“专题”的探究活动与文本学习的有机结合，选文的教学过程因此也就转变成了学生探究“专题”的学习过程。这样，在课程意义上可以说是落实了“选修”课程的功能，立足教材实现了“专题选修”。

（此篇论文在2011年11月全国高中语文模块课程·专题教学理论与实践研讨会中获得论文二等奖，原题目是《选修课专题式篇章教学的有效实施》，此次进行了修改）

第四节 为学生铺设一条“自主发现”之路

——从京味小说专题的四则学案谈起

提要 参照可持续发展教育的学案模式，我精心设计了京味小说专题的一系列的学案。这组学案，贯通了课前自学、课中合作探究、课后实践各环节，突出了专题知识的连贯性，实现了教学过程的连续性。学案在设置问题、提供素材时，要给学生留出探究问题的空间，问题设置要有一定的隐蔽性和发散空间，让学生有选择地、有个性地学习。这样的学案，实际上是在背后为学生铺设了一条寻求“主动发现”之路，帮助学生走上一条发展之路。

在选修课专题教学中，确立“专题”是一个关键环节，它一般要经历“定向”、“拟定”、“确立”等阶段才能完成，各阶段紧密相连，环环相扣，层次深入，其间，教与学都有很大的难度。面对这种教学难题，我考虑到学案这种教学手段更贴近学生的“学”，如果学生能够在每一个阶段都能借助学案来进行学习，那么就可以一步步地完成系统化的学习过程，最终实现确立自己的“专题”的学习目的。在这样的学习中，学案作为自主学习的路线图，是促使学生参与专题学习全过程的手段，更是学生达成学习目标的保障。基于这样的认识，依托北京版教材，在选修课教学中，我开始尝试设计系列学案来引导学生自主确立“专题”。在实践中，逐渐摸索出一些经验，有了一些心得体会。

第一轮新课程伊始，在选修课专题教学方面尚未有成熟的教学模式，也没有可供学习借鉴的学案范例。在初期的几个专题教学中，我设计学案的出发点仅仅是为了布置一些课下预习任务，着眼于想要学生预习的新知识上。随着专题教学的深入开展，我对引导学生自主确立“专题”的认识逐渐加深，我认识到设计学案不能仅仅为了让学生获取知识，而是应该引导学生掌握专题学习的规律和方法。因此，我开始在问题设置上追求留给学生思考的空间，在学案的系列化上追求学案间构成有意义的联系。这样下来，我设计的系列学案大致形成了一个专题学习的意义链条，整合为一个相对完整的系统。教学实践中，我发现自己设计的学案对教学起到很好的辅助作用，产生了较为理想的教学效果。也就是在这种“甜头”的鼓舞下，我自觉主动地设计出京味小说专题的一系列学案，这就是附录学案的雏形。

进入新课程第二轮的改革实验期间，我们学校开始推行“可持续发展教育”的全国重点课题的实验。可持续发展教育旨在培养学生的基础学习能力和可持续学习能力，重在建构“主体探究、综合渗透、合作活动、知行并进”的教学模式，它的主要策略就是编写课前自主探究、课中合作探究、课后实践探究的学案。可持续发展教育理念及教案模式对我产生了很大的影响。在学习和参照中，我发现了自己以往对学案认识存在着严重不足。一是可持续发展教育中的学案教学是融课前、课中、课后，贯通一体化的教学模式，而我的学案侧重于课前预习，在课程系统方面认识不足。二是可持续发展教育中的学案设计中有预期学习效果一项，其中有三个基本要求，即科学知识、培养学生的基础学习能力和可持续学习能力、可持续发展价值观和生活方式。我的学案设计重心仅仅放在了掌握知识和基础的阅读能力上，没有重视培养学生的可持续学习能力。鉴于此，参照可持续发展教育的学案模式，我精心修改了京味小说专题的这一系列的学案（见附录），在课程系统和培养学生的可持续能力方面实现了突破。实践证明，这组学案在开展选修课专题学习中发挥了更大的作用。使用这组学案，可以帮助学生顺畅地完成自主确立“专题”的学习过程，可以保障学生自主确立高质量、个性化的“专题”。这组学案在学校全年级推广，其他班的教学效果充分验证了这组学案具有较强的可操作性和教学效益。经过两轮教改实验，我借助学案引导学生自主确立“专题”，摸索出了一套自己的思路和方法，在此基础上形成了自己选修课专题教学的特色。本文以京味小说专题的四则学案为例，着重谈谈自己对于设计和使用学案的一些认识和思考。

一、设计系统化的学案，培养学生深入学习的意识

1. 通过学案的系列化，突出专题学习的连贯性

学案教学的一项基本原则就是同步设计与同步推进教师的“教”和学生的“学”。而要在引导学生自主确立“专题”的学习中实现“同步”，在设计学案之前，先要充分认识教学内容的特点。确立“专题”在专题教学的整体设计中处在起始阶段，一般要经历“定向”、“拟定”、“确立”等阶段才能完成，通常先要指导学生阅读“泛读导引”文章和阅读选文篇目来确定专题探究的角度和方向，然后，学生根据自己的兴趣点尝试拟定专题学习的“专题”题目。之后，通过师生讨论交流，提炼优化初拟的“专题”题目，帮助学生确立最适合自己展开研究的“专题”。因此，引导学生自主确立“专题”，就要求在总的学习目标的统领下有层次地设计三个学习阶段的学案，突出各自阶段所要探究的重点内容（见下表）。这四则学案，着重于所探究专题知识的前后衔接、顺承连贯、梯度深入，既为学生的知识建构奠定了基础，也保障了“教”与“学”在探究内容上的“同步”。

确立“专题”的系列化学案设计：

系列化学案	教学阶段	学习重点
学案一	定向	阅读“京味小说”专题“泛读导引”文《京味小说别开生面》，发现自己感兴趣的专题学习的内容，并且确定适合自己开展专题探究的角度和方向。
学案二	定向	自读本专题的四篇选文，感受理解，深入思考，力求读懂文章内容，把握文本信息。
学案三	拟题	关注整个专题的内容，抓准四篇选文的某一共性或关联点，确定专题学习的重点内容。
学案四	确立	通过对初拟“专题”进行评价、辨析、修改，提炼优化“专题”，发现专题探究的准确方向。

2. 贯通课前、课中、课后，实现学案教学课程的系统化

可持续发展教育的课堂模式主张贯通课前自主探究、课中合作探究、课后实践探究三阶段，因此，在学案的设计和使用中，也要体现三个学习环节的一体化、系统化的特点。怎样做才能实现呢？我认为，可以根据课前学生学习的实际的起点来确定课中探究性教学的起点，把指导学生做好课前知识预习与问题探究作为开启课堂教学的第一环节。这样，就不会偏离学案教学系统化的学习轨道。比如，学案一的设计分课前自主探究和课中合作探究两部分（见附录）。课前自主探究中要求学生自主研读专题的“泛读导引”文章，思考问题，对于“你从中找到四篇选文的共性和关联点了吗？”这个问题，其实学生往往不能独立解决，这个难题就成为学生下一步的课堂合作探究需要突破的重点。在课堂学案部分，为了突破难点，我的策略是设计了一个表格，借助

填图表的教学策略突破预习难点，这样就贯通了课前自主学习和课中的探究性学习。

实现学案教学课程的系统化，还要注重课与课的有机整合。例如，学案三的成果可以展现在学案四里，因为这些成果是学生经过学案三的学习过程而拟定的“专题”，作为宝贵的学习资源，可以选择具有代表性的学案材料编入学案四。学案四是一则课中合作探究学案，课堂学习任务就是通过评价、辨析这些初拟“专题”的得失，完成确立“专题”的学习任务。这样，借助学案，强化了课堂间的联系，使专题学习的链条环环相扣，紧密相连。

总之，设计这组系列化的学案，为学生自主确立“专题”奠定了基础，有助于培养学生建立有联系的、有理性的、深入学习的意识。

二、学案暗设一条逻辑通道，为学生铺设了一条寻求“主动发现”之路

让学生自主确立“专题”，应真正体现“自主”的学习方式，提倡的是学生的自主发现，而要实现这个目标，更需要教师发挥主导作用，教师的作用应充分体现为“引导发现”。我努力把教学设计及学法的指导渗透进这一系列的学案中，实际上是在学案背后，为学生铺设了一条寻求“主动发现”之路。

1. 学案设计应该具有一定的隐蔽性

通过设计带有隐蔽性的思考题，也就是精心“布雷”，引导学生积极主动地“探雷”和“排雷”。比如，学案一的课前自主探究中的问题设计就暗含着专题学习的导向。第一题是“画出作者对‘京味小说’的阐释及其理解，概括内容要点”，设计这个题目的预期的学习效果是让学生在知识方面掌握京味小说的题材内容，即北京人、北京话、北京的风俗文化和北京城的故事。而此题也可以帮助学生认识到应该有侧重地把其中的某一点作为自己专题学习的角度和方向。思考第四题“作者对本专题的四篇文章分别从哪几个方面进行分析阐释?”这个问题，学生会认识到还可以从小说这种体裁入手探究课文的思想内容、创作手法、写作特色以及相关的作家作品。这样，学生就可以发现本专题有题材和体裁两大学习重点，可以从自己的兴趣出发初步选择自己专题学习的角度和方向。解答这种带有一定的隐蔽性的问题，不仅可使学生获得基本知识，而且有利于培养学生探究意识和发现问题的敏感性，提升学习的自主能力。

2. 学案设计一些体现逻辑性的问题

逻辑性强的问题可以引导学生深入分析问题与批判性思考问题。在学案一的课中合作探究部分，我设计了一个表格（见下表）。因为，教学的难点体现在“四篇选文的共性和关联点”和“我（学生）的兴趣点”的交汇处，设计这个表格就把这个难点直观地展现出来。其实，学生在预习中对“你从中找到四篇选文的共性和关联点了吗?”这个问题往往不能独立完成，教师要引导学生整体把握专题选文的特点，符合逻辑地梳理和整合出四篇选文的共性或关联点，即①京味作家；②北京城的历史变迁；③北京人的命运轨迹；政治风云、时代变迁对北京人的深刻影响；④京味语言特色等。一般来说，整合四篇选文的共性或关联之后，学生会思考自己的多个兴趣点的共性或关联，再参照选文的共性和关联点，从而作出分析，判断，选择，就此激活自己的最优兴趣点，在表格的交汇处（※※※处）写出思考的结果，依此完成初拟“专题”的任务。填写这个表格，需要学生领悟出题意图，寻找解题思路。填表的过程就是学生经过思考，促成“发现”的思维过程。

京味小说	作者	故事发生的历史时期	故事内容要点	写作特色	我（学生）的兴趣点
《过年》					
《寻访“画儿韩”》					
《云致秋行状》					
《辘轳把儿胡同9号》					
四篇选文的共性或关联点	①	②	③	④	※※※
初步拟定专题					

在学案中设置具有隐蔽性和逻辑性的问题和情境，是为了引导学生通过严谨思考和自主发现来获取知识。这样的学案学习，保障了学生自主学习的质量，也有助于增强学生思维的严密性、深刻性和批评性。这样的思维训练，对提高学生分析问题和解决问题的可持续发展能力帮助极大。

三、营造开放的探究空间，让学生有选择地、有个性地学习

新课程背景下的选修课教学，应该致力于让学生有选择地、有个性地学习。因此，学案在设置问题、提供素材时，要给学生留出探究问题的空间，问题设置要有一定的发散空间。这样才能保障不同的学生有不同的选择，不同的学生有不同的侧重。

1. 关注学生的差异，给予学生选择权

设计学案必须面对全体学生，同时也要关注学生之间的兴趣和需求的差异。

比如，我在自读“京味小说”专题的四篇选文环节，设计了四篇选文的学案，学生可以侧重自己的探究方向，有选择地完成。以《过年》为例，学案有以下问题：

(1) 概括课文内容。

(2) 父亲是怎样的旗人？我为什么“总觉得父亲是个很奇怪的旗兵”？

(3) 父亲是怎么过年的？他的态度说明了旗人有什么特点？

(4) 大姐夫是正宗的旗人玩主，你怎么评价他的吃喝玩乐？

(5) 请摘录三句京味醇厚的清末的北京话。

(6) 朗读和品评第 88 页姑母和父亲的对话，分析两人的性格特点。

(7) 从这篇小说中你了解到哪些清末时期老北京的风俗？

学生初步确定探究方向为“北京人”的，可以选择 (5)、(7) 题之外的题目来完成。而想探究“北京话”的学生，就可以重点完成 (5)、(6) 两题。这样设置问题是为了让学生在选择题目的过程中，巩固自己的专题方向，培养筛选、整合信息的能力，增强学习的主动性和自信心。

2. 帮助学生实现自我突破，使自主探究走向深入

学案应该搭建一个平台，帮助学生感受知识的获取过程，通过自我学习、自我探究、自我纠正，获得一定的成功体验。

通过对学案二实施情况的观察，我发现学生初拟出来的“专题”多是“北京人”、“北京话”等，这些“专题”虽然也在关注整个专题的研究范围内，但是暴露出学生对“专题”的认识不清的弱点，尤其突出的是不会找具体、恰当的切入点。我认为教师不必急于作出评价，而是应该给学生充裕的时间，让他们消化、吸收、反思，从而实现自我突破，使学生自主性探究走向深入。所以我精心设计了学案三，引导学生首先明确四篇选文的某

一共性或关联点，以此入手，第二遍深入阅读四篇选文，摘取专题选文的相关信息。在筛选和整合信息的基础上，完善拟定的“京味小说”“专题”。为了实现“专题”的最优化，学生要更深入地阅读专题选文，思考辨析，并以准确的语言表达出思考的结果，确立一个具体的“专题”题目。这样一个注重反思和改善的学案，也有助于培养学生独立学习知识、主动提出问题与分析问题的能力，养成独立思考、质疑探究的习惯。

3. 链接学习难点，培养发散性思维

专题学习中学生可能遇到的困难、暴露的问题，都是引导学生深入探究的关键，学案应该有针对性地链接学习难点设置问题。比如，学案三的成果展现在学案四，学生通过学案四要完成的课中探究任务就是评价、修改那几份具有代表性的学案材料，优化自己的“专题”。学案有选择地链接一些有共性问题的材料，针对这些学习难点，经过课堂中分析、比较、修改等学习环节，引导学生发现自己初拟“专题”的得失，学习确立“专题”的方法。其间，要融合锻炼分析能力、批评能力和创造能力。在此基础上，学案进一步引导学生按照自己的思维路径确立个性化的“专题”，而不是追求唯一的标准答案。学生完成课中探究学习后，学生确立的“专题”会各不相同，班级探究的成果异彩纷呈，这样的学习有利于学生发散性思维的培养。学案四的链接材料不是固定不变的，要根据班级不同、学情不同而做灵活变动和调整，实际上，也会较少出现“专题”雷同的现象。即使围绕一份相同的学案材料，经过专题学习，产生新的探究成果也一定会有所不同。这种紧密结合学情的学案就是实现“让学生有选择地、有个性地学习”目标的基本保障。

以上内容，是我在设计和使用学案中的一些做法和认识。经过两轮教学实践，我充分认识到如果能够设计和利用好学案，将会对“教”与“学”起到非常大的辅助作用。一份高质量的学案，是一种促使学生自主参与求知、实现优质学习的有效工具。事实上，我们一线教师设计和使用学案，就是想千方百计地去诱导学生进入到自己预设的路径上来。这种思路，却很值得我们深思。如果我们只想让学生完成预设的学习目标，学生只亦步亦趋地去追寻统一的答案，那么，这种学案本质上就是限制、束缚学生发展的一条死路，提高学生的语文素养也就会成为一句空话。学案只有真正以学生为本，从学生的发展需求入手，精心设计学生的学习过程和学习行为，积极促进学生主动探究，使学生成为知识的探究者和组建者，使他们在获得知识的同时，增长获取知识的技能和可持续发展能力，这样的学案才能真正保障学生走上一条发展之路。

附录

“京味小说”专题学习系列学案

学习目标：

1. 知识与能力：阅读“京味小说”专题“泛读导引”文和四篇选文，在梳理文意和整体感知的基础上发现自己感兴趣的专题学习的内容，从中确定适合自己开展专题探究的角度和方向，发展独立阅读的能力和自主探究的能力。

2. 过程与方法：

（1）以学案为载体进行课前自主探究。自读材料，分析思考，探究问题，独立学习知识，收集与处理信息。

（2）通过课中合作探究，学习多角度分析问题与探究问题。通过讨论交流，合作解决问题。

3. 情感、态度、价值观：通过自我学习、自我探究，感受知识的获取过程，并获得一定的成功体验，激发探究学习的兴趣和热情。积极参与合作交流，善于倾听、学习、借鉴，学会尊重、协作和分享，发展合作意识和精神。

学案一：阅读“泛读导引”文

学习重点：

1. 阅读“泛读导引”文《京味小说别开生面》，梳理和积累作品所涉及的相关信息材料。

2. 发现自己感兴趣的专题学习内容，寻找到四篇选文的共性和关联点，确定专题学习的角度和方向。

一、课前自主探究：阅读“泛读导引”文《京味小说别开生面》，完成下面的任务。

1. 画出作者对“京味小说”的阐释及其理解，概括内容要点：__________、__________、__________、__________。

2. 简单说说“京味小说”和“京派小说”的区别。

____

3. 旗人和满族作家对“京味小说”有什么深远影响？你了解老舍其人其事其作吗？

____

4. 作者对本专题的四篇文章分别从哪几个方面进行分析阐释？他想要说明什么问题？

《过年》

____

《寻访“画儿韩”》

____

《云致秋行状》

____

《辘轳把儿胡同9号》

____

5. 小结：通过阅读“泛读导引”文，你发现自己感兴趣的专题学习内容了吗？你从中找到四篇选文的共性和关联点了吗？

二、课中合作探究：填写下表。

京味小说	作者	故事发生的历史时期	故事内容要点	写作特色	我（学生）的兴趣点
《过年》					
《寻访“画儿韩”》					
《云致秋行状》					
《辘轳把儿胡同9号》					
四篇选文的共性或关联点					
初步拟定专题					
我对“京味小说”专题有了这样的理解					

学案二：自读“京味小说”选文

学习重点：自读本专题的四篇选文，感受理解，深入思考，力求读懂文章内容，把握文本信息。

时间安排：2 课时

一、《过年》（老舍）

1. 概括课文内容。

2. 父亲是怎样的旗人？我为什么“总觉得父亲是个很奇怪的旗兵”？

3. 父亲是怎么过年的？他的态度说明了旗人有什么特点？

4. 大姐夫是正宗的旗人玩主，你怎么评价他的吃喝玩乐？

5. 请摘录三句京味醇厚的清末的北京话。

6. 品评第 88 页这段话，分析姑母和父亲的性格特点。

她质问父亲：为什么不早对我说呢？三两五两银子，我还拿得出来！这么冷冷清清的，不大像话呀！父亲只搭讪着嘻嘻了一阵，心里说：好家伙，用你的银子办满月，我的老儿子会叫你给骂化了！

7. 从这篇小说中你了解到哪些清末时期老北京的风俗？

二、《寻访“画儿韩”》（邓友梅）

1. 概括课文内容。

2. 你认为本文的主人公是谁？甘子千与“画儿韩”的过节儿，是导致“画儿韩”命运坎坷的决定因素吗？甘子千老年忏悔表现了什么人性？

3. 新中国成立前的“画儿韩”有怎样的风采？朗读 50—62 段。

4. 第 96 页，“就这点儿本事也上我这儿来打苍蝇吃吗？”你是否能从“画儿韩”的话里可以看出北京人“说”的艺术？

5. 从 9 段、22 段，看出京城文化人有什么特点？

三、《云致秋行状》（汪曾祺）

1. 概括课文内容。

2. 谙于人情世故的云致秋自己不挑班，他是怎样表述的？请朗读第7、9段。可以看出云致秋有什么特点？

3. 从哪些地方可以看出云致秋特别能说会道？他的“说”能否体现北京人“说”的艺术？

4. “文化大革命”时他做了哪三件事？这跟他后来成为闲人有什么直接关系，你从中领悟出什么？

四、《辘轳把儿胡同9号》（陈建功）

1. 用简洁的话概括课文内容。

2. 老韩头在“文化大革命”中是如何风光的？在“文化大革命”后有怎样的失落？他的身上体现出哪些“小市民”习气？

3. 韩德来作为一个反例，他为什么会丢失平和、温厚的性情？除了个性原因外，还有什么深层的社会原因？

4. 朗读17、18段，分析北京大杂院的生活有哪些特点？

学案三：拟定“专题”

学习重点：

1. 关注整个专题的内容，抓准四篇选文的某一共性或关联点，确定学习重点。

2. 筛选、整合文本信息，以准确的语言表达出思考的结果，从而拟定“专题”的题目。

一、专题四篇选文的共性或关联点：________________

二、摘录专题选文的相关信息：

《过年》：

____

《寻访“画儿韩”》：

____

《云致秋行状》：

____

《辘轳把儿胡同9号》：

____

三、拟定“京味小说”专题：______________________

请写出一段话，来介绍自己的专题，内容要求如下：

1. 专题学习意图。

2. 自己的专题是如何体现出“关注整个专题内容”的。

我的专题推介辞：______________________________

____

____

学案四：确立“专题”

学习重点：对初拟“专题”进行评价、辨析、修改，提炼优化“专题”，发现专题探究的准确的方向。

课中合作探究

初拟小专题及选文的相关信息	评价、修改专题	我的小专题
示例： (1) 专题四篇选文的共性或关联点：京味小吃 (2) 专题选文的相关信息： 《过年》：糖豆大酸枣；冰糖葫芦；铁蚕豆 《寻访“画儿韩”》：涮牛肉；便宜坊的烤鸭 《云致秋行状》：天福的酱肘子；炒麻豆腐 《辘轳把儿胡同9号》：炒麻豆腐；豆汁儿 (3) 拟定“京味小说”专题：北京的吃儿	评价： ____________ ____________ ____________ ____________ ____________ 修改： ____________ ____________ ____________ ____________ ____________	初选专题： ________ ________ ________ 修改专题： ________ ________ ________ 确立专题： ________ ________ ________

续表

初拟小专题及选文的相关信息	评价、修改专题	我的小专题
(4) 我的专题推介辞：俗话说民以食为天，北京的吃儿不仅可以果腹，更是京城文化的一个升华。我们可以从多种多样的饮食里更深层地了解北京多元的、富有深蕴的文化。		
学习总结： 1. 我找到确立专题的方法： 2. 我的知识增长： 3. 我能力增长： 4. 我的价值观与学习方式转变：		

第五节 选修课“专题式”课堂教学的有效实施

提要 选修课推行“专题式”教学方式；在课堂教学中实践专题的“结构化”教学。

一、依题研文，强化探究内容的专题化

1. 学生的“专题”应为“教”与“学”的焦点

2. 强调探究方向，注重分析选文间专题性的联系

3. 关注选文的共性和特性，推进“专题”的深入探究

二、自主探究，促进教学结构的优化

1. 从学生的探究作业中选取课堂探究的切入点

2. 在任务驱动下进行小组合作交流

3. 学生的交流展示与教师的引领提升融为一体，共同促进教学目标的达成

在北京市高中新课程的改革实验中，作为北京版教材的一线教师，我在选修课“专题式”教学方面做了一些有益的探索和尝试。遵循《课程标准》中“选修课程是对必修课程的延伸和提高，应该致力于让学生有选择地学习，促进学生有个性地发展”的理念，我们依托现有选修课的专题教材推行“专注整个专题的自主探究性的读写实践活动”的专题教学方式，强调学习之初学生自主确立适合自己开展探究的“专题”，课堂教学紧密结合学生确立的“专题”开展文本探究。这种专题教学方式力求把选文的教学过程转变为学生的专题学习实践过程，在很大程度上体现了自主性、个性化学习的理念，能够有效地促进学生有个性地发展。这样的教学能够兼顾选修课程的选择性与专题教学的整体性，也就让学生在现有教材内实现了“专题选修”。

整个专题的学习内容，包括“泛读导引”文、四篇选文以及相关的拓展材料，这些材料都不是孤立的，而是专题的有机组成部分，这就要求专题的教学内容要结构化，既要在学习内容之间建立起联系，使学生形成对专题的整体性、系统性的认识；也要在专题知识与学生生活世界之间建立起结构性的联系，有效地培养学生的专题探究能力。如何在课堂教学中实践专题的“结构化”教学，是摆在教师面前的重要课题。经过深入扎实的教学实践，我逐步加深了认识，摸索出一套较为有效的教学策略。本文着重从教学内容和教学过程两个方面进行阐述。

一、依题研文，强化探究内容的专题化

1. 学生的“专题”应为“教”与“学”的焦点

在专题的每一节课的教学中，对教师来说，最值得思考的问题都是“教”与“学”两个方面怎样才能够最大程度地交汇融合。专题教学的特点决定了学生的“专题”应为关注的焦点。学生的“专题”应为选文教学的出发点，也应作为教学设计的重要依据和参考。课堂教学要尽可能多地顺应学生关注较为集中的“专题”。另外，也要关注学生没有选择的“专题”角度，而这些普遍被学生忽略的地方往往是教学的难点。比如红色经典专题确立“专题”的角度，如小说的体裁（如人物、情节、环境等要素）、题材（如斗争的艺术）、作品的语言等方面都比较适合，我的学生确立的“专题”集中在“英雄人物”、“斗争的艺术”两大方面，课堂教学的重点尽量向这些靠拢。同时，我认为不能忽略“环境”角度的学习，有意引导学生朗读小说中环境描写的精彩之处，探讨环境描写为突出小说“红色”特点起到的作用。这样下来，班里有几名学生更改了初拟的“专题”，开始探究“环境，不仅是一种点缀”、“环境烘托气氛”等“专题”。因为学生的“专题”丰富了，课堂的学习内容更全面、丰富起来。总之，关注“专题”，依“题”定教，是把选文的教学过程转变为学生的专题学习实践过程的基本保障。

2. 强调探究方向，注重分析选文间专题性的联系

我们沿着“依题研文”的思路来进行专题选文的教学，最主要的教学策略就是针对四篇选文以及相关的拓展材料强调探究方向的一致性。当然，强调探究的一致性不可简单地理解成探究内容的一致，或者是重复训练单一性逻辑思维，而是强化“专题”的方向，引导学生在“专题”的导向下对不同的文本进行探究，从而作出符合逻辑的探究和发现。例如，在诸子散文专题教学

中，在研读“泛读导引”文章《魅力恒久的诸子散文》之后，明确了“说理”可作为本专题学习的方向。在接下来的选文学习过程中，以张泰同学为例，他在首课《庖丁解牛》的学习中认识到了“庄子是很善于使用对比手法来说理的”。接下来，在《五蠹》的学习中，他又认识到此文在谈论“古今社会的差异性”的时候也使用了对比手法。在后两篇选文的学习中，他关注的重点都是对比手法。经过这样的学习，张泰在初期不够明确的“专题”逐渐变得清晰起来，最后他写出了一篇题目是《对比，彰显思想》，副标题是“论诸子散文中对比手法的运用及效果”的论文。这个教学案例最见实效的地方是在发现选文间专题联系的环节上。面对四篇选文丰富繁杂的信息，学生要筛选出相关联的信息，必须经过梳理、辨析、判断、推理、归纳、整合等连续性的思维过程，可见，这样的发现并非易事，需要独立思考、质疑探究、举一反三等综合能力。实践证明，强化探究方向的一致性，注重分析选文间专题性的联系可以有效地保障专题探究的持续性。

3. 关注选文的共性和特性，推进探究的深入

学生在初期的“专题式”学习中往往会忽视对专题学习内容的整体把握，教师引领学生树立专题的整体意识，尤为重要。完成对独篇选文的阅读之后，在对多篇选文比较、鉴赏中探究整个专题内容的共性和特性，促进学生从相对的高度、深度、广度重新审视“专题”，获得新的体验和发现。这样，不仅能够深化、丰厚学习成果，而且能够有效地培养学生的专题意识和探究的能力。

比如在红色经典专题中，陈晗竹同学在“红色经典中的心理描写”“专题”探究中发现了这几篇文章都有出色的人物心理描写。我引导她在此基础上探讨、整合四篇选文的材料，寻找其中的共性和特性。最终，她认识到“阅读红色经典小说，从这几篇文章的心理描写，我们可以看到英雄们的共性与个性，他们共有

的是对祖国的深切热爱，对革命胜利的美好憧憬；他们也是鲜活的个体，他们的个性心理特征表明英雄和我们一样都是有血有肉的人”。这个案例呈现了这名学生对专题的思考及认识的深入过程，她从早期只关注发掘独篇选文各自的写作特色与蕴含的思想内容，到关注作品间的共性与关联，这样，就实现了从鉴赏独篇文本到探究整个专题的学习内容的转变。这样的转变，不仅能够保证“专题”在文本学习阶段的落实，而且能够保证学生对“专题”的认识会随着思考的深入而不断丰富深入。可见，探究多篇选文的共性和特性，是保障专题探究走向深入的重要一环。这个教学环节如果缺失，既不能保证学生形成对专题的整体性、系统性的认识，也不能架起学生与专题知识间的桥梁，“专题化”学习就没有真正实现。

二、自主探究，促进教学结构的优化

选修课“专题式”的教学过程，即教学活动的展开，应当与教学内容“专题化”的特点相协调。其间的每一节课都要围绕着“专题”学习的总目标而达成阶段性目标，不能游离于“专注整个专题的自主探究性的读写实践活动”的“专题式”学习之外。因此，应该构建以学生为主体的自主探究型课堂来开展专题教学。在课堂教学中，应该围绕专题目标而优化课堂结构，从而提升教学效率。

1. 从学生的探究作业中选取课堂探究的切入点

根据新课程“以学生为本”的理念，应该根据学生学习的实际的起点来确定适应于学生学习的教学起点。因此，我推行常态的探究作业的方式，具体的做法是让学生先自学，在“专题”的导向下独立自主探究选文内容，写出探究心得。在“专题”确立的基础上，不需要教师再设计具体作业题目，学生要自己按照学习的进度，自主设计，思考，完成“专题”的探究作业。这种探

究作业可以看作是自主探究的方式，也凝聚了初步学习的成果，是宝贵的教学初始资源。

学生的探究作业大多处于原生状态，往往是零星的、片面的、模糊的，把它们转化为新的课堂学习资源，必须经过教师的二次加工，进行科学合理的开发利用。教师应具一双慧眼，筛选出带有普遍性、典型性的作业，发现其中有探究价值的新信息、新问题，从而紧密依据这些信息确定下一步的教学目标和教学内容。选择在课堂上要展示的探究作业，要考虑作业的质量高低、篇目的多少等因素。据我的经验，高水平的作业与低水平的搭配组合，往往能够有很好的讨论效果。如果选择的作业数量太多，或者偏重于怪僻、个性的作业，可能导致课堂学习中学生认知超载或情绪低落，或是需要学生花费大量的时间进行学习，收不到好的学习效果。探究作业如果仅仅用作课堂教学的导入或学习的线索，还不足以发挥其利用价值。从探究作业中选准课堂探究的切入点，从而把师生互动和探索引向纵深，那就好像是为课堂注入了活水，激活了语文课堂教学，有助于激发学生的求知欲望，调动学生课堂学习的兴趣。

2. 在任务驱动下进行小组合作交流

课堂学习就往往从品评学生的探究作业切入，就“专题”“焦点”内容开展课堂讨论交流。讨论交流是课堂探究学习的重要环节，可以借此分享探究的成果，讨论解决学习中的疑难，从而引导学生深入理解各自选择的学习内容。为了让探究作业发挥最佳效益，教师要首先明确学习任务，对学生提出明确的要求。比如评价作业环节，应提出评价标准。如观点是否突出；是否能够对作品深刻解读；能否进行具体分析；“专题”的意图是否明确，等等。让学生在任务驱动下进入小组合作的探究活动。我们一般采用固定“专题”学习小组的形式，把学生按照学习水平的高低来串联组合，使不同层次、不同程度学生之间实现合作、互补，得到共同提高。在小组讨论交流活动中，要求学生要积极参与，乐于与人合作，借助他人的力量使自己的学习更有成效。学生关注专题的视角不同，思考问题的深度和广度层次不一样，他们会在生生交流中学习借鉴，取长补短，并获得自己的探究结果。

小组合作探究要避免流于形式，一定要给予学生充分的交流时间，保障自主性学习的顺利开展。学生在这种小组学习活动中始终是主角而不是配角，教师不再是主宰一切的角色，但没有教师的参与与支持，小组学习易失于低效。

3. 学生的交流展示与教师的引领提升融为一体，共同促进教学目标的达成

小组合作探究的环节之后，进入表达和交流探究成果的环节，这是给学生交流认识和展示才华的机会，也是师生互动、动态生成的关键环节。

下面是京味小说专题中选文《过年》的一个课堂教学片段。首先展示了一则“北京人”“专题”的探究作业：

北京的爷们儿

北京的爷们儿讲究、爱玩、幽默风趣。

“他也会像正翁那样玩玩靛颏儿，坐坐茶馆，赊两只烧鸡，哼几句二黄或牌子曲”，从这里看出北京爷们儿平日里都找乐子、爱玩、无拘无束。“他逛遍所有的庙会。在初二，他到财神庙借了元宝，并且确信自己十分虔诚，今天必能发点财……在大钟寺，他喝了豆汁，还参加了没白没票的抓彩，得回手指甲大小的一块芝麻糖”，北京的爷们儿为了找乐子参加抓彩，虽然只得了一块手指甲大小的芝麻糖，但也很开心。

“父亲并没有去买什么年货，主要的原因是没有钱。他可是没有忽略了神佛，不但请了财神与灶王的纸像，而且请了高香、大小红烛，和五碗还没有烙熟的月饼”“他拿起皇历，看清楚财神、喜神的方位，以便明天清早出屋门便面对着他们走”，北京爷们儿穷讲究，身上都已经没有什么钱了，但还是遵循传统请神进家。

“他赶紧走过去，在门外吞吞吐吐地问：‘姐姐！不跟我、二妞，玩会儿牌吗?’‘你们存多少钱哪?’姑母问。‘赌铁蚕豆的。’姑母哈哈地笑起来”。从中可以看出，北京爷们儿的幽默风趣被作者描写出来了。

在点评探究作业环节，我就把这则探究作业作为例子，让学生们一起共同分析。有个学生在评价中指出这则作业找到了“父亲”和“大姐夫”两个人的共性特点“讲究、爱玩、幽默风趣”，但是没有深入分析这两个迥然不同的人物之间的差异。这个学生指明了这则探究作业的问题，以此为契机，我组织学生深入文本，进一步讨论交流“同为北京的爷们儿，同为旗人，‘父亲’和‘大姐夫’两个人的讲究有什么不同的表现？他们的生活态度有什么不同?”这些问题。在讨论交流中，学生能够进一步认识到“大姐夫”表现出“玩”得淋漓尽致，他是典型的败家子。而生活穷困的现实让“善良、老实而全无用处”的父亲只能把“讲究”放在很守老规矩上。他精心准备请神的年饭、包素馅饺子，守岁，他将生活的希望寄托在这新年虔诚的企盼中。在对“父亲”形象的讨论过程中，我有意引导学生关注探究作业的一处错误认识，让学生认识到“赌铁蚕豆”并不是为了体现父亲的幽默风趣，而是体现出旗人家庭中尊重姑奶奶的习俗和姐弟间扭曲的关系。有了以上的认识，我进一步引导学生深入探究以下两个问题：“因为穷不能给孩子办满月，父亲还讲究吗?”、“多甫的‘生活的艺术化’的核心内容是什么?”学生就此认识到父亲和多甫所代表的两类旗人，是当时清末社会旗人分化出的两类代表。一是随遇而安，拮据度日的顺民；另一是不能自食其力，却追求吃喝玩乐的败家子。有了这些深入认识，学生就能够较为全面地理解本篇小说所寄托的老舍对旗人文化的反思和对清代制度的讽刺与批判。

这些结论比最初的探究作业的结论要厚重、深入，呈现了课堂探究活动的新成果。从这个教学片段，我认识到，在学生展示交流的教学环节，教师要充分发挥主体作用，一是要积极引领，给学生及时地点拨与评价，使教学信息传递迅速、反馈及时，师生配合默契，促进教学活动的开展。二是要抓住契机进行课堂调控，随着学生的问题生成而作适当的目标调整，把师生互动和探索引向纵深，使课堂产生新的思维碰撞和交锋，再有所发现，有所拓展，有所创新，从而实现探究的最大效益。

以上是我从教学内容和教学过程两个方面对专题的“结构化”教学的实践和思考。综上，我认为自主探究型课堂能够与“专题化”教学内容相协调，能够保障选修课“专题式”教学的有效实施。课堂教学强调围绕“专题”目标而优化课堂结构，重在有序、有效地引导学生自主合作探究。从学生的学习效果来看，我的学生能够真正“捆绑”现行教材整个专题的学习内容进行自主确立的“专题”的探究，能够在“专题”的导向下自主选择选文的重点内容进行探究，并且能够在深化阅读理解的基础上完成一篇文本探究型的小论文。可见，这样的教学实践，能够在专题知识与学生生活世界之间建立起结构性的联系，能够有效地培养学生的专题探究能力。我的“专题式”教学的探索正在继续，希望得到专家、同行的帮助和指正。

（此篇论文在2010年北京市高中课程教材建设优秀成果评选中荣获二等奖）

第六节 选修课中专题教学的尝试与反思

提要 在选修课中构建确立“专题”、课堂学习、完成小论文的专题学习模式。在诸子散文专题，尝试构建专注整个专题的学习模式；在鲁迅专题，尝试独立确立“专题”；在辞赋与骈文专题，尝试放手让学生开展自主性探究。实践证明，这些尝试有助于提高学生的专题意识，培养学生的独立自主的学习能力。

语文新课程在高二阶段从必修课进入到选修课的教学。《普通高中语文课程标准（实验）》指出，“选修课是在必修课程基础上的拓展与提高，更应该致力于让学生有选择地学习，促进学生有个性地发展”。因此，选修课应该增强学习内容的选择性，为学生的个性发展创设学习条件。高二学生已具备一定的语文素养，学习中的个性倾向渐渐明显，不同学生的学习兴趣和需求的差异逐渐增大，学生对语文学习的应用性目标、审美性目标、探究性目标的追求也会各有侧重。在教学中就必须充分顾及到学生在原有基础、自我发展方向和学习需求等方面的差异，激发学生的兴趣和潜能，从而促进学生特长和个性的发展。

选修课的特点是要紧紧围绕“专题”开展学习，我在初期的教学中通常是先指导学生阅读“泛读导引”文章，让学生对专题内容进行一下整体了解，接下来逐篇完成课文学习，最后要求学生写篇小论文作为专题学习的总结。这样教学的好处是可以使学生对某一专题的相关内容获得一个整体的印象，但是，还不足以从课程的意义上与必修课的教学区别开来。究其原因，这样的教学方式没有体现出选修课程的多样选择性，也就谈不上实现引导学生对某一专题内容进行专注研究的目标。经过认真学习《课程标准》，反思自己的教学，我认识到教好选修课应该从确立“专题”环节找到突破口，引导学生自主确立“专题”，使学生的自主选择成为他们各自学习的重点，贯穿于整个专题的学习过程。这样，不仅能够在一定意义上实现选修课的选择性，还能使学生发挥专题学习的自主性，从而培养发展学生的独立探究能力、应用能力和审美能力。于是，我在接下来的几个专题的教学实践中就开始了这样的尝试，取得了一定的效果。

诸子散文专题：尝试构建专注整个专题的学习模式

我设计这个专题的教学目标是要引导学生体验专注整个专题的学习实践过程。学习之初，我引导学生重点研读“泛读导引”文章《魅力恒久的诸子散文》，并且要求学生初步拟出个“专题”。导引文章强调的诸子散文的“说理”特色可以让学生受到启发，明白应该把“说理”作为本专题学习的方向。但是，因为是初次让学生确立“专题”，再加上学习文言文的困难，学生初拟的题目往往不恰当。一是大而空型，比如《诸子散文》、《古文的说理魅力》等，明显失于空泛，不够具体。还有就是小而窄型，如《庖丁解牛》、《韩非子的说理特色》等，又缺乏专题的整体性。为了弥补选题的不足，强化学生选题的能力，在接下来的选文学习过程中，我要求学生坚持“说理”专题方向，注重分析选文间专题性的联系。对学生的具体要求是确立每篇选文的研究内容，课堂学习中要提出自己的学习重点，并且随时总结和反思自己的专题探究，课后还要写出专题作业。我还充分利用课堂中师生讨论交流来加强对专题作业的点评及修改，以期切实完善每篇选文的学习，推动学生开展整个专题的探究。

在选文学习阶段，我把教学重点放在围绕学生的相关“专题”而展开的讨论交流上，而且及时点评和讨论学生的选文作业，力求把选文的教学过程转变为学生的专题学习实践过程。经过这样的学习，大多数学生在初期不够明确的“专题”逐渐变得清晰起来，他们探究的能力有了明显增强。以张泰同学为例，他在首课《庖丁解牛》的学习中认识到了“庄子是很善于使用对比手法来说理的”，他在专题作业中表述出自己的理解。在课堂讨论中，这篇作业受到了师生的认可。接下来，在《五蠹》的学习中，张泰同学又认识到此文在谈论“古今社会的差异性”的时候也使用了对比手法，于是，他的作业承续上篇选文写出了“使用对比手法来说理”的内容。至于在后两篇选文的学习中，张泰同学在课堂讨论和课后作业中都清晰流畅地表达出探究内容的一致性。(详见附录1)

选文教学结束后，就进入到写论文阶段。我要求学生根据四篇选文作业材料，整合出一篇完整论文。张泰同学论文初稿的题目是《论对比论证法》，论述了“纵向和横向对比”、“古今对比”、“利害对比”这三种对比手法在诸子散文中的运用及表达效果。他没有像有些学生那样简单罗列四段材料，他的论文表现出较完整的论证思路。

下一步教学进入到课堂展示、讨论和修改论文的阶段。课堂展示了几篇学生的论文，其中也包括张泰同学的论文。我是这样引导学生展开讨论的：论文的形式是否完整？论题、论点、论据是否明确？论证是否有逻辑性？能否紧密结合原文？是否能够对表达效果进行分析？能否有联系自己和现实的见解？讨论后，我让学生分小组进行合作，自选一篇同学的论文进行修改，并且要求学生总结修改经验，继续展开讨论交流。

在课堂上小组合作修改和课后个人再润色修改后，我们在下节的课堂上展示、评价了新的作品。张泰同学修改后论文题目是《对比，彰显思想》，副标题是“论诸子散文中对比手法的运用及效果”，文章有了很大改动，其中的论述的内容与他前期的课后作业完全不同，可见他经过再思考产生了新的见解。张泰同学的论文水平明显提高了。

反思：这种专题学习模式强化学生专题之初自主确立“专题”，意在让学生主动选择自己探究的重点内容。学生在没有完整学习课文之前，必须经过自学课文和主动性的思考，才能确立“专题”。一旦“专题”确定，他们就会自觉主动地倾向于各自的“专题”开展学习。这样的学习在很大程度上实现了专题学习的选择性、整体性和自主性。

我在本专题的教学实践中，从确立“专题”，到课堂学习，再到小论文的完成，都紧紧抓住学生的实际情况切实加强每个阶段的教学，并且强调运用反思、反馈手段促进了各个环节的学习效果，提高了专题教学的质量。我认为，在这个专题的学习过程中最见实效的地方是在发现课文间专题联系的环节上。“发现”并非易事，需要独立思考、质疑探究、举一反三等综合能力和素质。当学生不能“发现”的时候，教师的引导就应该起到四两拨千斤的作用。我使用的方法是在每个学习环节都要求学生总结经验和反思问题，并且及时通过课堂反馈来给予学生热情鼓励和正面肯定，再通过师生互动交流来集思广益，寻找创新思路和解决问题的方法，从而促进学生在每一学习阶段都有新发现。在此基础上，再要求学生调整自己的探究思路和完善自己的探究成果，这样就能够保证和促进学生孜孜专注于“专题”探究而且能够坚持下来，从而培养了学生发现问题的敏感性和探究意识。

专题学习过程最后以一篇小论文为成果，这篇通过独立自主性探究后才能完成的小论文给学生带来了成功的喜悦，也让一些学生认识到了自己学习语文的潜能和兴趣。很多学生都表现出乐于与他人交流自己的心得，展示自己的读书成果，这也使班级有了较浓厚的合作学习的氛围。

需要改善的地方：学生确立“专题”能力弱，很多学生缺乏确立“专题”的方法。部分学生缺乏专题整体意识。

鲁迅专题：尝试独立确立“专题”

诸子散文专题后，就是鲁迅专题。借助前面专题学习模式的经验，又针对学生暴露出来的缺乏整体专题意识，找不准“专题”的现象，我把教学重点放在引导学生独立确立“专题”上。

确立“专题”的教学过程是这样的：先用一个课时带领学生阅读“泛读导引”文章，进行讨论交流，启发学生从多视角多层面进行分析，深入理解专题学习的内容。考虑到鲁迅专题中的诗文较文言文要容易理解和把握，接着又用了两个课时放手让学生自读这几篇诗文，要求学生依据自己选择的“专题”方向进行重点阅读和思考，确认自己“专题”的合理性和可行性。如果判定自己的“专题”不能在整个专题的学习中开展探究，要做及时调整和修改。课堂上师生进行讨论交流，推选优秀“专题”，帮助学生完善确立“专题”的规律性认识，提高确立“专题”的能力。

这样，学生较顺利地确立了“专题”。从学生的“专题”上发现学生研究角度还是比较丰富的，主要有这样四类：第一类是研究作家的，比如“鲁迅其人”、“鲁迅个性”等。第二类是研究作品人物的，如“鲁迅与韦素园君”、“鲁迅作品中的不同社会类型的人物”、“鲁迅的怀人散文”，等等。第三类是研究作品思想内容的，比如“国民的病苦”、“谁是聪明人、傻子和奴才”，等等。第四类是研究作品的写作特色的，比如“鲁迅作品的讽刺手段”、“鲁迅散文中善于用词的特色”、“形散而神不散”，等等。这些从不同的角度和层面确定的“专题”最后被确立下来，作为整个鲁迅专题探究的关注点。而诸如“鲁迅的深刻思想”、“鲁迅作品的艺术特色”等“专题”题目因为表意笼统空泛而作了修改；而表述不明确的题目“鲁迅的写作手法——如何写人”的题目也在讨论中被字斟句酌地修改成“鲁迅写人的妙笔”。

确立“专题”后，选文教学依次进行，课堂教学也朝学生的

“专题”倾斜，强调学生在课堂上积极讨论交流各自选择的学习内容；这样，既提高了教学的针对性，也促进了阅读和写作的相互影响。

反思：放手学生自主确立“专题”，“专题”水平参差不齐，体现出他们的学习基础、个性品味和学习需求等方面的差异。教师要顾及到学生的实际水平，在课堂上讲评“专题”时，不能简单地评优否劣，而是应有针对性地指导确立“专题”的方法。对于有困难的学生，在课下还应进行个性化的辅导。这样，才能确保全体学生都能有适合的“专题”。

好的开始是成功的一半，“专题”的确立奠定了整个专题的学习基础。正所谓“磨刀不误砍柴工”，多用两个课时让学生自读这几篇诗文，确定“专题”，实际上不仅没有拖延课时，还因为学生的充分准备，提高了课堂讨论交流的质量，可以说是提高了专题学习的效率。而学生在“泛读导引”文的指引下通过自读选文来自主确定“专题”，起码要完成这样的阅读过程：从整体上把握文本内容，理清思路，概括要点，理解文本所表达的思想、观点和感情；发现问题，提出问题，对文本作出自己的分析判断，从不同的角度和层面进行阐发、评价和质疑；充分调动自己的生活经验和知识积累，在主动积极的思维和情感活动中，获得独特的感受和体验——这实际上锻炼和发展了独立阅读的能力。以学生“专题”来作为设计教学重点内容的重要依据，教师还要对学生的“专题”再进行精加工，先要对学生的“专题”按照思想内容、人物、情节结构、语言等项进行分类，再按照具有普遍性、有深度、有新意等标准进行精心挑选，确保课堂学习重点是学生自主选定的，学习难点是学生在学习过程中遇到的。基于学生“专题”而开展的专题教学才可以说是有的放矢，教有实效。

需要改善的地方：有部分学生论文的质量欠佳。主要原因是我没有像上一个专题那样严格要求学生写出每课专题作业。这样，部分学生会放松自己的总结和反思，而教师对这些学生的学习效果就不能完全了解，课堂的教学就会缺乏指导的实效性。论文的写作也暴露出一些问题，如缺乏深入思考，立意肤浅，行文思路随意，缺乏论文的条理性，等等。

辞赋与骈文专题：尝试放手让学生开展自主性探究

这个专题同诸子散文专题同为文言文，可以借鉴过去的经验，沿用确立“专题”、课堂学习、完成小论文的学习模式。鉴于在鲁迅专题学习中暴露出来的欠严谨的学风问题，我再次有针对性地提出了这样的学习要求：每篇选文后要总结和反思自己的专题探究，写出每课作业。学生在前两个专题的学习基础上，表现出独立确立“专题”的水平和对这种学习模式的驾驭能力。我的教学设计在选文学习部分做了调整尝试，在围绕着学生“专题”的条件下引导学生研读了专题中的《阿房宫赋》和《陈情表》两篇文章，课堂上通过师生互动，讨论交流，帮助学生深入理解各自选择的学习内容；而另两篇选文《滕王阁序》《兰亭集序》，我没有组织课堂教学，要求学生在“专题”的导向下独立自主完成阅读理解，还要写出每课的读后感。自读后，学生要完成一份检测基础知识和阅读水平的试卷，作为自学成果的验证和补充。最后，学生完成了专题小论文。班级整体的论文水平体现出自主性学习的良好效果。

以朱旭同学为例，他受到“泛读导引”文章的启发，确立“专题”是“古文中骈体句和对偶的运用”。他在前两课的学习中发现“《陈情表》文章中运用了多处骈句”，“叙事可以用对偶和骈体句”。“下一篇学的《阿房宫赋》文中，写景也可以用对偶和骈体句。”按照这样的学习基础和思维轨迹，他在后两篇选文的自读中，举一反三，触类旁通，有了新的发现：“自学得比较深的就是下篇《滕王阁序》，学完之后发现这篇文章中对偶句实在是多。”“抒情也可以用对偶和骈体句。”（详见附录2）综合新的认识，朱旭同学顺利地完成了小论文的写作，也完成了这个专题的自主性学习任务。

另外，鉴于上个专题暴露出来的论文的质量问题，我在这个专题学习中强调了一项重要目标——加强论文的展示和修改，提高学生的论文水平。专题小论文因“专题”的个性特点更要提倡根据个人特长和兴趣自主写作，有个性、有创意的表达。我班的一些学生的论文表现出的是个性化的“随意性”的表达。为了规范论文的写作，切实提高论文水平，我要求学生第一次上交的论文就是初稿修改后的作品，要求学生结合所学语文知识，独立认真修改自己的文章。在课堂第一次讲评中还要求学生小组合作，集中智慧，精批精改。在初见效果后，还专门开设了第二次讲评课，下发多篇较成功的作品供学生欣赏借鉴，还要求再次精批精改，补充完善。以孙颖同学的论文《文与情相结合》为例，第一次讲评中，有的学生提出文中段落的小标题和内容不切合，有些文句不能明确表意等问题。在课堂上小组合作修改和课后再次润色后，我们在第二次讲评课堂上展示了她的文笔流畅、语言诗化的作品。几番修改后，我班学生论文的质量普遍提高，较好的作品数量明显增多，如朱旭同学的《古文中骈体句和对偶的运用》体现出严密的论证思路；而刘英男同学的《古文出彩之处》对古文语句的解读也有很出彩的地方。

反思：要求学生在“专题”的导向下独立自主探究两篇选文，学生能够借鉴前两篇选文的探究方法举一反三完成后两篇选文的自读，并且完成小论文的写作。教师放手，但不能失去必要的引导和监控，通过小论文就可以监测出自主学习的效果。而课堂的论文修改也能促进学生的阅读理解，修正对选文的错误理解。

学生的论文质量有很大提高，教学经验在于能够紧密结合学情，对论文进行了连续性的讲评和修改。这样的教学既能有效地提高学生的写作水平，也能培养学生切磋交流的习惯和乐于相互展示、评价写作成果的学风。

需要改善的地方：此专题的学习模式还不是实际意义上的自主性学习，教师还要尝试为学生提供独立自主地开展整个专题探究的锻炼机会。

综合以上三个专题的教学实例，我认识到：构建以确立“专题”、课堂学习、完成小论文为流程的专题学习模式既符合选修课的选择性宗旨，也符合专题教学的整体性原则，是一种操作性强、行而有效的尝试。“专题”的丰富性可以激发学生的兴趣和潜能，促进学生特长和个性的发展。而整个专题的学习过程能够有效地培养高中学生的语文阅读和写作的能力，并且有助于提高学生的专题意识，培养学生的独立自主性的学习能力，为学生的综合发展打好基础。

课堂教学中的每一节课，都是专题学习链条中的一个环节，都要围绕着专题总目标而达成阶段目标。为了实现各个阶段的教学目标，教师要真正切合学生的实际情况，想方设法地引导学生学习探究的方法，提高探究的能力。对教师来说，最值得思考的问题是教和学怎样才能够较大程度地融合一致。学生确立了“专题”，就有了在课堂学习中获得帮助和启发的需要，课堂教学就应该在围绕着学生“专题”的条件下展开，通过师生互动来引导学生深入探讨各自选择的学习内容，从而帮助学生实现专题学习的目标。我在备课中设计教学重点内容时本着这样的基本原则——一切从学生实际出发！学生的“专题”作为教师设计课堂探究内容的依据和参考。在课堂教学中既要尽可能多地涵盖学生关注较为集中的“专题”，同时还要设计到学生普遍忽略的内容，而这些被学生忽略的地方往往是教学的难点。即便如此，课堂教学也不一定能够满足所有学生的特定需求，教师要引导学生积极参与课堂学习，同时也要指导学生在课下自主寻求解决问题的途径和方法，比如，借助书籍，查阅网络材料，向老师和同学请教，等等。

引导专题探究，重在培养学生的探究意识和探究能力，让学生体验探究的过程，学习探究的方法。贯穿于专题学习始终的小论文的写作，并不是专题学习的最终目标，可以看作是展开探究的手段和验证学法的成果。以写促读，以读促写，使专题学习始终围绕在读写结合的这条语文学习的轨道中。至于对小论文的写作水平作出评价，可以作为评价学生学习的重要一项。总体评价应该将学生自主探究的过程和结果统一起来，以学生在自主探究中的表现，如态度、创意、责任心、意志力、合作精神、参与程度和交往能力等方面作为评价的重点，而不是以小论文一纸定全部。

在专题教学中如何更好地发挥教师的指导作用，如何实现以写促读，以读促写的最优化，如何提高课堂教学的实效，这些都是值得我思考和改善的地方。我的这些探索和尝试还很不成熟，还需要验证和提高，希望能够得到专家、同行的教正。

附录：

1. 诸子散文专题

张泰同学的四篇选文的探究作业：

(1) 庄子是很善于使用对比手法来突出表达观点的。他在《庖丁解牛》中运用了纵向对比和横向对比的手法。纵向对比，是指庖丁本人解牛三个时段的前后对比。而横向对比就不同了，这一对比是放在更广泛的背景上，参加对比的可以说是王厨的全体庖人：第一层是普通的一般庖人，第二层是优良高明的庖人，第三层是庖丁本人。庄子没有按照一般的写法把这个对比写成是庖人们的技术竞赛，他紧紧抓住了解剖一只牛过程中的关键环节，也就是庖人们在解牛时是如何用刀的。庄子对参加对比的三层庖人都只用了一个字到几个字，就把他们的技术之精湛概括了出来：庄子对一般的庖人用的是一个“折”字，对良庖用的是一个“割”字，对庖丁本人，用的字虽然多一些，但最重要的也只有“游刃有余”四个字。就这样，庄子通过纵向对比、横向对比的艺术手法，突出表现了庖丁的解牛技术之高超，也刻画出这位名字叫丁的得道者高大的艺术形象。

(2) 韩非子是法家的代表人物，他在所著的《五蠹》中，举出了大量事实，于对比中指出古今社会的巨大差异。他在文章的第二段指出：古时男子不须耕种，野的果实就足够食用；妇女不须纺织，禽兽的毛皮足够穿着。不需要做费力的事，给养就很充足，人民少但财物有多余，所以人民之间不争斗。因此不需实行厚赏，不用采取重罚，人民的生活自然安定。现在一个人有五个孩子不算多，每个儿子再有五个儿子，这样祖父没死就有了二十五个孙子。因此人民多而财物缺乏，干体力活干得很劳累，可是给养还是很少，所以人民发生斗争。即使加倍奖赏和加重惩罚还是不能避免纷乱。通过这个例子，从财货多寡说明了古今的社会经济状态的不同。作者运用了古今对比的方法，说明了“法”要适合当今的社会情况，使文章更具说服力。

(3)《察传》中说传闻不可以不察，听到什么如果加以审察，就有好处；如果不加审察，不如不听。还举出了吴王听信了传言，导致自己国家灭亡的例子，通过审与不审的对比进一步说明了审的重要性。《非攻》中，王要攻打别国，墨子知道这样做的后果是对自己国家不利的，于是对王说：“杀一个人，说它不义，一定构成了一个死罪了；如果按照这个说法类推下去，杀十个人，十倍不义，必定构成十个死罪了；杀一百个人，一百倍不义，必定构成一百个死罪了。今天最不义的事是进攻别国，却不知道反对，反而称赞它，说它义。”让王明白进攻别国之不义。

这两篇文章都是通过了利害关系的对比，使文章更具说服力。

(4)《非攻》一文的艺术特色主要是运用了层层递进的论证去论述文章，这样就使文章逐步深入，更加突出论点。例如在《非攻》的第一段中，从开始说有人到别人家园圃去偷窃桃子、李子，接着又说了有人偷窃别人的狗、猪、鸡，最后又说有人翻进人家院内，把人家的马牛牵走。这三件事情无一不说明亏人自利，但是在事情的严重性上看确实是逐步深入的。通过论据的层层递进，也把文章的论点更深化了。在文章的论述上能吸引读者，使行文更流畅，随着论据的递进也更清楚地表明所论证的论点。这样的论证不仅使论点更突出，而且又增添了文章的说服力及感染力。

论文初稿：　　论对比论证法

在我们写作文时，我们都喜欢运用对比的手法来使我们的文章更加有说服力。而在古代，我们的先人们则是把对比论证法运用在他们的谏书之中，让帝王们了解他们的思想，更正自己的错误。那么，他们是如何运用对比论证手法的呢？

纵向和横向对比。庄子是很善于使用对比手法来突出表达观点的。他在《庖丁解牛》中运用了纵向对比和横向对比的手法。纵向对比，只是庖丁本人解牛三个时段的前后对比，而横向对比就不同了，这一对比是放在更广泛，更繁复的背景上，参加对比的可以说是王厨的全体庖人：第一层是普通的一般庖人，第二层是优良高明的庖人，第三层是庖丁本人。庄子没有按照一般的写法把这个对比写成庖人们的技术竞赛，他紧紧抓住了解牛对比中的关键，也就是庖人们在解牛时是如何用刀的。庄子对参加对比的三层庖人都只用了一个字到几个字，就把他们的技术之精湛概括了出来，庄子对一般的庖人用的是一个“折”字，对良庖用的是一个“割”字，对庖丁本人，用的字虽然多一些，但最重要的也只有“游刃有余”四个字。庄子通过纵向对比、横向对比的艺术手法，突出描写了庖丁的解牛技术之高超和得道者高大的艺术形象。

古今对比。韩非子是法家的代表人物，他在所著的《五蠹》中，举出了大量事实，于对比中指出古今社会的巨大差异，他在文章的第二段指出：古时男子不须耕种，野的果实就足够食用；妇女不须纺织，禽兽的毛皮足够穿着。不需要做费力的事，给养就很充足，人民少但财物有多余，所以人民之间不争斗。因此不需实行厚赏，不用采取重罚，人民的生活自然安定。现在一个人有五个孩子不算多，每个儿子再有五个儿子，这样祖父没死就有了二十五个孙子。因此人民多而财物缺乏，干体力活干得很劳累，可是给养还是很少，所以人民发生斗争。即使加倍奖赏和加重惩罚还是不能避免纷乱。通过这个例子，从财货多寡的经济方面说明了古今的不同。作者运用了古今对比的方法，说明了“法”要适合当今的社会情况，使文章更具说服力。

利害对比。《察传》中说传闻不可以不察，听到什么如果加以审察，就有好处；如果不加审察，不如不听。还举出了吴王听信了传言，导致自己国家灭亡的例子，通过审与不审的对比进一步说明了审的重要性。《非攻》中，王要攻打别国，墨子知道这样做的后果是对自己国家不利的，于是对王说：“杀一个人，说它不义，一定构成了一个死罪了；如果按照这个说法类推下去，杀十个人，十倍不义，必定构成十个死罪了；杀一百个人，一百倍不义，必定构成一百个死罪了。今天最不义的事是进攻别国，却不知道反对，反而称赞它，说它义。”让王明白进攻别国之不义。这两篇文章都是通过了利害的对比，使文章更具说服力。

古往今来，无论是身处战乱时期的古人们，还是身处二十一世纪和平年代的我们，写文章时都喜欢用对比的手法，由此可见对比论证的手法在文章中是很重要的，所以我们要善于使用对比论证的手法，使我们的文章更有说服力。

修改后论文：

对比，彰显思想
——论诸子散文中对比手法的运用及效果

写作文时，我们喜欢运用对比的手法来使我们的文章更加有说服力。阅读这些堪称瑰宝的诸子散文，我惊奇地发现，远在先秦的诸位思想家就很擅长运用对比论证法来彰显他们的思想和智慧。那么，这些哲人们是如何运用对比论证的手法来说理的呢？

纵向和横向对比。庄子是很善于使用对比手法来突出表达观点的。他在《庖丁解牛》中运用了纵向对比和横向对比的手法。纵向对比，只是庖丁本人解牛三个时段的前后对比，而横向对比就不同了，这一对比是放在更广阔的背景上，参加对比的可以说是王厨的全体庖人：“良庖岁更刀，割也；族庖月更刀，折也。今臣之刀十九年矣，所解数千牛矣，而刀刃若新发于硎。”作者紧紧抓住了解牛的关键点，也就是庖人们在解牛时是如何用刀的。庄子对参加对比的三个层次的庖人都只用了一个字到几个字，就把他们的技术之精湛概括了出来：庄子对一般的庖人用的是一个“折”字，对良庖用的是一个“割”字，对庖丁本人，用的字虽然多一些，但最重要的也只有“游刃有余”四个字。庄子通过纵向对比、横向对比的艺术手法，突出描写了庖丁的解牛技术之高超，也彰显出得道者顺其自然的养生的智慧。

古今对比。作为法家的代表人物，韩非子在所著的《五蠹》中，举出了大量事实，于对比中指出古今社会的巨大差异。他在文章的第二段说：“古者丈夫不耕，草木之实足食也；妇人不织，禽兽之皮足衣也。不事力而养足，人民少而财有余，故民不争。是以厚赏不行，重罚不用，而民自治。”说的是古时男子不须耕种，野的果实就足够食用；妇女不须纺织，禽兽的毛皮足够穿着。不需要做费力的事，给养就很充足，人民少但财物有多余，所以人民之间不争斗。因此不需实行厚赏，不用采取重罚，人民的生活自然安定。而“今人有五子不为多，子又有五子，大父未死而有二十五孙。是以人民众而财货寡，事力劳而供养薄，故民争；虽倍赏累罚而不免于乱”。说的是现在一个人有五个孩子不算多，每个儿子再有五个儿子，这样祖父没死就有了二十五个孙子。因此人民多而财物缺乏，干体力活干得很劳累，可是给养还是很少，所以人民发生斗争。即使加倍奖赏和加重惩罚还是不能避免纷乱。这段话从古和今两个方面进行了对比，从人们的生活水平方面上说明了古今的不同，说明了“法”要适合当今的社会情况。韩非子使用的对比论证法使文章具有严密的逻辑性，使文章更具说服力。

利害对比。《察传》中作者举了四位前人的例子，来论证审和不审的关系。“齐桓公闻管子于鲍叔”，“楚庄闻孙叔敖于沈尹筮”，齐桓公和楚庄两人都在听了别人的举荐之后自己审察了传言的真伪，所以可以“霸诸侯”。而吴王和智伯两人就因为“闻而不审”而“国亡身死”。作者用这四个例子来对比论证了“闻而审，则为福矣；闻而不审，不若不闻矣”这个观点。通过了利害关系的对比，使作者“闻而审”的观点更鲜明，使文章具有说服力。

综上所述，诸位思想家都是很善于运用对比来说理的大家，对比，能够彰显他们的严密思维和思想智慧。所以我们要向古人学习使用对比手法，让自己的思维严谨些，文章出色些。

2. 辞赋与骈文专题

古文中骈体句和对偶的运用

朱 旭

在我们学的多篇辞赋与骈文中，不乏古人多多运用的骈体句和对偶句，而这些句子在文章中有着十分重要的地位和作用。

叙事可以用对偶和骈体句。首先学的就是《陈情表》，文章中运用了多句骈句，对偶等。原文中“生孩六月，慈父见背，行年四岁，舅夺母志。祖母刘悯臣孤弱，躬亲抚养。臣少多疾病，九岁不行，零丁孤苦，至于成立……”连篇都是四字骈句，语势连贯、紧凑，不拖沓，让人感到灾祸接踵而来，情势越来越急迫。后文的“外无期功强近之亲，内无应门五尺之僮”，是对仗工整的对偶句。一外一内都强调一个“无”字，写出了自己举目无亲，后代尚小，无人终养祖母的困苦境地，让人觉出李密处境窘迫而不容置疑。“生当陨首，死当结草”，运用古喻，使语气显得铿锵有力，语意简洁凝练，读来朗朗上口，使文章流露出的感情倍显热切，更能感动人。就是这样，李密通过大量的渲染悲惨处境的对偶和骈体句来让晋武帝被彻底感化，最终武帝化严为慈，答应了李密请辞的心愿。

写景可以用对偶和骈体句。下一篇学的是《阿房宫赋》，文中“长桥卧波，未云何龙？复道行空，不霁何虹？高低冥迷，不知西东”运用的正是对偶。从字面理解作者以“长桥”对“复道”，那长桥卧在水面上像蛟龙游动，可是没有一点云彩，怎么会有蛟龙飞腾？那楼阁之间的复道架在半空像彩虹高悬，可是并非雨过天晴，怎么会有虹霓产生？这组句子形象地描述出阿房宫高高低低的楼阁幽冥迷离，使人辨不清南北西东的格局和规模。这两组问句词性大体相同，意思相关，用对称的语言方式，形成了表达形式上的整齐和谐和内容上的相互映衬，具有独特的艺术效果。

抒情也可以用对偶和骈体句。自学得比较深的就是下篇《滕王阁序》，学完之后发现这篇文章中对偶句实在是多。其中一句“老当益壮，宁移白首之心；穷且益坚，不坠青云之志”意思是年纪虽然老了，但志气应当更加旺盛，怎能在白头时改变心情？境遇虽然困苦，但节操应当更加坚定，决不能抛弃自己的凌云壮志。在原文中这句话是四六对的对偶句，其中“白首之心”对“青云之志”，不仅在表达手法上形成整齐和谐，也在内容上相互映衬，表达了作者暮年愈发坚定的意志和拼搏的精神，这句话也是因对偶的绝对精彩而成为了流传千古的佳句。

在学了这么多的辞赋与骈文后，我了解到了原来古人常用骈体句和对偶来创造文采，展示才气。其实这样也好，令我们读起来也朗朗上口，乐在其中。期望以后能多多接触这样的文章，也来增加自己的学识，培养自己的才情。

（此篇论文获得2009年北京市高中语文论文评比一等奖）

第七节　鲁迅专题教学的实践与思考

提要　依托北京版教材，对鲁迅诗文专题进行了“专题式教学”的尝试。专题教学目标设计为：开展专注整个专题的自主探究性的读写实践活动。让学生自主确立“专题”，这样的“专题”学习源于学生的兴趣、又没有统一模式的限制，更能顺应和满足学生的选择需要，激发学生的探究兴趣和潜能。选文教学的重点向学生的“专题”靠拢，使文本学习和专题探究实现了交融、聚合，趋于一致。小论文呈现出学生的探究成果。实践证明，“专题式教学”是一种操作性强、行而有效的落实“专题选修”的途径和方式。

在北京市高中课程改革的第一轮实验中，我依托北京版教材，对选修三的鲁迅诗文专题进行了“专题式教学”的尝试。当时是才进入选修课专题教学阶段，我对于“专题式”的教学方式还没有深入的理解，也缺乏专题教学的能力和经验，开展鲁迅专题教学感到困难重重，非常吃力，但坚持下来，也有很大收获。尤其是在引导学生自主确立“专题”方面实现了一些突破，使我增强了开展专题教学的信心和热情。自此，我在后面的专题教学中都能够自觉地开展“专题式”的教学和研究，逐渐增强了专题教学的能力，形成了自己专题教学的特色。时至今日，再来回顾当初的鲁迅专题教学，我有了一些理性的分析和反思，也产生了一些新的构想。本文就此展开阐述，借此深入思考和总结专题教学的规律性认识。

一、鲁迅专题的教学目标和整体设想

在北京版教材中，选修三阶段设置了鲁迅诗文专题，收有散文《忆韦素园君》、杂文《北京通信》、《忽然想到（六）》、书序《<呐喊>自序》及三首古体诗、一篇散文诗《聪明人、傻子和奴才》。在此之前学生已经学过了不少的经典作品，比如初中的《藤野先生》、《孔乙已》，必修阶段的《范爱农》、《祝福》等篇目，应该说对于鲁迅并不陌生，并且有了一定的阅读经验和知识储备。在鲁迅诗文专题之前，学生已经尝试过《左传》与《战国策》、诸子散文等专题的学习，对于专题学习也有了一些了解和认识。到了鲁迅诗文专题，专题性地梳理和探究鲁迅作品及其思想情感，当是顺理成章、水到渠成的学习任务。但是，在实际的教学中，却存在着一些显而易见的困难：一是开展专题教学尚且有困难。选修课的专题教学还处于起步阶段，对于鲁迅专题没有可以直接学习借鉴的教学模式和经验，而且教师的专题教学能力尚待提高。二是学情不容乐观。尽管学生学过不少的作品，但大多学生对鲁迅的认识尚且停留在零星、散乱的印象层面。对于鲁迅，现在的高中生更是普遍存在着畏难心理甚至是厌烦的情绪。可见，开展鲁迅专题教学绝非易事。只有在以上两方面都能实现突破，才能取得鲁迅专题教学的成功。

经过认真学习《普通高中语文课程标准（实验）》，反思自己以往的专题教学，我认识到教好选修课应该从确立“专题”环节找到突破口。引导学生自主确立“专题”，使学生的自主选择成为他们各自学习的重点，能够在一定意义上实现选修课的选择性，还能调动学生专题学习的自主性和积极性。学生学过了那么多的鲁迅作品，对鲁迅多少会有一些零星、散乱的认识或兴趣，如果从这些兴趣原点出发开展专题学习，容易激发起学生对这位作家作品的某一方面进行专门探究的需要。那么，这样的专题学习就有可能使学生走近鲁迅，消除隔阂，调动起探究鲁迅的积极性。经过以上的思考，我在鲁迅专题的教学中就以引导学生自主确立“专题”为重点开始了“专题式教学”的尝试。

鲁迅专题的总体教学目标和整体设计如下：开展专注整个专题的自主探究性的读写实践活动。引导学生自主确立“专题”，选择自己感兴趣的角度展开探究学习。通过体验这个专题探究性的过程，提高学生的专题意识，培养学生的独立自主性的探究能力，促进学生的综合发展。

确立“专题”阶段（5 课时）：通过阅读“泛读导引”文和自主阅读选文篇目，并结合自己对鲁迅及其作品的认识，根据自己的兴趣点尝试拟定学习的“专题”。通过师生讨论交流，提炼优化“专题”，确立最适合自己展开研究的“专题”，提高确立“专题”的能力。

选文学习阶段（7 课时）：就学生选择专题的内容，逐篇选文开展探究学习。首先，学生在“专题”的导向下独立自主探究专题选文，写出探究心得。在初步探究的基础上，开展课堂讨论交流，分享探究的成果，讨论解决学习中的疑难，深入理解探讨各自选择的学习内容。通过逐篇选文的专题探讨来感知鲁迅对青年、对少年的深沉大爱，领悟鲁迅从事文学创作所抱有的崇高的社会责任感与使命感，关注和思考鲁迅对历史、对传统、对社会、对人生的认识和批判所具有的现实意义。

成果展现阶段（3 课时）：在选文学习深化阅读的基础上，教师指导学生完成专题论文的撰写。引导学生反思自己的学习成果，修改完善小论文。以写促读，深化对专题内容的理解，完成整个专题的学习。

二、鲁迅专题的教学过程及其反思

1. 自主确立“专题”

北京版选修教材没有提供可以让师生展开探究的“专题”，需要从教材中挖掘“专题”，这是摆在师生面前的一道难题。在前期的诸子散文等专题，我班学生暴露出来对“专题”认识不清，不会找“专题”切入点等问题。进入鲁迅专题，我把教学重点就放在引导学生独立确立“专题”之上，力图在此环节实现专题教学的突破。

确立“专题”的教学过程是这样的：第一个课时带领学生阅读王得后所撰写的“泛读导引”文。这节课，先让学生用一两个核心词语表达自己对鲁迅的印象，再结合学习过的鲁迅作品具体谈谈自己的兴趣所在。接下来，要求学生认真阅读“泛读导引”文，勾画出这位学者对鲁迅的评价语句，并且要求学生把对自己有所触动的语句摘录下来。在此基础上，组织学生讨论交流阅读心得，启发学生从多视角多层面进行分析，深入理解专题学习的内容。

考虑到鲁迅专题中的诗文比较容易理解和把握，接着又用了两个课时放手让学生自读这几篇诗文，要求学生依据自己初步选择的“专题”方向进行重点阅读和思考，确认自己初拟“专题”的合理性和可行性。如果判定自己的“专题”不能在整个专题的学习中开展探究，要做及时调整和修改。课堂上师生进行讨论交流，推选优秀“专题”，帮助学生完善确立“专题”的规律性认识，提高确立“专题”的能力。

经过这样的自读和思考，学生较顺利地确立了“专题”。从学生的“专题”上发现他们的研究角度还是比较丰富的，主要有这样四类：第一类是研究作家的，比如“鲁迅其人”、“鲁迅个性”等。第二类是研究作品人物的，如“鲁迅与韦素园君”、“鲁迅作品中的不同社会类型的人物”、“鲁迅的怀人散文”，等等。第三类是研究作品思想内容的，比如“国民的病苦”、“谁是聪明人、傻子和奴才，”等等。第四类是研究作品的写作特色的，比如“鲁迅作品的讽刺手段”、“鲁迅散文中善于用词的特色”、“形散而神不散”，等等。课堂上通过讨论交流，对学生拟出的一些“专题”进行了修改，例如“鲁迅的深刻思想”、“鲁迅作品的艺术特色”等题目因为笼统、空泛而作了修改；而表述不明确的题目“鲁迅的写作手法——如何写人”也被字斟句酌地修改成“鲁迅写人的妙笔”。这些从不同的角度和层面拟定的“专题”最终被确立下来，作为整个鲁迅专题探究的关注点。

反思：这个教学环节的一个突破是让学生自主确立了“专题”。学生自主确立的“专题”源于学生的兴趣、又没有统一模式的限制，更能顺应和满足学生的选择需要，激发学生的探究兴趣和潜能。从丰富多彩的“专题”题目上可以看出他们对于鲁迅关注的视角较为丰富，也表现出一定的深度和广度。我发现，让学生自主确立专题，不仅能够丰富“专题”，而且能够培养学生的专题探究能力。更为重要的是，自主确立专题，可以让学生体验自主探究性的学习过程，使学生真正成为专题学习的主人。由此，我认识到，学生自主确立专题，是充分发挥学生主体作用，积极促进学生个性化发展的一条有效途径。

在这个环节，也存在着严重不足，主要在于对学生“专题”的评价上面。其实，此时的我并没有一套明确的评价标准，只是借鉴前期市级公开课上提出的“依据文本”、“合理切入”、“大小适度”、“富有文采”等几点内容。在实际教学中，我发现这几条标准都显得模棱两可，不好把握。于是，我开始深入思考对于“专题”的认识，我模糊地认识到，一个好的“专题”应该符合趣味性、合理性和可行性。对于什么是合理的“专题”，我认识到应该依据文本进行探究，这就要紧密结合专题选文体裁的基本特点，用鉴赏文本的基本方法深入分析思考专题学习的内容，从务实而具体的角度来确立“专题”。在这样认识的基础上，又经过后面几个专题教学的实践和自己的不断摸索，我推出了自己的确立“专题”的“三原则”和“六方法”：“三原则”是指遵循趣味性、合理性和可行性的原则；“六方法”是发掘语文兴趣，探讨专题重点，依据专题选文，探究共性、关联，切入提升恰当，表述明确精练。这样，我对如何确立“专题”的认识就有了一个质的提升，真正提高了引导学生确立“专题”的能力。

2. 在“专题”导向下的选文学习

确立“专题”后，进入选文学习阶段。我以往的专题教学，在这个环节，选文教学和学生的专题探究像是两条并行的轨道，各行其道，不能交融。为了避免这种现象，我在鲁迅专题教学中，有意识地让课堂教学内容朝学生的“专题”倾斜，强调学生在课堂上积极讨论交流各自选择的学习内容。这样，在推进选文教学的同时也会促进学生的“专题”探究的深入开展。

例如，在《忆韦素园君》的教学中，我注重引导学生在理解文本的基础上，紧密结合自己的“专题”进行个性化的深入探究。在课堂教学过程中，一方面注重组织学生集中讨论选文的重点内容，比如“在鲁迅看来，韦素园的‘认真’是他的致命伤，鲁迅是否反对认真行事呢?”又如“但素园却并非天才……然而他是楼下的一块石材，园中的一撮泥土，在中国第一要他多”等，推动学生对文章重点的思考，以此带动学生的专题探究的深入。另一方面，注重引导学生联系实际，让学生结合具体的人和事，说说自己的感受或思考。设计诸如“学习本文，你重拾了有关鲁迅的什么记忆?通过学习，你对鲁迅及其作品有了什么新的感受和理解?”这样的问题来帮助学生搭建与鲁迅之间的联系，让学生主动勾连自己对鲁迅及其作品的印象，整合对鲁迅的认识。在每篇选文学完后，要求学生从自己确立“专题”的角度，整理出探究作业。另外，还给学有余力的学生布置了拓展作业，诸如“阅读鲁迅的其他记人文章，这些文章里同样也记载了许多精彩的历史片段，举例并说说鲁迅作品在这一方面的写作特色”等，这样的要求是为了让学生从自己所关注的角度深入专题探究，深化探究成果，为以后完成小论文做好准备。

反思：在这个选文教学环节，也实现了一定的突破：课堂教学的重点向学生自主确立的“专题”靠拢，使文本学习和专题探究实现了一定的交融、聚合，趋于一致。因为备课时较为充分地考虑到学生自主选定的重点内容，基此开展的选文教学实现了由讲读教学向专题探究的转变。这样不仅避免了孤立地讲读单篇选文，而且也有效地避免了选文学习和专题探究两张皮的现象。在课程意义上，这种紧密围绕“专题”开展的选文教学与必修课程有了明显的区别，在很大程度上实现了选修课程的由“选”而“修”的特色。

但是，教学上还有一些需要改善的地方，主要还在于我难以摆脱教学的惯性，对学生的引导表现出来略显生硬的牵引和拔高。比如，在《杂文两篇》的教学中组织对“保古与发展”的讨论，还有在《<呐喊>自序》的教学中对“寂寞”的讨论，有的学生因为“专题”的探究内容不在此处，就没有参与讨论的积极性，而我也缺乏对学生的有效引导，所以，预想的教学效果没有充分体现出来。经过反思，我认识到这种现象暴露出教和学的脱节问题。我没有严格要求学生完成每篇选文的预习性的专题作业，只是要求学生完成总结和反思性的探究作业，这样，就造成了课堂教学缺乏实效性的结果。为了避免再出现这种现象，在后面的专题教学中，我坚持要求学生完成选文的课前、课后的探究作业，每次我都认真地筛选出带有普遍性、典型性的作业，从而紧密依据这些信息确定下一步的教学目标和教学内容。通过这样的方式，课堂教学的重点就能够更大程度地顺应学生的“专题”探究，使选文教学阶段的学习效果有了很大的提升。

3. 论文写作

结束了选文学习，进入论文的写作阶段。学生初期的论文暴露出一些问题，如缺乏深入思考，立意肤浅，行文思路随意，缺乏条理性，等等。经过讨论交流，润色和修改，学生的论文水平有了明显提升。这些小论文能够代表学生在鲁迅专题的探究成果，从中可以看出学生开始走近鲁迅，领悟深刻，真正加深了对于鲁迅的认识和理解，这也表明了“专题式教学”令人惊喜的学习效果。

三、对鲁迅专题教学的新构想

经过以上对鲁迅专题教学的梳理和反思，我认识到采用“专题式教学”方式能够有效地强化学生的自主探究、深入学习的意识，培养学生的独立学习知识、收集与处理信息等方面的能力，也就是增强了后续学习和终生发展所需要的可持续发展能力。围绕自主确立“专题”开展探究学习可以激发学生的兴趣和潜能，促进学生特长和个性的发展。由此可见，“专题式教学”方式是一种操作性强、行而有效的落实“专题选修”的教学途径，值得教师深入研究，并使之发扬光大。

第一轮课改实验中的鲁迅专题教学是立足北京版教材的推荐选修课程，是在有限的选文篇目中小试牛刀，更多关注的是学生的兴趣层面，没有实现挑战学生思维的更富冲击力的拓展。在即将到来的高一下学期的校本选修课中，我准备向深圳的吴泓老师学习，用《呐喊》、《彷徨》这样的完整经典来实践专题研究性学习。努力引导学生以更高、更广、更深的视角来确立自己的“专题”，大胆迁移拓展，真正实现从鉴赏文本到探究专题的跨越。

附录：学生论文

走近鲁迅

高二（2）班　樊睿

在学完鲁迅专题后，本来不了解鲁迅的我也渐渐对这个白话文的开创者有了浅浅的理解。

我原以为鲁迅在当时社会的地位一定很高，有很多人崇拜他，景仰他，但恰恰相反的是，在《<呐喊>自序》里面，鲁迅表现出了无限的寂寞，整篇文章用“寂寞”这个词贯穿下来。鲁迅在文中追述了自己走上文学之路的历程，并且进行了冷静的反思，坦诚地表明了自己的文学主张和投身社会变革的态度。在这条漫长的道路上，他不畏艰辛，坚持想用文字来改变当时那个黑暗的社会，但是响应他的人实在太少，使他不免想呐喊，来排解自己的寂寞。那么孤独，那么悲哀。

而在《忆韦素园君》中，鲁迅却找到了自己的知己。虽然素园只是一个普通的文学青年，但是鲁迅对他的评价是极高的，他在文中说：“是的，但素园却并非天才，也非豪杰，当然更不是高楼的尖顶，或名园的美花，然而他是楼下的一块石材，园中的一撮泥土。”这句话毫无保留地赞美了素园作为“一块石材，一撮泥土”踏实肯干的精神，远远比我们所瞩望的天才们的浮华无实耀眼，夺目得多。韦素园活了不过30岁，鲁迅之痛发自内心，世间还有几多知己来温暖、慰藉鲁迅孤独的心？

在我看来，鲁迅的文章就是“批判”、“同情”、“关心”、“号召”、“攻击”和“唤醒”这些词汇的结合体。他对当时社会的黑暗与封闭，人们思想的麻木，用自己特有的方式表现出质疑，并且提出自己的观点。他的文章是对封建制度和礼教的彻底揭露和批判，对中国封建伦理文化的吃人性、虚伪性、毒害性和顽固性作了充分的揭露和有力的控诉，他将这些思想熟练地融入到他的作品里，给了读者一个深刻的思想空间。

就像他的《北京通信》中所写到的，“我只可以说出我为别人设计的话，就是：一要生存，二要温饱，三要发展”。而后文又说“我之所谓生存，并不是苟活；所谓温饱，并不是奢侈；所谓发展，也不是放纵”。生存在鲁迅眼中，不单指有口饭吃，有口气喘，还包括了整个生命个体有尊严地、自由地活着。人的存在是肉体与精神的统一存在，精神失去了自由，只能像狱中的囚徒，活着只是为了活着。因此，他痛恨黑暗、腐朽的社会，那样的社会将人们的意识变得麻木，思想变得腐败，行为变得机械化。当一个社会没有了思想，没有了追求，没有了自由，那还剩下什么呢？

所以，学完这个专题，我才明白当时鲁迅源于内心的呐喊是由何而发，那种不顾孤独，依然坚持到底的决心是从何而起，那种批判社会的愤慨到底为何而生。

我为他的寂寞而悲伤。

（此篇论文获得2011年北京市高中课程建设优秀成果一等奖）

第八节　两轮唐宋古文专题教学的实践和思考

提要：作为北京版教材的一线教师，在前两轮的选修课教学中，我对唐宋古文专题，尝试了不一样的教法，呈现出不同的教学效果。第一轮开展唐宋古文专题教学，在“专题”探究和选文的学习相结合方面存在着一些尚待解决的问题。第二轮的唐宋古文专题教学，明确专题教学重点是“走近古代文化巨人”，这是一次切合学情、务实有效的有益尝试，实现了文言文专题教学的一个突破。

反思这两轮教学，我认识到，自己所追求的“专题式教学”的特色，即开展专注整个专题的自主探究性的读写实践活动，固然是一种有益的方式，但要根据专题内容的难易程度、学生的实际水平，作适当的调整和变化，也让学生尝试新的学习方式。

在北京市高中新课程改革实验中，设置选修课程成为语文课程改革最突出的特点。作为北京版教材实验区的一线教师，我参与了前两轮的选修课教学，在“专题式教学”方面进行了扎扎实实的实践和深入细致的探索，逐渐增长了一些教学经验，也对选修课程多了一份体会和领悟。其中，我对选修四的唐宋古文专题，包括《师说》（韩愈）、《种树郭橐驼传》（柳宗元）、《游褒禅山记》（王安石）、《赤壁之战》（司马光）四篇选文和一篇“泛读导引”文的两次教学印象深刻。在两轮教学中，我对这个专题，尝试了不一样的教法，呈现出不同的教学效果。下面我以两次开展唐宋古文专题教学为例，对自己的选修课专题教学进行一番梳理和反思。

一、第一次的唐宋古文专题教学

在第一轮的选修课专题教学中，我在前期的专题教学中连续尝试开展“专题式教学”，初步认识到应该把自己的专题教学定位为“开展专注整个专题的自主探究性的读写实践活动”。对于整个专题学习过程，从确立“专题”，选文探究，完成小论文，最后到展示成果的各个环节，我经过多次尝试，已经路径熟络，但是在教学细节上还不够深入、细致，尚待深入研究。因此，2009 年高三阶段的第一个学期，进入选修四的唐宋古文专题，我精心琢磨这个专题的教学环节，力求有所突破。

1. 确立“专题”

唐宋古文专题是一个文言文专题，学习难度大，但我们的专题学习比早期的诸子散文专题、辞赋与骈文专题已经上了一个台阶。专题之初，在确立“专题”环节，已经是轻车熟路，学生能够根据“泛读导引”文和自己对整个专题的兴趣点确立自己探究的“专题”。大多数学生从思想内容角度出发，探究四篇选文所折射出来的人生道理、治学之道；也有的学生从写作角度入手，探究四篇选文中使用的对比论证法、举例论证法等创作手法。学生确立的“专题”较少出现过于笼统的空泛的题目，如“唐宋古文的特点”一类。也较少出现只关注单篇选文的狭窄的题目，这表明学生关注整个专题的意识增强了，确立“专题”的能力也有了一定提高。

2. 选文探究

学生确立各自的“专题”后，就进入到选文教学阶段。我在之前的文言文专题教学中的做法比较传统，课堂教学重点依然是在单篇选文的学习中整理生字词语，梳理重点内容，等等。为了督促学生延续“专题”探究，通常要求学生课下独立完成自己的“专题”性的作业。评判学生的探究作业，我发现其中存在的比较典型的问题是“贴标签式”解读文本，也就是只按照“专题”的需要选择文本局部，对号入座地贴上“专题”的标签。这种做法，只能对文本得出简单、肤浅的认识。造成这种现象的原因是学生缺乏深入探究的意识，缺少深入解读文本的方法。面对这种现象，我认识到应该修正自己的课堂教学，应该从传统的教法转变为引导学生开展“专题”探究。

因此，进入唐宋古文专题中的选文学习阶段，我开始注重设计专题教学的课堂学习过程。我希望在课堂学习中学生的“专题”探究和选文的学习并入一条轨道，不再是两条各行其道的平行线。我把关注点放在学生课前的探究作业上，从中挑选出具有代表性的作业，在课堂上组织学生评价、修改。我是想通过课堂评价作业的环节，引导学生参照、比较、借鉴、反思，发现自己的问题，随时作出调整。但是，从实际教学上看，课堂上存在着“就作业论作业”现象，显然离预计的理想状态还存在着差距。据我观察和分析，主要是因为学生“专题”不同，他们的学习侧重点不同，对于其他专题的作业点评，引不起他们关注的兴趣和共鸣，有的学生有选择地放弃某些内容的学习。比如，确立“专题”是“人生道理”的同学，对于讲评“对比论证法”，就不予关注了。这样，通过评价作业来引导学生来深入探究文本的目标难以真正实现。对此，我也认识到自己在选修课堂组织教学上存在着一些尚待解决的问题。比如，如何在课堂教学中展开探究活动，探究活动又如何与文本学习结合起来。于是，这两个问题就成为我在以后的教学中力争有所突破的课题。

3. 论文成果

或许是对“专题式”学习驾轻就熟，也或许是选文学习阶段的教学起到了一些效果，这次，大多数学生的小论文比以往专题的论文有进步。看到学生的小论文成果，我增强了开展专题教学的信心和热情。自此，我在后面的专题教学中都能够自觉地开展

“专题式教学”，一路走了下去。

二、第二次唐宋古文专题教学

2010年我送走了新课改的第一批毕业生，继续留任高三年级，我有机会第二次进入唐宋古文专题教学。与上一轮唐宋古文专题教学相隔的这一年，我在专题教学方面有了长足的进步。我个人在市、区教研员的直接指导下，完成了一节名为《走进作品，探寻京味》的市级公开课。此次深刻的教学体验，提升了自己的专题教学能力，促进了自己对选修课专题教学的认识。进入第二轮的选修课专题教学，如何突破上一轮的教学，是我设计这次唐宋古文专题教学的一个出发点。

1. 确立“专题”

唐宋古文专题包含的韩愈、柳宗元、王安石、司马光这样的中国古代文化巨人，各个都如大海般宽阔、深广，只要学生深入探究，都会获益匪浅，受到深远的影响。进入高三，许多学生还在为缺少写作材料而苦恼。其实，唐宋古文专题就为我们提供了大量的写作素材。我认为只要引导学生走进教材，有心挖掘文章内涵，体悟作者的思想感情，就能积累下一些写作素材，写作时就不会犯愁。因此，我确定了本次教学的“专题”方向就是走近古代文化巨人，教学重点一是探究选文所折射出来的人生哲理，二是由文及人，进而探究韩愈、柳宗元、王安石、司马光的人生轨迹和思想感情。从中，积累写作素材，获得人生启迪。这样做，没有像上一轮教学那样把“专题”定位在对“整个专题”的探究上，而是引导学生在学习每一篇选文中深入探究作者，把课堂教学依次定焦在对单个人物的探究之上。在专题重点集中、探究焦点锁定的基础上，再引导学生根据自己的兴趣、需要和能力，从不同角度、不同侧面纵深开展专题探究。这次专题教学重点是对单个作者的纵深探究，这是与上一轮本专题的教法的主要区别。

2. 选文探究

在选文教学阶段，课堂集中探究一个焦点人物。这样的专题探究是通过学习一篇选文写一个作文片段联系起来的。比如，在学习王安石的《游褒禅山记》选文中，课堂教学中会选择几则对王安石的探究作业作为展示和交流的材料。前一篇是学生的习作，后者是教师的“下水”作品。

读王安石

彭 达

“你一定在路上，征尘已经飞扬。你走得越是匆忙，就越显从容坚强！你拍拍我的肩膀，追逐你的目光，我多想变得和你一样！”我心中的王安石是个顶天立地的大丈夫，他为变法，不顾众人的排挤与辱骂，依旧从容地走在前进的路上。“墙角数枝梅，凌寒独自开。遥知不是雪，为有暗香来。”他，在凌寒之间，依旧将香气留给人间，这种不屈不挠的精神是值得我们学习的。

他是坚强的，他曾为当朝宰相，曾一人之下，万人之上。曾有“不畏浮云遮望眼，自缘身在最高层”的傲气。可谁知竟被贬为庶人，郁郁之中写下了“春风又绿江南岸，明月何时照我还?”他希望被再次重用，但此生亦不失去意义，仍旷达地活着。

非凡的耐力，成就伟大的事业

北宋熙宁二年（1069），王安石在宋神宗的支持下开始推行新法，采取一系列改革措施。面对朝中以司马光为代表的保守派大臣一次又一次的诘难，王安石咬紧牙关不松口。在“天变不足畏，人言不足恤，祖宗之法不可守”信念支撑下，整整七年，为了改革，为了变法，王安石可以说是殚精竭虑、无所畏惧、不折不挠。王安石变法虽以失败告终，但是，这是封建时代最有意义的一场政治经济的大改革。王安石也被列宁称为“中国十一世纪最伟大的改革家”。

试想，如果王安石没有坚守“达则兼济天下”的宏伟志向和“三不主义”的信念，他怎能以非凡持久的耐力推动变法的进程？如果他缺乏耐力，怎会支撑起大丈夫的“勇者不惧”的浩然之气？又怎能让“不畏浮云遮望眼，自缘身在最高层”的强音在历史的长河中千载鸣响！

师生同题作文的做法，使学生乐于切磋交流、展示和评价写作成果，也促进了教师和学生的深度交流。通过对这些习作的评价和修改，学生加深了对作品和作家的深入理解，丰富、深化了对历史、社会和人生的认识。

在此基础上，为了培养学生发展个性化认识，我注意引导学生拓展学习领域，一是串联所学过的韩愈等人的诗文，引导学生进行作家专题性的鉴赏和评论。二是利用网络和图书馆等条件，让学有余力的学生阅读人物传记，研读专家学者的评论文章。比如，对于王安石，我推荐学生阅读梁启超版经典传记《王安石传》，还集中讨论学习了《独守千秋——感悟王安石》（红树林子）、《毁誉千年王安石》（王中宇）、《王安石变法》（黄仁宇）等多篇评论作品，借此开阔学生的视野，激发学生的深入思考，全面促进了学生探究王安石的深度和广度。

在这一轮的选文教学阶段，我惊喜地发现，曾在第一轮唐宋古文专题中存在的“专题”探究和选文的学习各行其道的现象有了明显的改善。我分析，主要是学生写同题的探究作业，在课堂讲评的过程中学生容易集中学习的注意力，对于课堂学习内容产生共鸣。以点评探究作业为媒介，通过讨论交流，学生开始深入文本，深化认识，进而走近作者的心灵世界，获得了更多的学习效益。这样，就有效地避免了学习重点分散、学生各自为政的问题，也就保障了“专题”探究和选文的学习并入了同一条轨道。透过这样的良性效果，我也认识到，在选修课程的专题教学中，学生对于探究“专题”会作出不同选择，教师要努力寻找到这些“专题”的交集之处，在课堂教学中应该充分利用这些交集点开展集体共商，促进学生共同进步。

3. 论文成果

学完四篇选文之后，我要求学生完成了一篇题目是《位置与价值》的作文。就是通过这样的读写结合的方式，我们就完成了本专题的学习。

应该说，本专题的教学和上一轮的教学有所不同，我没有刻意追求自主确立“专题”，而是明确了专题探究的方向，让学生有目标、有针对性地开展探究。这种务实的教学内容和要求，是在充分考虑北京版教材的专题内容的特点，以及学生的需要的基础上设定的。这种很强的针对性带来了实际效益，与上一轮的专题论文相比，本次学生的作文更显思想深度和个性创意，表明本专题的教学是切合学情、务实有效的有益尝试，这也算是对以往文言文专题教学的一个突破。

三、收获与思考

（一）对选修课专题教学的认识

1. 立足教材开展专题教学

在两轮唐宋古文专题教学中，我都把教材作为开展专题教学的出发点和落脚点。这套北京版教材没有提供可以让师生展开探究的“专题”，需要师生自己从教材中挖掘“专题”。正是充分考虑了北京版教材的特点，我确定了立足教材开展专题教学的定位。在两轮的教学实践中，我深刻地体会到，北京版教材的这种探究“专题”的“缺失”，虽然带来了教学难度，但也因缺少固有限制而为开展专题教学开阔了探究空间，也为教师拓展了立足教材开展专题教学的研究领域。因此，我对一个唐宋古文专题，尝试了两种不同的教法，收获了不一样的教学效益，在不同的尝试中获得了专题教学的突破。

立足教材开展专题教学，也表明了我对教学的务实态度。当前，一些后现代教育理念，强调多元解读、自主性解读、自由解读，这些理念有助于培养学生创新性的学习品质。但是，如果过于夸大和放纵这种性质的阅读，可能会导致游离文本、信马由缰、天马行空的低效学习。选修课本身比传统课程更具有学习的自由度，从这个意义上，教师更应该把握好“放”和“收”的分寸和尺度。出于这样的考虑，我在选修课教学中强调学生依托教材，就把学生的探究路径规引在“依据文本”之中，让学生始终行走在语文学习的轨道中。

2. “专题式教学”的尝试和反思

第一轮唐宋古文专题教学的实践，体现了我自己追求的“专题式教学”的特色，即开展专注整个专题的自主探究性的读写实践活动。基于对教材专题学习内容的把握和对“专题”的理解，我从选修课实验初期就强调“关注整个专题”，注重整体化教学。随着教学的深入，我逐步认识到仅仅“关注”是不到位的，只停留在“关注”的意识层面，“专题”探究的过程和文本学习的过程还不能融合为一体。就是这次唐宋古文选文教学阶段暴露出来的“就作业论作业”现象，使我认识到注重整体化教学应该落实在整个专题教学的全过程，在选文教学阶段尤其要追求“专题”探究与选文学习的紧密结合，使“教”促“学”，真正为学生的自主探究服务，从而达到专题教学的更好效益。这个“发现”的过程就是我在这次唐宋古文专题教学中的一项重要突破，提升了自己对专题教学的认识。

在第二轮的唐宋古文专题教学实践中，出现了这种现象：学生没有经过“专注整个专题”的“专题式”的学习，反而写出了更有个性的作文，这促使我反思自己的“专题式教学”的定位。我发现，我所追求的“开展专注整个专题的自主探究性的读写实践活动”的“专题式教学”的特色，实施起来有一定的难度，对于学生来说，未必能够“踮起脚”就能“够得着”，学习基础薄弱的学生更会面临学习的困难。我推断，可能是因为过于强调“专注整个专题”，需要学生花费大量的时间进行学习，导致一些学生情绪低落，影响了学习效果。这样的现象，也让我意识到，定的标准过高、要求过严，反而难以达到期待的效果。因此，我认识到自己创设的“开展专注整个专题的自主探究性的读写实践活动”专题教学方式，固然是一种有益的方式，但也不应该成为唯一的专题教学方式，要根据专题内容的难易程度、学生的实际水平，做适当的调整和变化，也让学生尝试新的学习方式。鉴于此，在下一轮的专题教学中，我要特别注意避免教学方法上的简单化和模式化，努力引导学生以更高更广的视角来确立“专题”，大胆迁移拓展，真正实现从鉴赏文本到探究专题的跨越。

（二）选修课程促进专业成长

新课程是教师专业发展的加速器，我切实地感受到了高中语文新课程改革对于教师自我发展的重要意义和价值。选修课程、新教材、新教法，这些都给教师过去习惯的教学观念和思维带来了明显的冲击，给教师带来了全新的挑战。经过两轮的选修课程专题教学，我深刻认识到虽然专题教学没有现成的教法可循，但教无定法，倒可以让教师摆脱传统教学的条条框框，突破传统的经验套路，打破因循守旧的思维习惯，有更多的自我发挥空间。从这个意义上说，选修课给教师带来了创新的领域和专业发展的自由空间。

新型的选修课程是一个“触媒”，触发了我的职业热忱，点燃了我的探究和科研的热情。作为一名普通的一线教师，我积极投身到了这种新型的“专题式教学”的模式的探索中，在探知

“专题”及其教学规律方面越来越深入，探究之路越走越宽。回首自己在选修课专题教学的探索之路，可以说困惑与挑战并存，思考与感悟交织，在坚持中慢慢积淀了经验，在求索中收获着欣喜和成功。从中，我实现了一定的教学的突破和专业的成长，在工作中获得了更多的职业幸福感。

（此论文获得北京市基础教育课程教材实验（高中）2012年优秀论文二等奖）

第九节 京味小说专题的文本解读及“专题”设计

北京版高中语文选修教材中的专题部分没有提出学生开展探究的“专题”，因此，开展专题教学，必须先挖掘教材“专题”资源。整个专题的学习内容，包括“泛读导引”文章、四篇选文以及相关的拓展材料。这些内容，看似纷繁复杂、无从下手，但毕竟还是有规律可循的。就如同写散文，看似形散，神却不散。而做到“神聚”，就要从中找出共同点或关联点，即找出共性的东西，这个共性的东西就是这个专题的一个纲、一条主线，找到这个纲，拎出这条主线，就可以从中把握这个专题的重点内容，从而可以确立“专题”。我认为，依据专题选文，探讨专题重点，探究共性和关联点，是确立“专题”的基本方法。

选修四专题四的“京味小说”专题包含一篇“泛读导引”文章《京味小说别开生面》和四篇京味浓郁的小说《过年》、《寻访“画儿韩”》、《云致秋行状》和《辘轳把儿胡同9号》。其中，老舍的《过年》节选自《正红旗下》，讲述的是清末一户经济拮据却颇讲礼数的旗人家庭的故事；邓友梅的《寻访“画儿韩”》

讲述的是京城文化人在新旧不同时代的人生际遇；汪曾祺的《云致秋行状》描述了梨园行小人物云致秋的艺术人生；陈建功的《辘轳把儿胡同9号》讲述的是大杂院小市民韩德来在“文化大革命”前后的荣辱。这类蕴涵“京味儿”特色的小说，都是用地道的北京话讲述发生在北京城各个阶层里的故事，生动形象地展示了北京的风俗文化和北京人的情感世界。这四篇小说序列地展现了北京城从清末到当代社会的历史面貌，体现出时代变迁对传统京城社会、文化的冲击，尽显历史风云变幻中的老京城独有的人生百味和人世苍凉。经过对整个专题内容的仔细研读和对“专题”的深入思考，我从京味小说的题材内容（包括北京人、北京话、北京的风俗文化和北京城的故事等）和小说这种体裁（创作手法、写作特色以及相关的作家作品等）两个角度着眼，依循探究共性和关联点的思路拟出一些“专题”题目。经过三轮教学实践证明，这些题目普遍具有探究价值，又易于开展后续的探究学习。现整理如下：

一、“北京人”“专题”：重温北京城的老故事，体会近百年世事沧桑和人生百味

小说以塑造人物为中心来反映社会生活，北京人就是京味小说的核心，选择确立“北京人”专题对于这个专题学习有很重要意义。既可以通过分析北京人言行举止、行事做派的特点来深入体会北京人典型性格和精神气质；也可以探寻人物命运的时代烙印，探究时代变迁对北京人的深刻影响。

俗话说，一方水土养一方人。北京是历经元、明、清的三朝古都，中华民族的历史、文化在这里留下了最深刻的印记，从古老的礼仪习俗，到传统的伦理道德，都积淀于北京人的心灵之中。在厚重的京城文化的熏陶下，北京人拥有了一些典型性格和精神气质。如人际交往中重礼节、讲规矩、要面子，比较宽容、谦和，也较豁达，能说会道，善于自我解嘲，有某种幽默感，比较重视文化素养等。在关注这些共性的同时，也应该关注本专题的四篇小说的人物特点因人而异，各有侧重。老舍小说《过年》中的旗人非常“讲究”，其中大姐夫的讲究处于“找乐子”的层面。而在邓友梅的《寻访“画儿韩”》中，“画儿韩”和甘子千的讲究已经上升到了艺术欣赏的阶段。汪曾祺在《云致秋行状》中塑造的云致秋的形象体现出厚重的京城文化熏陶出来的中庸与调和、知足常乐、富有人情味等修养和性格特点。至于陈建功的《辘轳把儿胡同9号》中的老韩头的身上更多地体现出盲目自大、虚荣、平庸等所谓“小市民”习气。可见，北京人京味儿的表现不但因人而异，还随着时代、社会的发展而有所变化，不可一概而论，而应关注北京人典型特征的时代特色及发展变化。

1. 北京人的讲究

四篇小说中不同时期、不同身份地位的北京人的共同特点就是讲究，包括讲规矩、要面子和重礼数，等等。

比如，老舍小说《过年》中的父亲对年饭的精心装饰，对过年饺子的精致要求，在孩子满月时对礼数和面子的考虑等，这些都体现出旗人的特别讲究的心理和固守规矩礼数的性格。

《寻访“画儿韩”》中“画儿韩”和甘子千对京戏的讲究表明了两人生活的品位，而那五骗钱时要请甘子千去“正阳楼”、“便宜坊”吃饭体现出来的就是好面子的特点。

《云致秋行状》中的主人公云致秋是个人际关系活跃的人物，他拜师和敬师的礼数周全既给人留下好印象，也给自己挣了面子。

《辘轳把儿胡同9号》里的赫老太本是旗人，她买了麻豆腐后的一切言行都鲜明地表现出讲究、好面子和重礼数的特点；主人公老韩头是一个很看重面子的人，他为自己在院子里的地位的失落而痛苦，为了被人“围绕”而在电影院门口倒票，这些都源于他对“面子”的虚妄追求。

讲究是北京人特有的行事做派，也是北京人拥有的典型性格和精神气质，体现出在厚重的京城文化的熏陶下北京人的修养和典型特点。

2. 北京人的理儿（道德准则、为人处世哲学）

北京人很讲“理儿”，理是北京人心中的尺度和做人的标准。

《过年》开场就提到“汉人、回民和旗人穿堂过户”，讲的就是“谁也挡不住人民互相友好”的理儿。

《寻访“画儿韩”》中“画儿韩”恼怒地说“跟他上官面去说理”，要和拿假画骗走钱的那五评评理。

《云致秋行状》中的主人公云致秋“跟着谁，傍着谁，立志甘当二路角；会几出，教几出，课徒不受一杯茶”，恪守着乐天安命、有自知之明、甘于奉献的处世哲学。他是北京解放后戏曲界第一批入党的党员，接受新事物快，对于革命道理立刻就明白了，他会说：“是这么个理儿!”在当排练科长时，有的演员送礼，他一概婉词拒绝：“哥们！咱们不兴这个!”

《辘轳把儿胡同9号》中韩德来得势时把国家大事、大道理讲得“深入浅出”，透出浅薄的见识。在发现有人高价卖电影票时，他“怒了”，骂人家“投机倒把”，要扭送到派出所去，这也显出了他讲理的一面。

可见，北京人的“理儿”就是道德准则和行为规范，是北京人为人处世哲学中的重要组成部分。

3. 北京人的人情味

《过年》节选部分，从肉铺王掌柜送一对猪蹄子开场，接着就说到汉人、回民和旗人“穿堂过户”，人民互相友好。“初一，头一个来拜年的自然是福海二哥”；在满月的时候，多甫、大舅来家里贺喜，都透出人情的味道。

《寻访“画儿韩”》中人情味很浓厚。甘子千觉得自己“蜡头”不高了，生前不把“画儿韩”找回来，死后闭不上眼。虽然这样的心态源于甘子千的忏悔，但是人情的味道也非常浓厚。当年“画儿韩”专门请客为盛世元洗羞，两人拜了把兄弟，这也为后来“画儿韩”落魄后盛世元收留和扶助他埋下了伏笔。在盛世元身上体现的侠义心肠和朋友情义令人动容。而甘子千计划把自己的存款移到“画儿韩”名下的作为，也是人性和人情的复归。

《云致秋行状》中的主人公云致秋是个在人际关系中很活跃的人物，他对谁都很好：他拜师和敬师礼数周全，他对名角尊重和帮衬，他对学徒也很爱护和帮助，他也爱老婆，他的人情味给人留下好印象，所以，死后还能让人怀念。

《辘轳把儿胡同9号》中的大杂院的人际关系最密切也最复杂。韩德来在院里风云得势时，大家围绕他奉承他，呈现的是虚假的人情，透出的是世态人心。但是在韩德来被警察调查的时候，大家的好话反而显出人心的善良。同样，对张春元，两位老太太捣乱式的好话也透出善意。

综上，北京人重情重义，情是人际往来最好的润滑剂，人情味是老北京文化中最闪光的亮点。

4. 北京人的生活艺术化特色

《过年》中多甫大姐夫“从初一到十九，他忙得几乎没法儿形容”，他逛庙会、元宵节灯会，玩得不亦乐乎。他的人生告白是“咱们旗人，别的不行，要讲吃喝玩乐，你记住吧，天下第一!”精通吃喝玩乐是这个典型的旗人败家子的讲究。

《寻访“画儿韩”》中甘子千和“画儿韩”都爱听京戏，最捧盛世元，“两人又都爱高声喊好，喊出来的风格又各异，久而久之，连唱戏的都养成了条件反射，要是一场戏下来没听见这两人喊好，下边的戏都铆不上劲!”他们的讲究上升到了艺术欣赏的境界。

《云致秋行状》中的云致秋是梨园行的演员、干部，他的生活、工作和京剧艺术紧密相关。他的扮相用粉彩，活脱是一幅

“同光十三绝”，透出他“一点小小的狂”。

《辘轳把儿胡同9号》中，那个旗人赫老太，她的炒麻豆腐的讲究，招呼左邻右舍的语言，还有作者交代的北京人吃的讲究，都透出浓浓的老北京习俗文化的味道。

四篇小说中描述的这些场景都带着浓浓的生活艺术化特色，这也表明北京人的生活受到旗人文化的深刻影响。

5. 北京的爷（北京的男人、北京的爷们、北京的大爷）

四篇作品中的主人公都是男人，男人的社会地位决定了他们的人生命运能够折射出时代的变迁和政治的风雨。北京男人最受益于厚重的北京历史文化的哺养和滋润，这四篇小说中的旗人、文化人、艺人、小市民等不同身份的角色身上体现出北京人特有的文化性格和精神气质，如重礼节、讲规矩、要面子、能说会道等。所称的北京人，其实很大成分就是指的北京男人，北京的“爷”带着京城的优越感，似乎每个男人都能成为一场大戏的主角。

6. 老北京的女人

《过年》中的姑奶奶，享有旗人家庭中的特殊尊荣。她孀居在娘家，摆谱，颐指气使，话语厉害尖刻，透出几分霸道。而另一个小姑奶奶是大姐，还是一个婆家的小媳妇，回到娘家的话“歇歇我的腿，我就念佛！”令人同情。

《辘轳把儿胡同9号》中的大杂院的女人给人留下深刻印象的一是冯寡妇，二是赫老太。冯寡妇的“敢情”是为了迎合他人，寻求与他人共鸣；而旗人赫老太的前面的卑怯和后面的体面形成对比，突出体现了时代变迁、政治风云下的北京人的不同际遇和命运。

老北京的女人位置在男人背后，她们的舞台在自己家中，在小院里。在新的社会形势下随着社会地位的提升，女人才能赢得真正的风光和体面。

7. 北京人的情感世界

四篇小说中充溢着亲情（包括父子情、父女情、母女情、姐弟情等）、友情、邻里情、同志情、师徒情……

要分辨其中的真情与假意，可以关注以下内容：《过年》中变了味的姐弟尊卑。《寻访“画儿韩”》中甘子千用貌似客观、公正的话断送了“画儿韩”的启用，而后来他的忏悔心情和寻找、赠款等行为都表现出良心的回归和美好的情感。《云致秋行状》中最重情的主人公云致秋，在“文化大革命”中也狠狠地伤了人，这表明在时代政治风云中人情力量的疲软，也反映出人性的复杂。《辘轳把儿胡同9号》中的大杂院中邻里情微妙而复杂。发生在韩德来的身上挤对人，冷嘲热讽等行为，体现出的不是老北京人与人之间温情脉脉的一面，而是在政治风云变化中京城人心灵层面的冲突与痛苦。

8. 时代变迁对北京人命运的深刻影响（小人物、大时代）

《过年》描述的是清末没落旗人家庭的困窘和分化。

《寻访“画儿韩”》中临解放时“老字号”、当铺等百业萧条，有真才实学的“画儿韩”被文物书画界清理出去。

《云致秋行状》描述了云致秋在四个历史时期的命运轨迹，他在“文化大革命”中“干了三件平生绝不会做的事”，在“文化大革命”后沦为“闲人”。

《辘轳把儿胡同9号》的老韩头在“文化大革命”中发迹，而改革开放后体验了在小院地位和精神心理的巨大落差。

这些都体现出时代变迁对传统京城社会、文化的冲击，在时代变奏曲中旧文化走向没落，也触发北京人心灵层面的眷恋与无奈、矛盾与冲突、痛苦与失落。京味小说尽显历史风云变幻中的老京城独有的人生百味和人世苍凉。

除了以上例子，还可以从人群特点确立“专题”，如：旗人、大杂院的老北京、有个性的北京人、京城小人物，等等。

从北京人典型特点确立的“专题”：北京人特有的行事做派、北京人的兴趣爱好和品味、北京人的能说会道、北京人的闲情逸致、北京人的文化味和市井味、北京人之所爱、北京人的典型性格、北京人的精神气质、北京人的规矩礼数、北京人的幽默感、北京人的讲礼儿、要面儿、会乐儿，等等。

关注社会历史、政治风云的“专题”：政治风云对北京人的深刻影响、北京人的命运轨迹，等等。

二、“北京话”“专题”：京腔京韵表不尽北京人的精气神

探究“北京话”专题，一方面可以品味京腔京韵，归纳北京话的特点，品味作品语言，感受作品的京味儿特色。另一方面可以感受北京人“说”的艺术，理解北京人独有的精神风貌。除此之外，也要关注随着时代变迁北京话的传承、变化与发展。

北京话的确京味儿十足，这种独特的京味儿来自：丰富生动的口语语汇，情感色彩浓烈的人称代词，活脱脱的歇后语、惯用语，轻快和软的儿化音，四声完备的声腔韵调，正是通过这样的语言传达出了北京话特有的亲热、鲜活、明快、爽脆、圆熟、风趣、幽默等的“京味儿”。京味小说中随处可见北京人以“说”找乐，北京俗称“逗闷子”、逗贫，说话真良儿。以“逗”为乐，体现出北京人的一种生活的艺术。北京人特别能说会道，北京人的语言趣味最得说话艺术的精神，透着浓浓的京味儿。由此可见，从京味小说的视角看北京话，它真是一座文化积淀深厚的宝藏！

1. 北京人的“逗闷子”

幽默感源于对外界的深入了解和体察：《过年》中二姐注意到“火山即将爆发”，这是对爱发脾气的姑母的情绪的预测。“赌铁蚕豆”从表面上表现父亲的幽默风趣，而从实质上体现出姐弟间的尊卑。

自嘲有幽默效果：《寻访“画儿韩”》中那五玩世不恭地一笑，向上拱拱手说：“韩爷，我开眼了，二百多块利钱换了点见识，不算白花！”

而冷嘲热讽就更见讽刺力量：“画儿韩”哈哈笑道：“画儿是你拿来的，如今你又拿了回去，来回跑挺费鞋的，这几个钱你拿去买双鞋穿，告诉你那位坐帐的！”说到这儿，“画儿韩”扫了一眼目瞪口呆、满脸窘相的甘子千，“就这点本事也上我这儿来打苍蝇吃吗？”

笑声有时是“苦味的嘲谑”：《云致秋行状》中所描写的“文化大革命”中云致秋引发批斗会“笑场”那一段可看出这个特色。

幽默引发喜剧效果：《辘轳把儿胡同9号》中韩德来和毛主席握手回来那次，愣一天一宿没洗手啊……西屋的冯寡妇也跑过来，抓着韩德来的手一个劲儿摩挲。而韩德来的浅薄无知的见解也有喜剧效果：“俱乐部吗，顶多是拱个猪，敲敲三家儿呗……《雷雨》破鞋满天飞！”

2. 京腔京韵的北京话

四篇小说中，北京人使用的语言是地道的北京话。

（1）北京特有的方言土语“敢情”、“家伙”、“但分”之类的词语，具有地域特色。

（2）语气词的使用，使语言极具表现力。比如“掏钱呗您哪！家伙！”

（3）修辞的恰切使用，使语言生动活泼。比如“我的老儿子会叫你给骂化了！”

（4）儿化音是最具代表性的京腔京韵。

京味语言让京味小说拥有了平民气、市井气、风俗味、人情味；既有鲜明的地域特色，也符合人物的身份地位和职业特征；既表现出北京人说的艺术，也暗含了北京人说话找乐子的心态。

另外，关注北京话的“专题”，如：北京人的“说”的艺术、“京白片子”北京口语的特点、从北京话的儿化音品味京腔京韵、从北京的方言土话看北京话的特点、从北京话看北京的文化、北京的俏皮话、北京话的发展变化，等等。

关注作品语言的“专题”：小说中的京味醇厚的北京话、京味语言的审美价值，等等。

三、“北京风俗文化”“专题”：感受京城文化神韵，融聚北京情结

四篇小说的故事发生的场景，都是带有鲜明北京符号的各类场所——北京城的四合院和大杂院、老字号和梨园，乃至各具特色的古城墙、小酒铺、庙会、公园、河沿……这些地方无不浸透着一种独特的京味儿。北京的风土习俗和北京人的精神气质、行事做派展现出北京的生活风俗画卷，能够激发令人温暖而又亲切的北京情结。

1. 北京人的生活环境和日常场景

在《寻访“画儿韩”》中，从人物身份和活动场景上看，作品表现的是传统的商业活动场景——“老字号”。老字号的格局和风貌，其间体现出来的日常生活风情、人际关系和相关的行话行规，是北京民俗文化的一个重要组成部分。

《云致秋行状》中的北京文化特色体现在梨园行——京味最浓又具有特殊风习的圈子。作者说过“梨园行是北京的一个重要的组成部分。可以说没有梨园行就没有北京，也没有京味”。此篇小说描绘了一些梨园行特有的情景，比如，师傅死了，云致秋“披麻戴孝，致礼尽哀”，这是师徒如父子，尊师重道的行规。剧团里“鱼龙混杂”、“拿糖”、“吊腰子”、“喊喊喳喳”，显出人际关系的复杂和整体文化素质原本不高。梨园行也有自己特殊的语言，比如“外行”、“挎刀”、“拿顶”等。

《辘轳把儿胡同9号》中，作者交代“北京有两条辘轳把儿胡同。一条在西城，一条在南城。我说的，是南城的”。老辈的北京人都知道“西城富，东城贵，穷崇文，破宣武”的说法，南城的辘轳把儿胡同9号是老北京的大杂院。院子首先门脸就不漂亮，连块上马石都没有；这里没有四合院讲究的“牵儿携女”格局，而发展成了拥挤的“搂儿抱女”。辘轳把儿胡同9号这个典型的老北京的大杂院处处洋溢着老北京的生活气息。里面的主人都是北京城中最平凡、最普通的老百姓，他们各个都带有鲜明的京式色彩。首先是韩德来，他的语言、他的行事风格都处处表现出他是一个老北京人。他喜欢每天晚饭后拿着小板凳儿在院里和街坊邻居聊天，讲点儿新鲜事儿；也会带着老北京人的一种刻薄劲儿挖苦自己的对头；还有他讲话时的动作表情语言“这时候，往往探着身子，轻轻地，好像故意压低了声儿，来一句‘家伙!’然后，抿口茶，连述带评，眉飞色舞”。一句“家伙”透出老北京人的侃劲儿，抿口茶也透着老北京人的滋润劲儿。老韩头的那两句戏词也是北京人都会的口儿。而赫老太买回“麻豆腐”之后，街坊邻居前来捧场，嘴里吃着还要夸着，这都是老辈北京人的做派。

北京由于其特殊的历史文化和地域文化，不光在言语上自成一套，生活习惯和待人接物也有着自己的风俗，带有浓厚的北京特色。

2. 旗人文化

老舍曾说过“二百多年积下的历史尘垢，使一般的旗人既忘了自遣，也忘了自励。我们创造了一种独具一格的生活方式：有钱的真讲究，没钱的穷讲究，生命就这么沉浮在有讲究的一汪死水里……是呀，以大姐的公公来说吧，他为官如何，和会不会冲锋陷阵，倒似乎都是次要的。他和他的亲友仿佛一致认为他应当食王禄，唱快书，和养四只靛颏儿。同样的，大姐丈不仅满意他的‘满天飞元宝’，而且情愿随时为一只鸽子而牺牲了自己……是，他们老爷们儿俩都有聪明、能力、细心，但都用在从微不足道的事物中得到享受与刺激。他们在蛐蛐罐子、鸽铃、干炸丸子……等等上提高了文化，可是对于天下大事一无所知，他们的一生像作着个细巧的、明白而又有点糊涂的梦”。

《过年》中，父亲和多甫所代表的两类旗人，是当时清末社会旗人分化出的两类代表。一是随遇而安，拮据度日的顺民；一是不能自食其力，却追求吃喝玩乐的败家子。生活穷困的现实让“善良而全无用处”的父亲只能把“讲究”放在很守老规矩上。他精心准备请神的年饭，包素馅饺子，守岁，“叫油灯、小铁炉、佛前的香火，都通宵不断”，“拿起黄历，看清楚财神、喜神的方位，以便明白清早出了屋门便面对着他们走”。他将生活的希望寄托在这新年虔诚的企盼中。因为穷不能给孩子办满月，父亲不能风风光光地办满月，已经失了礼数和面子，但还要顾及面子，不能缺礼儿，这些既体现了父亲的困窘，也表现出旗人的特别讲究的心理和固守规矩礼数的性格。而小说中的“大姐夫”尽管是寅吃卯粮，甚至典押房契，仍然“玩”得酣畅淋漓，他的宣言是“咱们旗人，别的不行，要讲吃喝玩乐，你记住吧，天下第一！”这在当时大清日颓的社会背景下，像多甫这样以自食其力为耻的败家子来讲也不足为怪了。

坦白地说，论文化教养和学问素质，清末旗人的文化水平比较高。他们缺乏谋生技能或命运坎坷不是个人智能、品行、性格造成的，而是因为从老皇上赏赐特权那天起就断了他们日后的生存之路。天下没有不换的朝代，也没有永存的特权！从一个京城平民的命运，一个八旗世家的兴衰，折射出中国历史的发展、社会生活的变动，其中寄托着老舍对旗人文化的反思和对清代制度的讽刺与批判。

另外，北京风俗文化“专题”：北京旧风俗、老北京人的生活方式、老北京城的印象、北京城的变化、京味儿民俗特色，等等。

四、小说体裁类“专题”

1. 四篇京味小说作品的主题思想

《过年》寄托着老舍对旗人文化的反思和对清代制度的讽刺与批判。老舍从清代腐朽的八旗制度上，揭示了这些旗人过着醉生梦死生活的根源。“他们老爷俩到时候就领银子，终年都有老米吃，干么注意天有多么高，地有多么厚呢？生活的意义，在他们父子看来，就是每天要玩耍，玩得细致，考究，入迷。”“铁杆庄稼”这种制度造成了一代又一代旗人生活能力和自信心的丧失，也就断了他们日后的生存发展之路。

《寻访“画儿韩”》中甘子千和“画儿韩”的命运纠结，表明任何一个人都是生活在大的时代背景下的，不可能逃脱时代对人的影响。邓友梅说：“有时候你并非出于恶心，一时的差错很可能伤害对方，对你来说是一世的后悔，对对方来说是一生的灾难，当然，这种灾难可能不是因为个人的原因造成的，而是在一个大的历史背景下产生的，但是在这个历史背景下产生这样的灾难，换成另一个历史背景可能产生另一种灾难。”（《邓友梅访谈录》）

汪曾祺说，他写《云致秋行状》是想表达“对命运的无可奈何转化出一种带有苦味的嘲谑”的情感。在不同的历史时期里，尤其是小人物，无时无刻不在时代的旋涡中打转。作为时代风云这个棋盘上的一粒棋子，是无法决定下一步走向何方，因为有一只无形的手操纵着你，而面对这种命运的无可奈何，只余“苦味的嘲谑”而已。仅从小说写“文化大革命”中云致秋引发批斗会“笑场”那一段就可看出这个特色。虽然如此，但云致秋绝不是悲剧人物。汪曾祺说：“人类是有希望的，中国是会好起来的。

我自觉地想要对读者产生一点影响的，也正是这点朴素的信念。我的作品不是悲剧。我的作品缺乏崇高的、悲壮的美。我所追求的不是深刻，而是和谐。”（《<汪曾祺自选集>自序》）

《辘轳把儿胡同 9 号》中这个典型的老北京大杂院中的韩德来，本是个锅炉工，特殊历史环境的政治潮流，把他推上了政治舞台，成了 9 号院里的大红人。随着政治潮流的波荡，他又被打回了原位。为了找回往昔的虚荣感，他去倒腾电影票，结果进了派出所。作者陈建功在《四合院的悲戚与文化的可能性》的演讲中说：作为传统北京文化形象喻体的“四合院”在现代文明的冲击下已经无可奈何地走向瓦解与衰亡，也引发了更内在的危机，“人们的心理空间所受到的驱赶和挤压”，比起生活方式在物质层面的诸多改变，心灵层面的痛苦与冲突自然更加沉重与深刻。

2. 京味作家与京味小说

作家们在北京地域文学建设中的一切优秀成果，包括京都色彩鲜明的题材特征，历史积淀深厚的文化底蕴，京腔京韵浓郁的文学语言，以及文人情致与市民趣味有机结合的审美品味等，这一切的总根都是深植于北京这块热土之中的。

老舍作为京味小说开山鼻祖的一切内外因素，也都是与生他、养他、培育他的北京血肉不可分地联系着的。他在追述自己的创作道路时曾这样说过，“北平是我的老家，一想起这两个字就立刻有几百尺的‘故都景象’在心中开映”。“我生在北平，那里的人、事、风景、味道，和卖酸梅汤、杏儿茶的声音，我全都熟悉。一闭眼我的北平就完整的、像一张彩色鲜明的图画浮立在我的心中。我敢放胆描写它。它是条清溪，我每一探手，就摸上条活泼泼的鱼儿来。”（《三年写作自述》）可以看出，作为作家的老舍心中不仅像常人一样始终怀着深深的乡情，而且还深蕴着一个永恒的“北京情结”。这“北京情结”正是京味儿的生命之源。

曾经热播的一部由同名小说改编的电视剧《奋斗》，主要讲述的是几个北京孩子闯荡社会，为理想而打拼的故事。对话全部为北京人擅长的“斗嘴”，体现出“新京味”的特色。这部分京味小说的“新”体现在文学风格的独特上，代表作有刘绍棠的《蒲柳人家》和霍达的《穆斯林的葬礼》。

以下是从创作手法入手确立的“专题”：京味小说的日用人伦特点（专注日常的社会生活，突出为人处世）、精彩的京城故事、细节描写刻画人物、情节的艺术（情节的高潮、波折、意外结局等）、社会文化环境与人物性格、典型环境中的典型性格、京味小说中的人物描写（可分为对话描写、言行描写、肖像描写、神态描写、心理描写等具体“专题”）、京味小说中的情感抒发方式、悲剧？喜剧？等。

写作特色的“专题”：京味小说的语言风格、北京人的个性表现、京味小说中打动人的情感力量、京味小说中的讽刺与幽默、京味小说中的讽刺与批判，等等。

作家作品的“专题”：京味作家与京味小说、老舍研究、新时期的京味小说，等等。

综上，走进作品，探寻京味儿，京味小说带给我们的内涵是丰富而深刻的。在这里的一篇篇小说中，我们既可以着重品味北京话，了解京腔京韵表不尽的北京人精气神；也可以追随作品中的北京人重温发生在北京城的老故事，体会近百年世事沧桑和人生百味；更可以重点探讨北京风俗文化，感受北京城文化神韵。从这些文学作品中我们可以吸取北京人的精神财富——一方面恪守自己的生存法则，一方面心怀美好的人生愿望。在这人生苍凉中，于生存的艰难前保留一份勇气，于生活的苦难中保留一份尊严。

在我看来，解读“京味小说”，就是解读我们赖以生存的这座城市，其实也就是解读我们自己——寻找我们的文化基因，塑造一个新的北京人。

第十节 一个学生的专题学习追踪

2010年9月，参与北京市新课程实验的第二批学生进入高三年级，新学期的教学是从选修教材模块四开始的。继唐宋古文教学后，就进入了京味小说专题的教学。本文所记述的就是一个学生在京味小说专题的学习情况。

我所接任的是普通理科班，在进入高三年级之前，这些学生已经完成了三个模块六个专题的学习。他们有“专题式”学习的经验，他们能够从教师推荐的专题中选择确立“专题”，也能够在专题选文学习后，完成一篇小论文。但是，他们没有自主确立“专题”的体验，而且在选文学习阶段，也没有体验过在“专题”导向下探究选文的过程。可以说，这些学生在以往的专题学习中缺少的是自主性的探究活动。为了帮助学生在原有基础上有所突破，在京味小说专题教学中，我注重引导学生自主确立“专题”，并且在“专题”导向下开展选文学习，引导学生在整个专题学习中体验“专题式”自主探究的过程。因此，本轮“京味小说”专题教学目标及整体设计如下：以本专题的四篇京味小说为重点，开展专注整个专题的自主探究性的读写实践活动。引导学生在关注整个专题内容的基础上自主确立专题学习的专题，选择自己感兴趣的角度展开探究学习，使学生的自主选择成为他们整个专题学习的重点，贯穿于整个专题的学习过程。引导学生通过体验这个专题探究性的读写活动，强化专题意识，培养独立自主的探究能力，培养审美能力、艺术趣味和欣赏个性，促进可持续发展。

高三（6）班的范雅丽同学有发送电子邮件交作业的习惯，她的学习过程便于记录和总结，因此，选择她作为追踪对象。描述她的专题学习进展情况能够客观地记录整个专题的“教”与“学”，从中可以了解到学生在每一环节的具体的成果，以及遇到的困难和容易出现的问题。同时，也能观察教师开展“专题式”教学的情况，以及帮助学生克服困难、解决问题的途径和方法。通过对学生个案的描述和总结，教师也能够促进教学的反思，加深对“专题式”教学的规律性的认识和把握。

一、确立专题阶段

在专题的总体设计中，确立“专题”处在专题学习的起始阶段。本阶段的任务是通过阅读“泛读导引”文和自主阅读小说篇目，并结合自己对“京味小说”的认识，根据自己的兴趣点尝试拟定专题学习的“专题”。在此基础上，通过师生讨论交流，提炼优化“专题”，确立最适合自己展开研究的“专题”。

如何指导学生自主确立“专题”，是摆在教师面前的重要课题。经过不断探索和总结，我逐渐形成了自己的一套思路和方法。一是提炼出确立“专题”的“三原则”和“六方法”。三原则，即遵循趣味性、合理性和可行性的原则。六方法，即发掘语文兴趣，探讨专题重点，依据专题选文，探究共性、关联，切入提升适当，表述明确精练。借助其中的“兴趣点”、“语文特点”、“专题重点”、“共性和关联点”、“切入点”、“提升点”等要点来帮助学生理解“专题”标准，理清开发“专题”的思路，使学生学会自主确立“专题”。二是精心设计一系列的导学案，为学生铺设了一条寻求“主动发现”之路。

自主确立“专题”，不可能一蹴而就，而是一个系统的语文学习过程，一般要经历“定向”、“拟定”、“确立”等阶段才能完成。专题学习之初，教师要引导学生认真研读专题的“泛读导引”文章，从中寻找自己感兴趣的内容，寻求发现适合自己开展专题探究的角度和方向。进入“京味小说”专题学习，阅读薛川东、吴士增撰写的“泛读导引”文章《京味小说别开生面》，在这个学习环节，范雅丽最感兴趣的是“北京人”，她初步确定了自己专题探究的方向。

在文本阅读的初始阶段，很多学生会将单篇选文看成是独立的作品，而我设计“你从中找到四篇选文的共性和关联点了吗?”这个问题主要就是为了强化学生关注整个专题的学习意识，使学生始终走在专题学习的轨道中。当然，仅凭阅读一篇“泛读导引”文是难以完成这种“发现”的，接下来还要引导学生带着这个疑问开始自读“京味小说”专题的四篇选文。这个教学环节要达到的目标是熟悉文本，把握四篇选文内容。为了落实阅读效果，我设计了四篇选文的导学案，学生可以侧重自己感兴趣的探究方向，有选择地完成一些问题。经过对四篇选文的感受、理解，深入思考，学生对整个专题的学习内容有了初步的整体理解和把握。接下来，我引导学生梳理和整合四篇选文的共性或关联点，整合出一些结论，如①京味作家，②北京城的历史变迁，③北京人的命运轨迹；政治风云、时代变迁对北京人的深刻影响，④京味语言特色等。这样，学生对整个专题的认识就能够从单篇选文聚合到整体，上升到了理性认识层面。此时，学生就可以凭借这些认识完成初拟“专题”的突破。

通过范雅丽的学案（见下表），可以了解到她在自读四篇选文后的多样化的兴趣点，分别是“旗人的生活艺术化特点”、“画儿韩的命运”、“云致秋的为人处世”、“老北京的大杂院中的老韩头”等，诸多的兴趣点让她一时难以取舍。而当她能够理解和把握专题选文的共性和关联点之后，她判定自己的最初的选择“北京人的特点”符合专题的共性和关联点，于是她确立自己的“专题”是“北京人的特点”。

京味小说	作者	故事发生的历史时期	故事内容要点	写作特色	我（学生）的兴趣点
《过年》					旗人的生活艺术化特点
《寻访“画儿韩”》					画儿韩的命运
《云致秋行状》					云致秋的为人处世
《辘轳把儿胡同9号》					老北京的大杂院中的老韩头
四篇选文的共性或关联点	①京味作家	②北京城的历史变迁	③北京人的命运轨迹，政治风云、时代变迁对北京人的深刻影响	④京味语言特色	※※※ 北京人的特点
初步拟定专题	北京人的特点				

二、选文学习阶段

本阶段的学习任务是就学生选择专题的内容，逐篇选文开展探究学习。首先，学生在“专题”的导向下独立自主探究专题选文，写出探究心得。在初步探究的基础上，就学生选择的专题内容开展课堂讨论交流，分享探究的成果，讨论解决学习中的疑难，深入探讨各自选择的学习内容。通过逐篇选文的专题探讨来感受北京人物形象，品味北京语言特色，领悟作品的丰富内涵和深刻思想，体会京味小说的艺术魅力。

在第一篇选文《过年》的学习中，范雅丽在“北京人的特点”专题的导向下独立自主探究专题选文，写出了探究作业：

好讲究的北京人

从老舍先生的《过年》中可以看到，老北京人过年的时候是要准备年货的，在他们看来，供奉神灵是很必要的。文中写到：“父亲没有买什么年货，主要的原因是没有钱。他可是没有忽略了神佛，不但请了财神与灶王的纸像……咱们吃什么不吃什么的都不要紧，可不能委屈了神佛！”可见供奉神佛在当时是多么的重要，就算自己吃得不好，也不能忽略了神佛，还要给神佛上供，祈求新的一年能顺顺利利的。从父亲的表现中，看出了北京穷人的穷讲究。

而大姐夫的讲究让我们看到了另类的富讲究。多甫来拜年时曾说，他逛遍了所有庙会。用铜钱打老道；敲老猪脊背；买风筝和山里红；在大钟寺喝豆汁；抓了彩……等等这些，难怪他脸瘦了些。而后他又自信地说：“咱们旗人，别的不行，要讲吃喝玩乐，你记住吧，天下第一！”最后把自己的房契都典当出去了，可见其为了享受，毫无顾忌的心理。而在当时大清日颓的社会背景下，像多甫这样以自食其力为耻的败家子来讲也不足为怪了。老舍先生通过刻画父亲和大姐夫这样的旗人批评清末社会：“有钱的真讲究，没钱的穷讲究，生命就这么沉浮在有讲究的一汪死水里。”

这则探究作业抓住了老舍的“有钱的真讲究，没钱的穷讲究”这个观点来认识清末旗人的特点，说明范雅丽认真阅读了选文的辅助材料，理解了老舍对清末社会的剖析和批判。她能够围绕“北京人的特点”专题，通过阅读选文和辅助材料，认真思考，认识到旗人“好讲究”的特点。并且在表述自己的观点时，能够恰当地摘录信息来论证，还能引用文本内容来分析，展现了自主探究的学习成果。我认为这是较高质量的探究作业。在接下来的课堂学习中，我选择了另一则质量稍差的“北京人”专题的作业作为范例，供大家评价和修改。相信范雅丽能够触类旁通，举一反三，加深对文本的解读和对“北京人”专题的认识。

进入第二篇选文《寻访“画儿韩”》的学习，范雅丽交上这篇探究作业：

北京人的特点

从这篇《寻访“画儿韩”》中，能体会到北京人在交往中，可能因为某个原因伤害了对你很亲的人或者是普通的朋友。就像邓友梅曾说过的那样：“有时候你并非出自恶心，一时的差错很可能伤害对方，对你来说是一世的后悔，对对方来说是一生的灾难。当然，这种灾难可能不是因为个人的原因造成的，而是在一个大的历史背景下产生的，但是在这个历史背景下产生这样的灾难，换成另一个历史背景可能产生另一种灾难。”

甘子千和“画儿韩”因为一幅假画而产生了隔阂。新中国成立后，政府想让“画儿韩”来工作，听取甘子千的意见时，他先以“不熟，要调查一下”为借口，后来又说出了“这人做假画出身”，最后虽然说“我水平低，看问题没把握”，但是，他的这些话无疑让领导不敢用“画儿韩”了。甘子千虽然不是成心想置“画儿韩”于死地，但是就是因为他一时的差错，使“画儿韩”的日子变成了最低一级老百姓的生活，到后来都不能维持自己的生活。可见，一句话可以帮人一把，也可以毁人一生。

可能，现在我们这个圈子里的朋友，不会有这种人。但是，我们在与朋友交往中仍会出现一些问题，这时就要“三思而后行”，不要因为一时的差错而伤害了朋友。

这篇探究作业，有点游离“北京人的特点”专题。她的注意力更多地倾向于“画儿韩”的命运，她认为是因为甘子千的一句话造成了“画儿韩”的悲剧，而没有认识到“历史背景下产生这样的灾难”的作品内涵。我对她进行了个别辅导，我向她指出了这些问题，她很快就认识到了应该围绕“专题”而探究北京人的特点。她认识到：甘子千和“画儿韩”对京剧的热爱，表明两人的讲究已经上升到了艺术欣赏的阶段。

进入第三篇选文《云致秋行状》的学习，范雅丽上交了下面这篇探究作业：

北京人的特点

读了汪曾祺先生的《云致秋行状》，让我看到了北京人的另一面——为人热情和重情义。

云致秋是个善于帮衬主角的京剧演员——甘当二路角的性格，能把主角“傍”得舒舒服服，台上“救场如救火”，台下“人缘好”，从不掺和杂乱纷争，对于挑班更是一笑置之，这一切全是云致秋自己做事做出来的，给人的感觉就是一个“老好人”。侧面也说明了他的聪敏过人，不得罪别人，为人热情。

然而面对恩师，他又是个重情义的男人。余先生病故后，云致秋“出钱买了口好棺材，披麻戴孝，致礼尽哀”，这一切，又看出了云致秋重情义的一面。而在云致秋死后，要给他开追悼会，几个老战友说“去，一定去！别人的追悼会可以不去，致秋的追悼会一定得去”，可见致秋生前对他身边的朋友是有影响的。

文章结尾写到“一个人死了，还会有人想起他，就算不错了”，也表达了作者对云致秋深切的怀念和由衷的敬意。

这篇探究作业能够围绕“北京人的特点”专题进行自主探究，但是对人物认识不够全面、深入。在学生探究作业中普遍存在这种现象，就是用一种类似于“贴标签”的方法来解读文本，按照“专题”的需要选择文本局部来分析，其余文本内容就舍弃了。其实，这样肤浅地解读文本，原因在于学生缺乏深入探究的意识，缺少整体把握文本的方法。

在课堂学习中，我选择范雅丽同学的这篇作业作为例子，组织学生进行深入讨论。首先，引导学生从北京人言行举止、行事做派的特点看北京人典型性格和精神气质。结合范雅丽的认识“云致秋甘当二路角的性格”，请同学深入文本，朗读第七、九段，分析谙于人情世故的云致秋自己不挑班的原因。经过讨论交流，学生的认识很快突破了“老好人”、“为人热情”等认识，进而认识到汪曾祺塑造的云致秋的身上体现出厚重的京城文化熏陶出来的中庸与调和、知足常乐、富有人情味等修养和性格特点。这样，对北京人的典型特点的认识就更深入了。

接下来，引导学生进一步关注人物命运的时代烙印。通过分析思考“‘文化大革命’时云致秋做了哪三件事？这跟他后来成为闲人有什么直接关系？你从中领悟出什么？”这些问题，引导学生深入思考时代变迁对北京人的深刻影响。学生透过云致秋的命运轨迹不难领悟到小人物与大时代的关系。在这个认识基础上，也就能够理解汪曾祺写《云致秋行状》所想表达的“对命运的无可奈何转化出一种带有苦味的嘲谑”的情感。这样，对作品的思想内涵的认识就更深刻了。

这样的课堂教学过程是紧扣教材与“专题”而开展的文本对话活动，既让像范雅丽一样确立“北京人”这类“专题”的学生有所收益，也带动了其他学生对文本的深入理解。这节课的学习，以点带面，促进了文本的深入解读。学生们理解和掌握了依文研题、“深入”探究的途径和方法，才能走出“贴标签式”学习的误区。

进入第四篇选文《辘轳把儿胡同9号》的学习，范雅丽同学上交了下面这篇探究作业：

北京人的特点

这篇文章中，让我感受到了北京人不好的一面——势利。

韩德来因为和毛主席握了手，冯寡妇就“抓着韩德来的手一个劲儿摩挲”，只要韩德来要说说什么，冯寡妇就拿着手里的活计凑过去听他开聊，又肯定瞅准了话茬儿，时不时来一句“敢情”。是韩老头儿说，冯寡妇和。可到后来呢？冯寡妇“今儿上赫家，明儿上王家的”，就是不再接韩德来的话——“敢情”。

王家因为有宫里的玩意，“整个胡同的老太太都来串门”更是能体现北京人的势利。家穷的时候，没有人愿意上他家，就因为两个玩意，让他家热闹起来。

要我说，人与人之间更应该注重的是情感，而不是利益上的东西，这样，人生活得才会更充实。

这则探究作业把大杂院中的世态人心简单地归纳成“势利”，表现出对文本的肤浅解读。可见，范雅丽同学依然沿袭“贴标签式”解读文本的惯性，还没有真正学会深入探究“专题”的方法。这节课再次选择范雅丽的探究作业作为范例，组织学生评价、辨析、修改。希望学生学会运用深入解读文本的方法，并且通过对这篇选文的学习进而深化对“北京人”“专题”的探究。

课堂学习是从探究冯寡妇形象开始的，在朗读有关冯寡妇的精彩片段之后，引导学生展开具体分析。通过分析冯寡妇和大杂院里其他人物的为人处世，学生能够认识到下层市民的许多弱质、缺陷，如自私、狭窄、虚荣、平庸、势利等，也能认识到他们保持着劳动人民的一些朴素美德，如勤劳、善良、宽厚、克己等，这样，对“小市民”习气有了更为全面的认识。通过这个学习环节，引导学生从大杂院里的人们的言行举止、行事做派的特点看出北京人的一些典型性格和精神气质，也使学生深入认识到，北京人的市井味和文化味是互相渗透，融会一气的，共同熔铸成北京人的精神气质。

接下来，引导学生进一步思考时代变迁对北京人的深刻影响。组织学生讨论“老韩头在‘文化大革命’中是如何风光的，在‘文化大革命’后有怎样的失落？除了个性原因外，还有什么深层的社会原因？”这些问题，学生能够认识到老韩头在“文化大革命”中发迹，而改革开放后他体验了在小院地位和精神心理的巨大落差。老韩头的变化可以体现出时代变迁触发北京人心灵层面的眷恋与无奈、矛盾与冲突、痛苦与失落。经过这样的课堂学习，学生才真正走进了辘轳把儿胡同9号，走进了大杂院人们的情感和心灵世界，体会到世事沧桑和人生百味。经过这样的课堂学习，大多数学生能像范雅丽一样，不仅发现了自己探究过程中的偏差，也在实践中学习运用深入探究的方法，提升了阅读和写作的能力，增强了探究的能力。

三、完成小论文

在四篇选文教学之后，接下来进行小论文的写作阶段。学生确立的“专题”和已经完成的四篇探究作业为写作奠定了基础。

这是范雅丽小论文初稿：

北京人的特点

北京人的特点有很多，而在本专题学的三篇文章中，我看到了北京人的三大标志性特点。

（一）好讲究的北京人

“有钱的真讲究，没钱的穷讲究，生命就这么沉浮在有讲究的一汪死水里。”老舍先生的《过年》中的这户经济拮据的家庭，在过年时，虽然家里没钱，不买什么年货，但还要给神佛上供，祈求新的一年能顺顺利利的。从父亲的表现中，看出了北京穷人的穷讲究。而大姐夫的讲究让我们看到了富人的富讲究。“玩鹞子、胡伯喇、养鸽子”，从古玩摊子上收几件“鸽铃”。富人富讲究，穷人穷讲究，艺人们也有他们的讲究。《寻访“画儿韩”》中，甘子千和“画儿韩”对京剧的喜欢那是相当的，从“爱听”、“专听”、“最捧”、“天天”这几个词中，不难看出两人的讲究已经上升到了艺术欣赏的阶段。

（二）北京人的交往

《寻访“画儿韩”》中，甘子千和“画儿韩”因为一幅假画而产生了隔阂。新中国成立，政府想让“画儿韩”来工作，想听取甘子千的意见时，他先以“不熟，要调查一下”为借口，后来又说“这人做假画出身”，“我水平低，看问题没把握”。这些话无疑让领导不敢用“画儿韩”。甘子千虽然不是成心想置“画儿韩”于死地，但是就是因为他一时的差错，使“画儿韩”的日子变成了最低一级老百姓的生活，到后来都不能维持自己的生活。可见，一句话可以帮人一把，也可以毁人一生。在交往中，可能因为某个原因伤害了对你很亲的人或者是普通的朋友。就像邓友梅曾说过的那样：“有时候你并非出自恶心，一时的差错很可能伤害对方，对你来说是一世的后悔，对对方来说是一生的灾难。当然，这种灾难可能不是因为个人的原因造成的，而是在一个大的历史背景下产生的，但是在这个历史背景下产生这样的灾难，换成另一个历史背景可能产生另一种灾难。”可能在现在我们这个圈子里的朋友，不会有这种人。但是，我们在与朋友交往中仍会出现一些问题，这时就要“三思而后行”。不要因为一时的差错而伤害了朋友。

（三）热情的北京人

在汪曾祺先生的《云致秋行状》中，我看到了北京人的另一面——为人热情和重情义。云致秋是个善于帮衬主角的京剧演员——甘当二路角的性格，能把主角“傍”得舒舒服服，台上“救场如救火”，台下“人缘好”，从不掺和杂乱纷争，对于挑班更是一笑置之，这一切全是云致秋自己做事做出来的，给人的感觉就是一个“老好人”。侧面也说明了他的聪敏过人，不得罪别人，为人热情。然而面对恩师，他又是个重情义的男人。余先生病故后，云致秋“出钱买了口好棺材，披麻戴孝，致礼尽哀”，这一切，又看出了云致秋重情义的一面。而在云致秋死后，要给他开追悼会，几个老战友说“去，一定去！别人的追悼会可以不去，致秋的追悼会一定得去”，可见致秋生前对他身边的朋友是有影响的。而文章结尾写到“一个人死了，还会有人想起他，就算不错了”，也表达了作者对云致秋深切的怀念和由衷的敬意。

北京人的特点实在是太多了，豪爽、爱面子、有人情味、有生活情趣、特别的行事做派……京味小说向我们展示了一幅又一幅北京人的肖像。

这篇小论文是在四篇探究作业的基础上组合起来的，有论文的形式和结构，但是，还存在一些问题，比如“北京人的交往”部分明显就是简单地粘贴了探究作业，作业的内容也不能支撑观点。不能围绕论文的中心选取材料，这种现象在其他同学的论文中也普遍存在。从表面上看，是学生不会合理利用探究作业材料，其实，更深层的原因是学生没有对整个专题学习内容进行整合。因此，我在论文讲评课中注重引导学生在自己“专题”的导向下对四篇选文进行比较、概括、归纳，促使学生从相对的高度、深度、广度重新审视“专题”。经过这样的学习，学生能够获得一些新的收获，从而深化、丰厚了学习成果。在这个基础上，范雅丽修改了自己的小论文，较为完满地完成了本专题的学习。

这是范雅丽的小论文修改稿：

北京人的特点

北京人的特点有很多，而在本专题学的三篇文章中，我看到了北京人的三大标志性特点。

（一）好讲究的北京人

“有钱的真讲究，没钱的穷讲究，生命就这么沉浮在有讲究的一汪死水里。”老舍先生的《过年》中的这户经济拮据的家庭，在过年时，虽然家里没钱，不买什么年货，但还要给神佛上供，祈求新的一年能顺顺利利的。从父亲的表现中，看出了北京穷人的穷讲究。而大姐夫的讲究让我们看到了另类的富讲究。多甫来拜年时曾说，他逛遍了所有庙会：用铜钱打老道；敲老猪脊背；买风筝和山里红；在大钟寺喝豆汁；抓了彩……等等这些，难怪他脸瘦了些。而后他又自信地说：“咱们旗人，别的不行，要讲吃喝玩乐，你记住吧，天下第一！”最后把自己的房契都典当出去了，可见其为了享受，毫无顾忌的心理。而在当时大清日颓的社会背景下，像多甫这样以自食其力为耻的败家子来讲也不足为怪了。老舍先生通过刻画父亲和大姐夫这样的旗人批评了清末社会。

北京人对叫好的讲究也是一门艺术。《寻访“画儿韩”》中“他两人都爱听京戏；京戏中专听老生；老生最捧盛世元。盛世元长占三庆，他俩几乎天天在三庆碰头。俩人又都爱高声喊好，喊出来的风格又各异，久而久之，连唱戏的都养成条件反射……”这些北京人看戏也是一绝啊，台上一出戏，台下又是一出！特别是叫好，叫好叫出了艺术，不过不同于多甫大姐夫的落魄旗人的找乐子，而是上升到了对艺术的欣赏的层面和境界。

（二）热情的北京人

在汪曾祺先生的《云致秋行状》中，让我看到了北京人的另一面——为人热情和重情义。云致秋是个善于帮衬主角的京剧演员——甘当二路角的性格，能把主角“傍”得舒舒服服，台上“救场如救火”，台下“人缘好”，从不掺和杂乱纷争，对于挑班更是一笑置之，这一切全是云致秋自己做事做出来的，给人的感觉就是一个“老好人”。侧面也说明了他的聪敏过人，不得罪别人，为人热情。然而面对恩师，他又是个重情义的男人。余先生病故后，云致秋“出钱买了口好棺材，披麻戴孝，致礼尽哀”，这一切，又看出了云致秋重情义的一面。而在云致秋死后，要给他开追悼会，几个老战友说“去，一定去！别人的追悼会可以不去，致秋的追悼会一定得去”，可见致秋生前对他身边的朋友是有影响的。而文章结尾写到“一个人死了，还会有人想起他，就算不错了”，也表达了作者对云致秋深切的怀念和由衷的敬意。汪曾祺塑造的云致秋是一个被厚重的京城文化熏陶出来的有修养、知足常乐、富有人情味的北京人。

（三）北京人的为人处世

在《寻访“画儿韩”》中，我学到了北京人的处世哲学。“画儿韩”在知道甘子千和那五串通好了造假画儿，没有当众指责他，只是说了几句讽刺的话教训了他们一下：“就这点本事也上我这儿来打苍蝇吃吗？骗的过画儿主本人，这才叫作假呢，叫他再学两年吧！”体现出北京人会给犯错误的人留有余地的，这体现了北京人不斤斤计较，而且做事会拿捏分寸。

甘子千和“画儿韩”因为一幅假画而产生了隔阂。新中国成立后，政府想让“画儿韩”来工作，想听取甘子千的意见时，他先以“不熟，要调查一下”为借口，后来又说“这人做假画出身”，“我水平低，看问题没把握”。这些话无疑让领导不敢用

“画儿韩”。甘子千虽然不是成心想置“画儿韩”于死地，但是就是因为他一时的差错，使“画儿韩”的日子变成了最低一级老百姓的生活，到后来都不能维持自己的生活。“文化大革命”时期，甘子千饱受自己不能干喜欢的事业的痛苦，也反省了对“画儿韩”的伤害。“文化大革命”后，甘子千寻访“画儿韩”，想用金钱补偿“画儿韩”，从而赎罪。“他计划把自己的存款移到画儿韩的名下。他几乎怀着感谢的心情想到盛世元最后这个要求。他觉得生活总算给了他一个机会，让他在向这个世界告别时，可以于心无愧了。”这几句话充分写出这个北京人的善良心理——不欠人情，欠了也要想尽一切办法来偿还。

京味小说向我们展示了一幅又一幅北京人的肖像。北京人的特点实在是太多了，豪爽、爱面子、有人情味、有生活情趣、特别的行事做派……北京人的魅力所在无非在于“文化”二字，而最体现北京文化的地方莫过于北京人的讲究，无论是自己的生活还是待人处世，都有一种说法、一种礼节在里面。北京人以讲究为乐，也是一种生活艺术。讲究就像一丝清风，吹拂着在这片土地上深深的胡同里生活的北京人。

范雅丽同学在京味小说专题的学习过程是“专题式”教学的缩影。专题式教学以“专题”为核心开展教学活动。在整个专题教学的全过程，从确立“专题”，到选文教学，最后完成小论文，都应该立足教材，围绕“专题”展开学习。从自主确立“专题”入手，可以实现学生对学习内容的自主选择，就此可以激发学生的兴趣和潜能。在选文教学阶段，“专题”探究的过程和文本学习的过程融合为一体，有助于培养学生的独立自主性的学习能力。学生的论文记录了他们专题学习的过程，也展现了“专题”探究的成果。实践证明，“专题式”学习模式既符合选修课的选择性宗旨，也符合专题教学的整体性原则，是一种操作性强、行而有效的方式。采用“专题式教学”方式，可以立足现有教材，在专题教学中教出“选修”的特色。

范雅丽在以往的专题学习中缺少自主性的探究活动，在京味小说专题学习中体验了“专题式”自主探究的过程，实现了突破。首先，她能够体验自主确立“专题”的系统化的学习过程，最终确立适合自己又有探究价值的“专题”。其次，在选文学习环节，她遇到了一些学习困难，因为没有掌握探究“专题”的方法，她的探究作业没有明显的长进。经过课堂的学习，她开始学习深入文本展开探究的方法，这种学习效果在小论文的修改稿中展现了出来。在京味小说专题，经过这样系统的“专题式”学习，范雅丽和同学们开始建立有联系的、有理性的、深入学习的意识，增强了独立学习知识、自主探究的能力，有效地培养了后续学习和终生发展所需要的可持续发展能力。

第十一节 《走进作品，探寻京味》课堂实录

一、“京味小说”专题教学目标及整体设计

以本专题的四篇京味小说为重点，开展专注整个专题的自主探究性的读写实践活动。运用以确立专题、课堂学习、完成小论文为学习流程的专题学习模式来探究“京味小说”的内涵和特点。引导学生在关注整个专题内容的基础上自主确立专题学习的专题，选择自己感兴趣的角度展开探究学习，使学生的自主选择成为他们整个专题学习的重点，贯穿于整个专题的学习过程。通过体验这个专题探究性的读写活动，提高学生的专题意识，培养学生的独立自主性的探究能力，培养学生的审美能力、艺术趣味和欣赏个性，促进学生的综合发展。

确立专题阶段（5 课时）：通过阅读“泛读导引”文和自主阅读小说篇目，并结合自己对“京味小说”的认识，根据自己的兴趣点尝试拟定专题学习的“专题”。通过师生讨论交流，提炼优化专题，帮助学生完善专题的规律性认识，确立最适合自己展开研究的专题，提高确立专题的能力。

课堂学习阶段（7 课时）：就学生确立“专题”的内容，逐篇选文开展探究学习。首先，学生在专题的导向下独立自主探究专题选文，写出探究心得。在初步探究的基础上，就学生选择的专题内容（如小说的京味特色、北京人、北京语言等）开展课堂讨论交流，分享探究的成果，讨论解决学习中的疑难，深入探讨各自选择的学习内容。通过逐篇选文的专题探讨来感受北京人物形象，品味北京语言特色，领悟作品的丰富内涵和深刻思想，体会京味小说的艺术魅力。其间，注重引导学生总结和改善探究的方法，培养学生的应用能力、探究能力和审美能力。

专题成果展现阶段（3 课时）：经过课堂学习深化阅读，教师指导学生完成专题论文的撰写。引导学生反思自己的学习成果，修改完善小论文。通过对论文进行连续性的修改和讲评，以写促读，深化对专题内容的理解，完成整个专题的学习。

二、教学分析

在此小说专题之前，学生已经在必修模块中系统地学习了“小说与故事”、“小说与人物”、“小说与抒情”、“小说与表现”四个单元的小说及文学知识。已经在选修模块中，尝试运用确立专题、课堂学习、完成小论文为流程的专题学习模式学习了“欧美经典小说”专题，有了探究小说专题的学习方式的体验。

选修四专题四的“京味小说”包含《过年》、《寻访“画儿韩”》、《云致秋行状》、《辘轳把儿胡同 9 号》四篇京味浓郁的小说，都写的是北京城、北京人、北京话、北京特有的风土习俗和人情世故。四篇作品独立成篇，各具特色。四篇作品序列地展现了北京城从清末到当代社会的历史面貌，体现出时代变迁对传统京城社会、文化的冲击。基于关注整个专题的探究学习既要发掘独篇选文各自的写作特色与蕴含的文化内容，又要注重作品间的传承与关联，来体味京味儿的传承、变迁与发展，从而实现从鉴赏文本到品味文化的转变。

三、课时教学设计

教学目标：

（1）把握文本信息，评价初选的专题题目，确定探究“京味小说”专题的准确方向，强化探究意识。

（2）辨析、修改专题题目，优化专题学习内容，关注思考问题的深度和广度，提高语文应用能力。

（3）小组合作学习和讨论交流，促进合作意识和探究能力的发展。

（4）体会小说“京味儿”的内涵和特色，激发对北京的热爱之情。

教学重点：评价、辨析初选的专题题目，确定探究“京味小说”专题的准确方向。

教学难点：辨析、修改专题题目，优化专题学习内容。

教学方法：讨论、探究

教学过程：

1. 导入新课

教师活动：（1）回顾已知，整体评价。（2）明确本节课学习内容。

学生活动：（1）倾听、思考。（2）明确本课学习任务。

2. 辨析、评价“北京人”专题

教师活动：（1）组织小组评价、辨析专题。教师明确学习任务。

（2）组织学生集体讨论交流，对学生的发言简评、补充。

学生活动：（1）小组学习：从学案中的前三则材料选择一则进行评价，依据评价重点，阐述自己的看法，并说明理由。

（2）集体讨论交流，注意倾听、思考，并评价、补充，或提出修改意见。

3. 辨析修改“北京话”专题

教师活动：（1）教师组织修改专题。明确学习任务、发言要求。

（2）组织学生集体讨论交流，对学生的发言简评、补充。

学生活动：（1）独立完成学习任务：从学案中的后两则材料选择一则进行修改。

（2）小组合作交流，推荐代表准备集体交流。

（3）集体交流，注意倾听、思考，并评价、补充，或提出修改意见。

4. 小结

5. 作业：依据自己选择的“专题”自主阅读专题选文中的《过年》，写出探究作业。

四、课堂实录

这节课我们继续“京味小说”专题的学习。前面，我们阅读了“泛读导引”文《京味小说别开生面》，京味小说，是指洋溢着浓郁北京风情的小说。这类小说，用地道的北京话讲述发生在北京城的故事，生动形象地展示了北京的风俗文化和北京人的情感世界。本专题的学习重点是探究京味小说的题材内容，也可以从小说这种体裁入手探究课文的创作手法、写作特色以及相关的作家作品。同学们经过对四篇课文感受理解，深入思考，寻找四篇选文的共性和关联，初步拟定了学习的小专题。我们班同学都按照要求完成了学案。我挑选出具有代表性的五位同学的学案印发给大家，这五份学案能够呈现同学们的拟题思路和拟题水平。这节课，将请同学们对这几个小专题进行评价，修改，希望能够借此帮助同学们发现探究“京味小说”的准确方向，提炼优化自己的小专题。这节课我们沿着“依文定题，依题研文”的思路来进行专题学习。

辨析、评价“北京人”专题

师：请从学案中的前三则材料选择一则进行评价，评价重点：(1) 凭借相关文本信息而拟定的小专题是否适当？(2) 小专题是否关注整个专题内容？探究的是否是专题重点内容？课前小组完成了讨论，哪个小组先来评价？

生1：我们小组认为高志博摘录“北京的吃儿”而拟定小专题不太适当。以《寻访“画儿韩”》为例，重点是写人写事，描述的是“画儿韩”和甘子千的人生命运，而非小吃，他的小专题探究的不是课文的重点内容。

师：我也同意这个小组的看法。高志博同学小专题“北京的吃儿”这个说法特别有北京的味道，但是没有探究专题重点内容，只关注了京味小说中的饮食现象。作者为什么要描述饮食现象，我们深入课文来分析一下。高志博摘录了四篇课文的信息，请你谈谈哪篇课文有关饮食的描写最精彩，最吸引你？

生2：《辘轳把儿胡同9号》111页的18段，炒麻豆腐特吸引人。

师：请同学们阅读这段文字，勾画内容要点。请高志博以这段信息为例谈谈自己当初的拟题思路。听了同学们的评价，你有没有新的构思？

生2：炒麻豆腐，讲究用羊尾巴油，要放进地道的青豆，还要搁上两段炸得焦焦儿的干辣椒。这说明北京人特讲究，我把小专题改成“北京人的讲究”。

师：大家说说，高志博把“北京的吃儿”改为“北京人的讲究”，改得好不好？

生3：旗人老太太们是最讲究面子的，从饮食文化中体现出讲究，所以改得好。

师：我们都觉得改得好，高志博同学从“北京的吃儿”看“北京人的讲究”，能够从描述的饮食现象看北京人的品质，从内容看实质，不仅明确了小专题的探究方向，而且探究的是专题的重点内容，可以归入“北京人”专题组。(板书：从内容看实质)

高志博开始关注“北京人的讲究”，我们班有几个同学，小专题就是“北京人的讲究”，请你们结合文本信息来谈谈自己是如何理解“讲究”的？

生4：北京人有很多讲究，比如《过年》中除夕守岁，包饺子放小钱，给压岁钱，办满月，元宵节晚上去看灯。再比如《辘轳把儿胡同9号》，旗人老太太讲究住的房子要看风水，认为“刀背儿房”不吉利。所以说北京人讲究老规矩。

生5：北京城经过千年沧桑巨变，北京人也有属于自己的讲究，比如很多北京人都好面子，所谓“怕跌份”、“死鸭子嘴硬”等都说明北京人很在意面子。有时候他们说得狠，心里却通常是善良的，这也有关面子问题。这个特色也鲜明地体现在这四篇课文的人物身上，比如《云致秋行状》中，云致秋当排长，有人给他送礼，他说：“我要不想抽您那条大中华，喝您那两瓶西凤，我是孙子！可我现在在这个位置上，不能让人戳我的脊梁骨。”这就能显出云致秋重名声，好面子，为人处世，在乎名声。

生6：我和她们都不一样，我觉得北京人吃喝玩乐特别有水平。比如《过年》中的大姐夫的生活就能体现生活艺术化。他过年从初一忙到十九，他逛遍所有庙会。初二去财神庙借元宝。又去白云观、厂甸、大钟寺等地儿。虽然他是个败家子，但仍能看出他对生活艺术化的追求。

师：这三个同学谈的“讲究”侧重点不一样，哪个同学来帮助归纳一下?

生7：她们说的“讲究”是不一样的。张思说的是北京人讲究老规矩，范珊珊说的是北京人都好面子，而张斯琦说的是北京人吃喝玩乐特别有水平，体现生活艺术化。虽然她们说的角度不一样，但都反映出北京人特别讲究的特点。

师：你的归纳很有条理。前面三个同学所谈“讲究”表现出不同的层面：北京人注重规矩礼数，注重人际关系，注重面子；讲求生活质量，会享受生活，有生活品味，也就是说咱北京人懂礼儿，要面儿，会乐儿，这就是北京人生活的艺术，体现了北京人生活艺术化的特点。对此，“京味小说”的开山鼻祖老舍用“官样”这个词语来概括北京人的这个典型特征，他说北京人有官样儿，就是有“派”，讲究体面、排场、气派。另外，北京人讲究“生活艺术”；讲究礼仪，讲究“规矩”，等等。老舍说：“（清代）二百多年积下的历史尘垢，使一般的旗人既忘了自遣，也忘了自励。我们创造了一种独具一格的生活方式：有钱的真讲究，没钱的穷讲究。生命就这么沉浮在有讲究的一汪死水里。”在这里，值得一提的就是清代的旗人风气对近代北京人的心态、习俗的影响不可低估。

评价完第一个学案，我们要感谢高志博同学，他对“北京的吃儿”的关注引着我们深入认识了“北京人的讲究”。另外，“从北京的吃儿看北京人的讲究”这个例子，还可以给我们拟题方法上的启发：从“北京的吃儿”切入，进一步提升认识，落在探究“北京人的讲究”上。这样，找到切入点，经过思考，再明确恰当的提升点，就明确了探究的方向，进而就可以确立小专题。如果在这个小专题的基础上再进一步提升认识，从“北京人的讲究”看北京人的品味，我们要精练小专题的关键词，确立小专题“北京人的品味”为好。可以参考这种拟题的思维方式，不必拘泥于这个格式来表述小专题。

师：下面，哪个小组来评价下一个学案？

生8：我们组认为刘新慧的小专题十分恰当，她摘录了四篇小说中的北京人的故事，从中可以看出北京人的人情味。这个小专题探究的是北京人的共性特点，探究的是专题重点内容。

师：我也同意这个小组的评价，“北京人的人情味”是个优秀的小专题，拟题适当，方向明确。我想请刘新慧同学介绍一下经验。当初你为什么会关注到北京人的人情味？分析四篇课文后你又有了哪些新的理解？

生9：当初我在看“泛读导引”文的时候，想选“北京话的特色”为题，也想选择“北京人的感情生活”为题，但最终还是北京人的人情味更加吸引我。读了四篇课文后，我更强烈地感受到了北京人的人情味。在《寻访“画儿韩”》中“有一晚盛世元唱《失空斩》，画儿韩有事没到。孔明坐帐一段，使过腔后没有听见两声叫好，只听见一声。盛世元越唱越懈，后来竟连髯口都挂错了，招来了倒好。画儿韩听说此事，专门请客为盛世元洗羞，两人拜了把兄弟”。其实“画儿韩”只是听盛世元唱戏，两人并没有什么特别的关系，但是“画儿韩”却很重视盛世元的感受，他肯为盛世元洗羞，体现出他很看重人与人之间的关系。这种人情味儿很让人感到温暖，我越来越觉得在当今社会人情味很珍贵。

师：刘新慧同学启发我们认识到北京人重情重义，人情味是人际往来最好的润滑剂，我也认同这是北京文化中最闪光的亮点。除了对“人情味”的认识，刘新慧拟题的过程还给同学们什么启发？在确立小专题方面我们应该向她学习什么？

生10：她最开始就明确了专题方向，明确的探究方向为她以后的研究打下了基础。

生11：她从四篇课文中选的信息都写的是北京人的人情味，

她拟的小专题把四篇文章的共性联系了起来。

生 12：她从课文中选择有关信息，而且分析了材料，再从中选择确立了小专题。

师：看来，同学们对确立小专题有了一些认识。（板书：从联系看共性，选角度，明方向）下面，请同学们评价第 3 个学案。

生 13：我们组对张楠同学的作品进行了评价。她的专题题目的中心是随着时代变迁北京人的心态、情绪的变化。心态、情绪是两个层面的东西，这个专题涵盖内容太广，不好把握。而且专题题目字数太多，所以我们组将她的题目进行了改编，题目一是“人物命运的时代烙印”，二是“不同时代的人物特点”。

师：张楠是版主，史尧瑶小组的评价你认可吗？你觉得她们修改的小专题好在哪儿？

生 14：我认可。史尧瑶小组的修改更具有针对性。句子短了，我也觉得更好写了。

师：你认识到了自己表述不够精练，史尧瑶他们修改的小专题言简意赅，你可以借鉴。所以说，我们要关注这个小专题的表述问题，力求达到准确精练。（板书：表述准确精练）再回到张楠同学的学案上，她对每篇课文都选取了两段信息，是为了显示人物前后心绪的变化。从人物心绪的强烈对比中，我们可以领悟到时代变迁对北京人的深刻影响。如果我们探究人物命运的时代烙印，张楠提供的《过年》中的信息是写二姐的。是谁让二姐受了委屈？是霸道的姑母。此处信息体现时代烙印不那么明显。那么，我们再回到《过年》课文中寻找人物命运的时代烙印，请打开书 82 页，《过年》讲述的是旗人的故事，到了清朝末年，旗人的命运发生了重大变化。原文有没有这样的信息显示？

生 15：83 页中的这句话：“父亲虽是旗兵，可是已经失去二百年前的叱咤风云的气势。”

生 16：我觉得这段的信息也表明了旗人走向了衰败：“一些

既要脸面，又无办法的男人们，为躲避这种声音，便在这诸神下界、祥云缭绕的夜晚，偷偷地去到城根或城外，默默地结束了这一生。”

师：张楠同学应该修改专题题目，并且丰富自己的选文信息，这样你的学案就完善了。史尧瑶和张楠的认识提示我们：这组京味小说可以说是近百年北京城的发展史，小说人物生活的重大改变往往能够体现时代变迁、政治风云对北京人的深刻影响。

以上3个小专题通过辨析、评价，最后都归拢为“北京人”专题。小说以塑造人物为中心来反映社会生活，北京人就是京味小说的核心，选择确立“北京人”小专题对于这个专题学习有很重要意义。我们既可以通过分析北京人言行举止、行事做派的特点来深入体会北京人典型性格和精神气质；也应该探寻人物命运的时代烙印，探究时代变迁对北京人的深刻影响。俗话说，一方水土养一方人。北京是历经元、明、清的三朝古都，中华民族的历史、文化在这里留下了最深刻的印记，从古老的礼仪习俗，到传统的伦理道德，都积淀于北京人的心灵之中。在厚重的京城文化的熏陶下，北京人拥有了一些典型性格和精神气质。在关注这些共性的同时，我们也应该关注到本专题四篇小说的人物特点也因人而异，各有侧重。如果说北京人的讲究：老舍小说《过年》中的旗人非常“讲究”，其中大姐夫的讲究还处于“找乐”的层面，那在邓友梅笔下“画儿韩”和甘子千的讲究已经上升到了艺术欣赏的阶段。如果说北京人的性格：汪曾祺塑造的云致秋的形象体现出厚重的京城文化熏陶出来的中庸与调和、知足常乐、富有人情味等修养和性格特点。至于辘轳把儿胡同9号的老韩头的身上更多地体现出盲目自大、虚荣、平庸等所谓“小市民”习气。可见，北京人京味的表现不但因人而异，还随着时代、社会的发展而有所变化，不可一概而论，而应关注北京人典型特征的时代特色及发展变化。

辨析修改“北京话”专题

师：下面，同学们聚焦“北京话”小专题。我们班围绕“北京话”设题人最多，占半数。同学们的此类小专题题目大多是《北京话的特色》、《地道的北京话》这一类，题目太大，过于概括，而且也不能体现专题提升点，方向不够明确，这些都不利于整个专题的学习。请同学从学案中的后两则材料选择一个进行修改。

生17：周炀同学的专题题目是“北京话语言艺术特色”，“北京话”就是“语言”，为了避免啰嗦，我们组把题目改为“北京语言特色”。

师：修改成“北京语言特色”在表述上是精练了，但是题目还是过于概括，我们看看如何能够改善这类小专题。下面，我们深入分析周炀同学的摘选信息。《过年》中旗人的话最有京味儿。哪个同学朗读一下这几句话。

生18：“他最爱花草，每到夏季必以极低的价钱买几棵姥姥不疼、舅舅不爱的五色梅。”

“咱们旗人，但分能够不学手艺，就不学！”

“您拜年去的时候，就手儿辞一辞吧！”

“您放心，没错儿，押出去房契，可不就是卖房！俸银一下来，就把它拿回来！”

师：张泰同学朗读得好，你在朗读的时候觉得哪些词语有老北京的味道？

生19：“姥姥不疼、舅舅不爱”是俗语吧，这句话读起来特别随意，还很风趣。“但分”这个词，现在我们不说了，但读起来还是很有强调的意思。“就手儿”和“没错儿”两个儿化音，怎么读都有北京味儿。最有意思的是这句话“可不就是卖房”，如果我这么读，“可不就是·卖房”，就是卖房的意思。可是这个地方说的是不卖房，所以我得这么读：“可·不就是卖房”。

生20：我觉得“咱们”、“您”这些人称代词也特别有北京的味道。

师：张泰的认识很丰富，关注到了方言土语、口语、儿化音等具体语言形式。周炀补充得好，又注意到了北京话中的人称代词。老北京人特别讲究称呼，您、怹老人家，在你和他的下面加个心字，透着北京人的礼数。请张泰同学去掉刚才说到的这些特色，用现代普通话重读一遍这几句话。

生19：我们旗人，能够不学手艺，就不学！”“你拜年去的时候，就手辞一辞吧！”“你放心，没错，押出去房契，可不就是卖房！俸银一下来，就把它拿回来！”

师：这是山寨版的朗读。张泰同学这次的朗读感觉如何？

生19：北京味儿都没了。

师：大家听了张泰两种版本的朗读是不是就明白了北京话的特色来自什么。我们再来修改周炀小专题，同学们有什么新的创意？

生21：“姥姥不疼、舅舅不爱”这样的北京的俏皮话太有意思了，所以我准备拟个小专题，就叫“北京的俏皮话”。

生22：从北京话的儿化音品味京腔京韵。

生23：从北京的方言土话看北京话的特点。

师：从北京的方言土话看北京话的地域性特色。

生24：我自己修改了原来的题目，改成“北京话的发展变化”。

师：你要探究不同历史时期的北京话的特点，这个小专题是个深刻的小专题。同学们新拟的小专题注意到了北京话的具体语言形式，合理切入，能够显示提升，有了进步。下面，请修改第5个小专题。

生25：刘英男的小标题强调的是北京人的说话的艺术，就应该在“说”字上补上引号。

师：刘英男同学站位很高，要探究北京人说话的艺术水平。那么，北京人“说”的艺术有哪些具体体现？请刘英男挑选你喜欢的例句，谈谈你的理解。

生26：《过年》中“好家伙，用你的银子办满月，我的老儿子会叫你给骂化了”。体现出姑母的怒火能把儿子烧化了，说明姑母火气大，蛮横霸道，也说明了父亲怕姐姐。《寻访“画儿韩”》中“就这点儿本事也上我这儿来打苍蝇吃吗?”苍蝇很恶心，“画儿韩”的话是对甘子千的嘲讽：来我这儿占小便宜来了，真恶心。由此可看出北京话骂人不带脏字。《云致秋行状》中，“不要小鸡吃绿豆，强努”。这是一句歇后语，还有很多大白话，体现了云致秋性格豪爽、开朗和有幽默感。

师：刘英男同学对这几个例句的品评准确而且生动，“骂化了”是夸张，“打苍蝇吃”是比喻，“小鸡吃绿豆，强努”是一句歇后语，这些都增强了语言的表达效果，体现了北京话的表现力。大家看学案，下面这段云致秋的话，作者交代是云致秋拒绝别人送礼，“婉词”，就是婉转的说辞。怎样能婉转地拒绝别人?我想请刘英男同学朗读一下这段话，大家来体会一下。

生26：致秋一概婉词拒绝：“哥们！咱们不兴这个！我要不想抽您那条大中华，喝您那两瓶西凤，我是孙子！可我现在在这个位置上，不能让人戳我的脊梁骨。您拿回去！咱们天知地知，你知我知，就当没有这回事!”

师：你在朗读的时候觉得哪些词语是“婉词”?

生26：主要是称呼，如“哥们”、“咱们”、“您”，透着亲热，能拉近关系。

师：那好，换成普通称呼，你再读一遍这段话。

生26：致秋一概婉词拒绝：“同志！我们不行这个！我要不想抽你那条大中华，喝你那两瓶西凤，我是孙子！可我现在在这个位置上，不能让人戳我的脊梁骨。你拿回去！我们天知地知，你知我知，就当没有这回事!”

师：刘英男同学，你这次的朗读的感觉如何?

生26：特别死板，京味儿的感觉都没了。

师：谢谢刘英男同学精彩的朗读和诠释。上面这几段话都能体现北京人的“说”的艺术。下一段刘英男同学摘录的是《辘轳把儿胡同9号》中票贩子与韩德来吵架的话，请厉舜同学来评评这段话。厉舜本来想拟定一个小专题，叫“北京人骂人不带脏字”。他有独特的认识，给我们说说。

生27：这段话“哥们儿，别急眼啊，哦，我抢了你的买卖了，是吧？甭给我来这套！”前面几句不听说什么，只看表情，让人误以为在开玩笑，“哥们儿”这个称呼本来是亲热的称呼，此时就是一种挑逗，透着近乎、和气，实际上很气人，是拱火的话！后面的“甭给我来这套！”话锋一转，接着就有火药味儿了。可见，北京人吵架也是很有水平的。

师：厉舜同学讲得特别生动、有意思，听着挺过瘾。你觉得票贩子这种“小痞子”拱火吵架的话，跟我们前面品评的“画儿韩”、云致秋的话，在语言风格上有什么不同？

生27：一俗一雅。小痞子文明程度低。

师：你说得好，什么人说什么话。像“画儿韩”、云致秋这样有修养的人，他们的话最能集中体现北京人调侃而不失幽默、讽刺而不失含蓄的“说”的艺术。而票贩子和韩德来没有这样的语言修养，但他们的话通俗、生动和鲜活，我们可以从中比较北京话的文化味和市井味。

通过辨析、修改上述两则“北京话”小专题，我们明白了应该从具体语言形式合理切入，还应挖掘语言的深刻内涵。一方面可以品味京腔京韵，归纳北京话的特点，品味作品语言，感受作品的京味儿特色。另一方面可以感受北京人“说”的艺术，理解北京人独有的精神风貌。我们也要关注随着时代变迁北京话的传承、变化与发展。正如同学们的发现，北京话的确京味儿十足，这种独特的京味儿来自：丰富生动的口语语汇，情感色彩浓烈的人称代词，活脱脱的歇后语、惯用语，轻快和软的儿化音，四声完备的声腔韵调，正是通过这样的语言传达出了北京话特有的亲热、鲜活、明快、爽脆、圆熟、风趣、幽默等的“京味儿”。京味小说中随处可见北京人以“说”找乐，北京俗称“逗闷子”、逗贫，说话真艮儿，以“逗”为乐，体现出北京人的一种生活的艺术。小说中的北京人特别能说会道，他们的语言趣味最得说话艺术的精神，透着浓浓的京味儿。由此可见，从京味小说的视角看北京话，它真是一座文化积淀深厚的宝藏！

课堂总结

这节课，通过对初选专题进行辨析、评价，修改，提炼优化了一些小专题，希望同学们通过这节课的学习对如何确定小专题有了清楚的认识，相信你能自己确立适合你的又能体现研究价值的小专题，也欢迎你和我或其他同学课下交流。最后，想请同学们谈谈，这节课你有什么收获和体会，请凝练成一两句话，跟大家交流一下。

生28：通过这节课的学习，我对京味小说有了更为深刻的了解。从老舍笔下生活拮据但颇具讲究的旗人，到《辘轳把儿胡同9号》中开口闭口“敢情”的冯寡妇，一个个都留下了历史的真实的声影。这些都体现出了京味小说那种洋溢着浓郁北京风情的特色。

师：你的这段话是不是来自你的专题推介辞？你的认识很深刻，是对这节课很好的总结。

生29：我觉得我们身为北京人跟课文中的主人公有很多共性。

师：因为我们都是北京人。

生30：我们从北京人的生活看到了生活艺术化，不管历史的沉淀与时代的变迁，我们都要保留北京人的优良传统。

师：北京人是应该讲究生活的艺术。

生31：我从北京话了解北京的文化。

师：这是一个很好的专题。

生32：通过这节课的学习，我迷上了北京话，北京话有浓郁的北京文化的特色。

师：北京人有“说”的艺术，你在这节课上也有很好的“说”的表现。

生33：学习了这四篇课文，我知道了北京人爱玩，也会玩，这也是北京人的讲究。

师：同学们认识得好，希望今天的学习能够促进以后的学习。走进作品，探寻京味儿，我相信京味小说专题丰富而深刻的内涵会让你的专题学习充满乐趣而且大有收获。同学们既可以着重品味北京话，京腔京韵表不尽北京人的精气神；也可以追随作品中的北京人重温发生在北京城的老故事，体会近百年世事沧桑和人生百味；更可以重点探讨北京风俗文化，感受北京城文化神韵，从而激发起我们北京人心中对家园的这种温暖而亲切的感情。在我看来，解读“京味小说”，就是解读我们赖以生存的这座城市，其实也就是解读我们自己——寻找我们的文化基因，塑造一个新的北京人。我们一起共勉。

确立的这个小专题就是你在“京味小说”专题的学习的重点，接下来即将进入专题学习的第二阶段。今天的作业是依据自己的专题自主阅读《过年》这篇课文。这节课就上到这里，下课。

五、课后反思

市级公开课《走进作品，探寻京味》（副标题是《“京味小说”专题学习》）受到了普遍好评，被公认为是一节“学生参与好，学生受益大”的课。在二三百位教师听课的课堂上，我的学生不仅没有常态的紧张、拘束，而且表现出积极的学习兴趣和超水平发挥的学习状态。课堂发言精彩频出，给听课教师留下了好印象。市教研部的刘宇新主任、夏宇老师及各区县教研员给予了高度评价和热情鼓励，让我倍受鼓舞，深受启发。

“京味小说”专题是选修课的一个小说专题，必须兼顾“选修”和“专题”的特点开展教学活动，我认为关键要把专题学习的选择权放给学生。所以，我设计这个专题的总体教学目标是：以确立专题、课堂学习、完成小论文为流程来开展探究“京味小说”专题的学习活动。强调学习之初自主确定专题，意在充分尊重和满足学生的自主意愿和个性需求，给学生选择语文学习内容的权利，让学生自主选择自己探究的专题重点内容。这节公开课前的准备工作主要是引导学生通过阅读“泛读导引”文和自主阅读小说篇目，并结合自己对“京味小说”的认识，根据自己的兴趣点尝试拟定学习的专题。为了保证学生确立专题的质量，我精心设计出一系列学案：先有研读“泛读导引”文的学案；之后有自主阅读单篇小说篇目的学案；接着有寻找四篇选文的共性或关联点的学案；课前有拟定专题的学案（见学案附录），这组学案保障了初期的专题学习稳扎稳打地开展下来，学生顺利地完成了拟定专题任务，也为公开课的成功打下了坚实的基础。

学生的原创的专题成为了公开课的教学资源，这真实而宝贵的第一手材料是一些学生在拟题的过程中发现的经验，或者是尚不能独立解决的问题。这节公开课的学习定位就是通过评价、辨析、修改这些初拟专题，借此发现探究“京味小说”的准确方向，提炼优化自己的专题。课堂上，我注重引导学生反思自己的拟题思路，学习和改善探究的方法，以期学生能够强化探究意识，增强探究能力。比如，初拟“北京的吃儿”这个专题的同学经过反思，不仅认识到自己研读文本方面的欠缺，还找到了从切入点到提升点的拟题的方法，他把专题改成“北京人的讲究”的过程也是反思能力和探究能力都得以提升的过程。还有，请学生介绍自己的专题经验，也要求学生谈谈自己应该如何学习他人的经验，这样是为了创造条件，使学生学会借鉴经验、拓宽思路、合作分享。教师创设积极的学习情境，也能够促进学生自己去发现方法，悟得新知。又如，我请一名同学“去掉北京话的特色，用现代普通话重读一遍这几句话”，之后学生新拟的专题不再是“北京话的特色”这样笼统的题目，而是“北京的俏皮话”、“从北京话的儿化音品味京腔京韵”、“从北京的方言土话看北京话的地域性特色”、“北京话的发展变化”等，说明学生发现了北京话的特色来自什么，也掌握了应该从具体语言形式合理切入的探究的方法。本节课学生顺利确立适合自己的、又能体现研究价值的专题，为下一个学习阶段开展探究做好了准备。课堂上我的学生表现出的积极的学习状态也证明了学生在专题学习中提升了学习语文的兴趣，激发出了学习的热情和能量。我的学生孜孜专注于这个专题探究而且坚持下来，最终以小论文成果为“京味小说”专题画上了圆满的句号。

“京味小说”专题的教学如果不能高扬人文理想的旗帜，以厚重的京城文化来感染、熏陶学生，一定是失败的教学。本节公开课上，我注重引导学生从学案着手有机展开生生间、师生间、与小说文本、专题多重对话，核心目的是鼓励和激发学生与作者、作品角色、老师、同学以及自己进行北京人之间的思想和感情的交流。无论是引导学生探讨北京人的讲究、北京人的人情味、北京人的典型性格，还是品评北京人“说”的艺术、北京话的京味儿特色，这些都为了感召学生在情感上认祖，在文化上寻根。回想当初选择公开课的专题时，我毫不犹豫地选择了“京味小说”专题，这是个人浓郁的“北京情结”使然。对于在东皇城根下成长起来的我，北京城可以说是我的生活家园，更是我的精神家园。对北京的热爱和对京味文学的喜爱，是我的一笔巨大精神财富。正如在课尾我所表述的心声：“在我心中，解读京味小说，就是解读我们赖以生存的这座城市，其实也就是解读我们自己——寻找我们的文化基因，塑造一个新的北京人。”作为教师，我也想借此专题学习的机会让这些十七八岁的北京后生读京味小说，品北京语言，赏北京风俗文化，从而唤醒和激发起对北京城的文化认同感和心灵归宿感，进而自觉成为担负起承继、光大京城优秀文化的新生力量。对我来说，“京味小说”专题教学已经不仅仅是一种单纯的教学过程，而是一次与我的学生一起亲近家园的心灵之旅，也让我从中切实感受到了作为教师的意义和幸福。

六、“京味小说”专题学案

初拟小专题及选文的相关信息	评改专题
一、高志博 （1）专题四篇选文的共性或关联点：京味小吃 （2）专题选文的相关信息： 《过年》：糖豆大酸枣；冰糖葫芦；铁蚕豆 《寻访“画儿韩”》：涮牛肉；便宜坊的烤鸭 《云致秋行状》：天福的酱肘子；炒麻豆腐 《辘轳把儿胡同9号》：炒麻豆腐；豆汁儿 （3）拟定“京味小说”专题：北京的吃儿 （4）我的专题推介辞：俗话说民以食为天，北京的吃儿不仅可以果腹，更是京城文化的一个升华。我们可以从多种多样的饮食里更深入地了解北京多元的、富有深蕴的文化。	评价： __________ __________ __________ __________ __________ __________ __________ __________ __________
二、刘新慧 （1）专题四篇选文的共性或关联点：北京人的人情味 （2）专题选文的相关信息： 《过年》：82页1段　是的，我一辈子也忘不了那件事。并不因为他是掌柜的，也不因为他送来一对猪蹄子。因为呀，他是汉人。 86页40段　初一，头一个来拜年的自然是福海二哥。他刚刚磕完头，父亲就提出给我办满月的困难。二哥出了个不轻易出的主意：“您拜年去的时候，就手儿辞一辞吧！”	评价： __________ __________ __________ __________ __________ __________ __________ __________

续表

初拟小专题及选文的相关信息	评改专题
《寻访“画儿韩”》：92 页 9 段　有一晚盛世元唱《失空斩》，“画儿韩”有事没到。孔明坐帐一段，使过腔后没有听到两声见好，只听见一声。盛世元越唱越懈，后来竟连髯口都挂错了，招来了倒好。“画儿韩”听说此事，专门请客为盛世元洗羞，两人拜了把兄弟。 《云致秋行状》：108 页 16 段　要给云致秋开追悼会。我们几个人算是他的老战友了，大家都说：“去，一定去！别人的追悼会可以不去，致秋的追悼会一定得去！” 《辘轳把儿胡同 9 号》：117 页 87、88 段　最后，派出所结不了案，派了个年轻轻儿的警察，到 9 号院儿里来了解韩德来其人来啦。谁能那么缺德，往人家老韩头儿脑袋上泼粪呀？大家伙儿一致认定，老头儿是闷了，闲了，没事儿干，找点儿消遣去啦。连张春元都说了老韩头儿的好话，这才把这事告个了结。 (3) 拟定“京味小说”专题：<u>北京人的人情味</u> (4) 我的专题推介辞：北京是一座文化古城，它孕育的北京人为这座古城增添了不少色彩。我从京味小说中感受到了北京的市井文化，也感受到了北京人的人情味。这种人情味凸现了北京人善良和高尚，是那样地让人温暖。北京人的人情味让北京这座城市闪耀着不灭的光芒！ 三、张楠 (1) 专题四篇选文的共性或关联点：<u>北京人心态、情绪的变化</u>	

续表

初拟小专题及选文的相关信息	评改专题
（2）专题选文的相关信息： 《过年》：83 页 6 段　二姐是有耐心的。姑母怎么支使，她怎么办。她一点不怕麻烦。 85 页 22 段　二姐撅着嘴进来，手上捧着两块重阳花糕，泪在眼圈儿里。她并不恼帮了姑母这么好儿大，连点压岁钱也没得到。可是，接到两块由重阳放到除夕的古老的花糕，她冒了火！她刚要往地上扔，就被父亲拦住。……二姐忍住了泪。 《寻访“画儿韩”》：97 页 64 段　公私合营后，文物书画业要整顿班子，有人提出来调画儿韩。……甘子千支吾说：“我跟他也不熟，等我去了解一下。”回到家来，他就犯了思忖。……见到政府代表时，他就说：“画儿韩的事了解了。这人做假画出身，当过当铺的副经理，解放前有一阵生活挺富裕。他做寿名演员盛世元都来唱堂会……”“画儿韩”终于没被调用。 100 页 104 段　甘子千回去路上，比来的时候精神爽快了，心情舒展了。他计划把自己的存款移到画儿韩的名下。他几乎怀着感谢的心情想到盛世元最后这个要求。他觉得生活总算给了他一个机会，让他在向这个世界告别时，可以于心无愧了。 《云致秋行状》：102 页 9 段　致秋说：“我一个唱二旦的，不招风，不惹事。得，有碗醋卤面吃就行啦！” 106 页 1、4 段“文化大革命”一来，什么全乱了。云致秋完全蒙了。他从旧社会到新社会形成的、维持他的心理平衡的为人处世哲学彻底崩溃了。……他发现他是孤孤仃仃一个人活在这个乱乱糟糟的世界上，这可真是难哪！	评价： __________ __________ __________ __________ __________ __________ __________ __________ __________ __________

续表

初拟小专题及选文的相关信息	评改专题
《辘轳把儿胡同9号》：109页4段　韩德来和毛主席握手回来那次，愣一天一宿没洗手啊……西屋的冯寡妇也跑过来，抓着韩德来的手一个劲儿摩挲。 112页22段 人哪，要是本来有许多人成天围着他转，忽然那些人都没了，剩他光杆儿一个，清锅冷灶，他不定多烦、多闷哪，韩德来就烦了，闷了，冷清了，没事儿干了。……一个人唱起《四郎探母》那“西皮慢板”来：杨延辉，坐宫院，自思自叹。他晃起了脑袋，似乎和杨延辉的心气儿走一块儿去了：想起了，当年事，好不惨然。我好比，笼中鸟，有翅难展。…… （3）拟定“京味小说”专题：北京人随时代变迁的情绪、心理变化 （4）我的专题推介辞：从《过年》到《辘轳把儿胡同9号》，四篇课文贯穿了北京近百年的历史。从清末到“文化大革命”后，时代的跨越，社会的进步改变了北京人的生命轨迹。时代的变化，改变了人的心境；心境的改变，也影响人的命运。	
四、周炀　（1）专题四篇选文的共性或关联点：具有传统特色的北京话 （2）专题选文的相关信息： 《过年》：83页8段　每到夏季必以极低的价钱买几颗姥姥不疼、舅舅不爱的五色梅。 86页40段　“咱们旗人，但分能够不学手艺，就不学！”“您拜年去的时候，就手儿辞一辞吧！” 88页53段　您放心，没错儿，押出去房契，可不就是卖房！俸银一下来，就把它拿回来！	修改： ________ ________ ________ ________ ________ ________ ________

续表

初拟小专题及选文的相关信息	评改专题
《寻访“画儿韩”》：92 页 8 段 “当个满价儿！” 9 段 下边的戏都铆不上劲！ 《云致秋行状》：101 页 1 段 要不，就凭我，一个唱戏的，上小汤山，疗养——姥姥！ 102 页 7 段 在台上保管能把主角傍得严严实实，不洒汤，不漏水，叫你唱得舒舒服服。 《辘轳把儿胡同 9 号》：110 页 “敢情！” 116 页 78 段 “你这是干什么哪！啊？干什么哪？卖高价儿，投机倒把，走，派出所去！” （3）拟定“京味小说”专题：北京话语言艺术特色 （4）我的专题推介辞：北京话是北京特色的标志。清代使用一种具有旗人味的汉语，这就是北京话前身。北京话延续至今，它们既保留了老北京的特色，也有了新的变化。 五、刘英男 （1）专题四篇选文的共性或关联点：北京话 （2）专题选文的相关信息： 《过年》：88 页 56 段 父亲只搭讪着嘻嘻了一阵，心里说：好家伙，用你的银子办满月，我的老儿子会叫你给骂化了！ 《寻访“画儿韩”》：96 页 61 段 就这点儿本事也上我这儿来打苍蝇吃吗？ 《云致秋行状》：102 页 9 段 有人撺掇过我。我也想过。不成，我就这半碗。唱二路，我有富裕，挑大梁，我不够。不要小鸡吃绿豆，强努。 104 页 10 段 致秋一概婉词拒绝：“哥们！咱们不行这个！我要不想抽您那条大中华，喝您那两瓶西风，我是孙子！可我现在在这个位置上，不能让人戳我的脊梁骨。您拿回去！咱们天知地知，你知我知，就当没有这回事！”	修改：

续表

初拟小专题及选文的相关信息	评改专题
《辘轳把儿胡同9号》：116页78段 哥们儿，别急眼啊，哦，我抢了你的买卖了，是吧？甭给我来这套！ (3) 拟定“京味小说”专题：北京人说的艺术 (4) 我的专题推介辞：北京话是北京的特色，是北京的符号，它承载着千年来北京的文化。它随处可见，北京人话里话外都带着浓郁的京味儿。北京话就像一面鲜明的旗帜，引领着我们一同走进这座内蕴深厚的古城。	

第十二节 《解读北京人，传承精气神》课堂实录

一、指导思想与理论依据

1. 遵循《普通高中语文课程标准（实验）》

（1）尝试对感兴趣的古今中外小说、戏剧进行比较研究或专题研究。

（2）形成良好的文化心态，学会尊重、理解作品所体现的不同时代、不同民族、不同流派风格的文化，理解作品所表现出来的价值判断和审美取向，作出恰当的评价。

（3）学习鉴赏中外文学作品，能感受形象，品味语言，领悟作品的丰富内涵，体会其艺术表现力，有自己的情感体验和思考。努力探索作品中蕴涵的民族心理和时代精神，了解人类丰富的社会生活和情感世界。

（4）通过阅读和鉴赏，深化热爱祖国语文的感情，体会中华

文化的博大精深、源远流长，陶冶性情，追求高尚情趣，提高道德修养。

2. 主要运用“专题式”教学模式

从选择、确立“专题”入手，以“专题”为核心开展教学活动的方式，专题教学的整体设计通常包括确立“专题”、探究学习、展示成果等学习环节。

二、教学背景分析

1. 本课在专题学习中的定位

本课从属于课堂学习阶段，处在整个专题学习中的主体阶段。前期，学生已经完成了确立“专题”的学习任务，并且就学生选择专题的内容，逐篇选文开展了探究学习。在此基础上开展本课的教学，课堂实施的重点任务是在确立“北京人”专题的导向下，立足整个专题，开展“专题”探究，深入探讨有关本专题学习的重点内容——“北京人”的性格特点和典型意义。本课的教学为下面相续开展探究“北京话”专题起引导作用，并为下一阶段完成专题论文做好铺垫。

2. 学习内容分析

本课探究内容重点是北京人的性格特点。这组京味小说向我们展示了一幅幅北京人的肖像画。三千多年的建城史和近千年的建都史不仅赋予了北京辉煌灿烂的历史文化，也培育了北京人一些典型性格和精神气质。比如，胸怀坦荡，文明有礼，在人际交往中重礼节、讲规矩，要面子，比较宽容、谦和，也较豁达，能说会道，善于自我解嘲，有某种幽默感，会找乐子，比较重视文化素养等，总之，成熟的有教养的北京人表现出文明道德上的高度自律以及文化、审美上的高度修养，应该延续成新时代的“北京精神”，继续发扬光大。学生以专题学习的视角来深入探究“北京人”，通过分析北京人言行举止、行事做派的特点来深入体会北京人典型性格和精神气质，有助于深入思考北京人形象的典型意义和社会价值，进而唤醒和激发起对北京城的文化认同感和心灵归宿感，自觉成为担负起承继、光大“北京精神”的新生力量。

3. 教学方式与教学手段说明、技术准备

遵循“专题式”教学模式：“专题式教学”，是指依托现有的选修教材，充分开发、利用教材资源，从中挖掘适合学生开展探究的、有语文学习价值的“专题”来实施教学的方式。这样，在走班式自由选课条件不成熟的现实条件下，“专题式教学”就成为了从学习内容的选择入手，通过对“专题”的选择来实现“选修”课程目标，以此来落实选修课程理念的一条途径。

遵循“基于阅读的读写结合”的教学方式：这种教学立足于文本阅读，以写作为学习的重要手段，通过把阅读过程的感受、思考、领悟，表现为个性化的言语表达，促动学生参与到言语实践活动中。这种教学方式首先要求“从读中写”，要求学生根据阅读的目的，阅读选文，思考领悟，经过对文本内容的阅读体验，用语言表述自己体验思考的结果。在此基础上，教师组织学生交流前期读写的结果，促进课堂学习的动态的交流，从而实现“以写促读”。这种读写结合的方式也是提高语文教学有效性的重要途径。

为了推进教学，辅助设计了一系列学案，包括前期知识积累学案、课中探究学案（见附录）和课后探究学案，学生人手一份学案材料。

课堂教学有教室电脑、实物投影等条件的支持。

4. 前期教学状况、问题、对策

在确立专题阶段，学生阅读“泛读导引”文和自主阅读小说篇目，并结合自己对“京味小说”的认识，根据自己的兴趣点确立了“专题”，本班学生确立的“专题”基本归为“北京人”和

“北京话”两大专题范畴。接下来，进入课堂学习阶段，要求学生就选择的专题学习内容，逐篇选文进行专题探究。学生按照要求自行查阅了四篇选文有关作者和创作背景的材料，并且在学案中完成了知识积累、梳理文意和专题探究作业。

本课前布置预习作业：完成一项探究作业。详见探究学案（见附录）。附有评价表，为学生提供完成作业的参考标准。

三、教学目标（含重、难点）

知识与能力：

（1）评价“北京人”专题内容，辨析北京人的典型性格和精神气质，强化探究意识。

（2）探讨北京人形象的典型意义和社会价值，努力探索作品中蕴涵的民族心理和时代精神，丰富、深化对历史、社会和人生的认识。

过程与方法：小组合作学习和讨论交流，促进合作意识和探究能力的发展。

情感、态度、价值观：

（1）品味京味文化，形成良好的文化心态，尊重北京的传统文化。

（2）思考应该继承发扬的北京的精神，唤醒和激发家园情怀，深化热爱北京的感情。

教学重点：评价“北京人”专题内容，辨析北京人的典型性格和精神气质。

教学难点：探讨北京人形象的典型意义和社会价值。

四、课时教学设计

本课教学第一阶段，通过展示、评价、修改“北京人”专题作业，辨析北京人的典型性格和精神气质。展开对专题内容的深入探讨，把握专题重点内容。

第二阶段，进一步探讨北京人形象意义，努力探索作品中蕴涵的民族心理和时代精神，深化对专题内容的探究。

第三阶段，拓展练习，并进行探讨和交流。检验课堂学习的效果，促进拓展和提高。

课后要求完成本专题的小论文，从而巩固课堂的探究成果，完成专题性探究。

五、课堂实录

师：这节课我们继续“京味小说”专题的学习。前面，我们已经在“泛读导引”文的引导下确定了本专题的学习重点，可以探究京味小说的题材内容，或者体裁内容。在这样的专题范围内，我们阅读了“京味小说”专题的四篇选文。同学们根据自己的兴趣确立了自己探究的小专题，我们班大多数同学的专题从属于“北京人”、“北京话”两大专题范畴。本节课，我们重点围绕“北京人”专题进行讨论交流。

投影：本节课的学习目标是：（1）评价“北京人”专题内容，辨析北京人的典型性格和精神气质。（2）探讨北京人形象的典型意义和社会价值，思考应该继承发扬的“北京精神”。

我们师生，作为北京人，在这节课中，我们要解读京味小说中的老北京人，了解他们的典型性格和精神气质，从他们身上寻找到流淌在我们的血液中的文化基因。这样的学习，其实也就是在解读我们自己的过去和现在。相信这节课我们可以亲近自己的家园，从而认识我们北京人应具有的“北京精神”。

评价和修改专题作业

师：课前，同学们都按照要求完成了专题探究作业。我挑选出具有代表性的4位同学的作业印发给了大家。本节课第一项学习任务就是对作业进行展示和评价。参照评价表一，以小组的形式选择一则探究作业进行评价。先给大家一点准备时间。

师：下面，我们依次对4篇作业进行展示和评价。展示作业和评价作业的同学，发言都要简洁明了。

生1：

北京人

路羽白

北京人，天子脚下的风水宝地养育着这一群人，也使北京人养成了与其他地方人不同的性格和特点。

讲究！旗人家庭即使穷困潦倒也要祭祀神明，对此北京人一丝不苟。说话讲究！画儿韩那几句话里藏刀的教训，让人听了就不禁佩服，文化人的特点表现得淋漓尽致。确实讲究！

会享受！大姐夫，庙会上的各式各样的玩法，让人不禁心里一动，形容得惟妙惟肖的场景让人眼前一亮。赫老太家一道麻豆腐，就能吃得出这么多花样，也能加入这么多的调料，光是想想就让人垂涎三尺。

死要面子！韩老头，习惯了人们围绕的生活，不得不自己找乐子，最后却狼狈收场，死要面子活受罪！

这座城市，是我土生土长的地方，我庆幸我是北京人！

师：哪个小组来进行评价？

生2：她的作文题目表达不够具体，评价为良。能够准确概括出北京人的典型特点，评价为优。能够从专题角度找出相关的关键语句，能够概括出内容要点，但是缺少分析过程，评价为良。语言表达为优。总体评价为良。

师：这个评价清清楚楚。下一篇作业进行展示。

生3：

话说北京人

李一凡

北京人十分爱吃、会吃，从《云致秋行状》中云致秋最爱的醋卤面，再到《辘轳把儿胡同9号》中那个爱吃的旗人老太太赫老太，想尽一切方法去讨自己喜欢吃的炒麻豆腐，而且麻豆腐必须是地道的做法和材料，也能看出北京人对于吃是有讲究的。

北京人是爱面子的，无论是在《过年》里父亲对于姐姐的忍让和尊敬，还是画儿韩识破了甘子千的伎俩后没有明说，而是顾及他人的面子，甚至赫老太弄到许久没有吃到的麻豆腐，也要给街坊邻居弄一口吃，无处不体现北京人爱面子，顾及面子。

北京人说话也很有特点，“我待见你，甭介，挨墙靠壁儿，挨牌儿，插车，自已 gě 儿，话碴儿，上赶着，敢情，落忍，邪乎，邪性，较劲儿”等都展现出北京话的独特的文化内涵，北京人说话也很幽默，总会在字里行间来上几个歇后语，让话儿更生动，使人与人更好交流。

师：你把“落忍”前面的那个词再读一下。

生3：“敢情”。

师：好，这回的语调像北京人了。下面，哪个小组来进行评价？

生4：他的作业题目表达不够具体，评价为良。他能准确概括出北京人的典型特点，评价为优。他能从专题角度找出相关的关键语句，能够概括出内容要点，但是结合原文分析方面，缺少例子，评价为良。语言表达为优。总体评价为良。

师：这两个小组都能结合评价表进行评价，两个同学的作业得到的是良的成绩，我也同意这个成绩。完成了两篇作业的展示和评价，我们先做个小结。这两篇作业共同的优点是条理分明，清楚地表述了老北京人的几大性格特点，分别是讲究、会享受、要面子。两篇作业中涉及的北京人的“京味儿”表现，主要有这几个方面，分别是规矩、说、吃、玩等方面，这些体现了两位同学探究的成果。这两篇作业共同的缺点是结合原文分析不够深入。这点也是我们班作业问题最突出的地方。

师：后两篇作业篇幅比较长，请展示的同学简单地介绍作业成果。

生5：

北京人的讲究——老规矩

于郝欣

父亲并没有去买什么年货，主要的原因是没有钱。他可是没有忽略了神佛，不但请了财神与灶王的纸像，而且请了高香、大小红烛，和五碗还没有烙熟的月饼。虽然父亲没有什么钱买年货，但是他对于神佛的祭祀丝毫不敢怠慢。看出了父亲过年时对祭神的讲究。他也煮了些年饭，用特制的小饭缸盛好，上面摆上几颗红枣，并覆上一块柿饼儿，插上一枝松枝，枝上还悬着几个小金纸元宝，看起来颇有新年气象。父亲不光是心诚地祭神，也体现出父亲守老规矩。他决定要守岁，叫油灯、小铁炉、佛前的香火，都通宵不断。他有了老儿子，有了指望，必须叫灯火都旺旺的，气象峥嵘，吉祥如意。这也是父亲过年时的老规矩，除了看出父亲守老规矩，也看出父亲把希望寄托在老规矩上面。

无规矩不成方圆，老北京人的礼儿多，的确是出了名的。老北京人过年时，一般不把正月初五叫“初五”，而是叫“破五”。从这一天起，过年的所有禁忌都已经被“破”掉，垃圾可倒，剪刀可动，商户也可以开铺，“年”到此已经告一段落了。在“破五”这一天，老北京人讲究吃“破五”饺子。就餐前，老人如果没有动碗筷，孩子们是不能动碗筷的，要不然是一种不尊重。不能把筷子插在饭中间，这是不吉利的。吃饭时不能吧唧嘴，喝汤时不能出声音。喝汤要用勺一下一下轻轻地喝，不能端起碗大口大口地喝，如果声音过大，被视为对旁边吃饭人的不尊敬和没有教养，像猪吃食儿，也不许用筷子敲打饭碗。总之，北京人的讲究说一千道一万都不一定说得清，老规矩非常多，这是北京人特有的老规矩。

师：请同学对第三篇作业进行评价。

生 6：她的作业题目具体、鲜明、简洁，评价为优。她的作业不能分析、整合多篇选文的关联和共性，评价为不及格。她能够从专题的角度准确地找到相关的原文关键语句，并且展开分析，评价为优。她在语言表达上能够清晰、有层次地表达自己的学习成果。没有病句和错别字，评价为优。总体评为良。

师：这个评价小组认识到这篇作业暴露的问题是不能体现多篇选文的关联和共性。那么，我们大家群策群力，一起寻找一下其他选文中有没有北京人讲究老规矩的内容。

师：如果你在其他选文中发现了北京人讲究老规矩的内容，就站起来发言。如果你没有发现，我点到你的名字，你就摇摇头。

生 7 摇头。

生 8 摇头。

生 9 摇头。

师：大家没有发现这方面的内容，我也没有发现，想必于郝欣当初也没有发现。看来，在讲究老规矩这个题目下增添新的材料，这条路是走不通了。那么，我们只能尝试走走新的路。怎么才能让这篇作业体现多篇选文的关联和共性？大家有没有好的主意，给于郝欣提供些思路。

生 10：她可以把自己的作业改个题目，就叫《北京人的讲究》。

师：你可以给她提供些思路，从哪些角度写《北京人的讲究》呢？

生10：她还可以写北京人的会玩、大度，还有能说会道。

师：你说得有道理。在《北京人讲究》的命题下，可以写很多的方面。除了写守老规矩，还可以写吃喝玩乐各个方面。这是一条思路。还有别的思路吗？

我再提示一下，于郝欣作业中有一个亮点，她认识到“老北京人的礼儿多，的确是出了名的”，在这篇文章中，她重点谈《过年》中的父亲守规矩，这说明她模糊地认识到了守规矩表明了老北京人的什么特点？

生11：“讲礼儿”。

师：我是这样想的，在保留原有作业精华的基础上，从写北京人守规矩礼数，到写北京人的“讲礼儿”，这条路是不是最近呀？我们建议于郝欣把作业题目改成《“讲礼儿”的北京人》，或者《北京人“讲礼儿”》。我们再进一步帮助她思考一下，如果写这个题目，我们还可以从哪些角度写？

生12：通过北京人的称呼，比如，尊称“您”。

师：你马上就想到了北京人的人称代词“您”，那么，第三人称，称呼老人家的是哪个词？

生12：“怹”。

师：“您”是心上有个你，“怹”是他在下面加个“心”，这两个词透着北京人的礼数和人情味儿，这是你的看法吧。除此之外，别的同学还有想法吗？

生13：我觉得这个“讲礼儿”，不仅是在人称上面，还有对待事情的态度，他是讲理儿的。知道错了就认错，不会胡搅蛮缠的。还有待人接物，与人沟通的方式，比如“来了呀，您呀”，特别热情，加上地道的北京话，就显出特别有礼貌。

师：第一，你的重点是有礼貌。第二，刚才你还说了，对待错误，应该是什么态度？

生 13：自己错了，就要敢于承认错误，勇于承认错误。

师：如果其他人犯了错误，可能对自己有些伤害，你认为北京人常常是什么态度？

生 13：尽量地包容。

师：即使是批评别人，也该怎么做呢？

生 13：说话要绵里藏针，而不是直来直去，让对方出丑，应是暗藏讽刺。

师：绵里藏针，暗藏讽刺，他说得真好。这么做，对对方有什么好处？

生 13：给对方留面子，而不至于太伤自尊。

师：刚才韩小龙同学的发言，也有几条重点，我们可以整理一下。北京人讲“礼儿”，除了有礼貌之外，还有待人待己的分寸，给人留足面子，尊重他人。这些都是老北京人的那个“礼儿”，北京人重视的礼数。其实，这些角度都可以选择，任选其中的一两条就可以丰富作业的研究内容了。很想知道于郝欣会选择增添哪些角度来改善这篇作业。她生病了，不能上课，很期待看到于郝欣修改的作业。

第三篇作业也暴露了一个问题，在这次作业中，咱们班很多同学都出现了这点，那就是不能很好地分析、整合多篇选文的关联和共性。体现关联和共性是专题学习不同于单篇课文学习的地方。这个问题也是我们班作业问题最突出的地方。下面，展示第四篇作业。

生 14：

谈老北京人性格特点

张雨尘

北京这座城有着悠长深远的历史，随之生活在这座古城里的北京人也因独特的地域文化养成了很多独特习性。如果亲身去了解一下老北京人的性格特点，你会发现很多很多闪光之处在吸引着你。

安分守己、知足常乐的老北京人。在老舍的《过年》中塑造了这样的一个形象——他没有嗜好，既不抽烟，也不赌钱，只在过节的时候喝一两杯酒；他最爱花草，总会种很低廉的五色梅、洋麻绳菜和茉莉花等；他上班的时候上班，下班的时候直接回家；他很少主动和人打招呼，有人和他打招呼，他也会彬彬有礼地回应。就是这样一个不招风不惹事的顺民，体现着大多数平凡的北京人安分守己的性格。同样《云致秋行状》这篇文章虽然诙谐幽默，云致秋这个人也爱侃爱乐，但却掩盖不住云致秋的安分守己。譬如云致秋谈挑班这件事而言，他说：“我一个唱二旦的，不招风，不惹事。得，有碗醋卤面吃就行啦！”一碗醋卤面就包含了不仅是他对生活的热爱，更是他知足的性格。

重情重义的老北京人。画儿韩和甘子千在三十年前是有过节的，但是既然画儿韩识破了诡计之后对甘子千得饶人处且饶人，这事儿也就过去了。谁想过了三十年，甘子千仍然记得做假画的那件事，并且他对画儿韩仍是满心的愧疚，还把自己的存款转移到了画儿韩的名下，也算给了自己一个道歉的机会。

爱面子、虚荣的老北京人。辘轳把儿胡同九号住着韩德来这样一个包含小市民习气的人，“他觉得，揣着富余票，听听那渴待的央求的声调，简直是一种享受！”——韩德来喜欢被人包围、被人捧着、被人请求的感觉。事实是，谁不喜欢呢？但在韩德来这里夸大了这种感觉，把它变成了虚荣心，这无疑是北京人最大的缺点了。

安分守己、知足常乐、重情重义是老北京人最大的优点了，但是爱面子和虚荣也是不可或缺的老北京人的特点。这些优点和缺点统统融合在一起才构成了北京人这个整体，才是最实在的老北京人性格特点！

师：哪个小组评价张雨尘的作业。

生15：她的作业题目不够具体，评价为良或优。准确概括出北京人的典型特点，评价为优。分析、整合多篇选文的关联和共性，评价为优。结合原文分析，评价为优。在语言表达上存在病句，评价为良。作业评为优⁻。

师：语言表达上有明显病句。你给修改一下。

生15：应该是“一碗醋卤面不仅包含了他对生活的热爱，更是表现了他的知足的性格”。还有“虚荣心，这无疑是北京人最大的缺点了”说得太大了。

师：是太笼统了，应是代表了“小市民”这类人的缺点。你不要念病句，直接修改。

生15：好。最后一句应是“才是老北京人最实在的性格特点”。

师：刚才我也注意到了，张雨尘自己念这句的时候，也主动修改了这个句子，念的是“才是老北京人最实在的性格特点”。这篇作业评为优⁻，尽管语言表达上有些瑕疵，但值得大家学习。同学们评价了四篇作业，对作业的优缺点有了比较全面的认识。在这次作业中，我们班同学暴露的问题在结合原文分析，分析、整合多篇选文的关联和共性两个方面，这些是大家需要特别改善的两个地方。这次作业是为了后面写小论文做准备的。第四篇作业已经接近论文的水平了，我们可以学习她的优点，对前三篇作业进行一下修改。

下面的学习任务是，请每个小组选择前三则探究作业中的一个角度进行修改。给大家一点准备时间。

生16：老师，你的板书有错别字，是规矩的“规”字。

师：喔，谢谢你。哪个小组展示交流？愿意的同学可以上讲台来实物投影展示。

生17：我们组修改的是路羽白《北京人》这篇作业，她在第二段说“画儿韩那几句话里藏刀的教训，让人听了就不禁佩服”，我觉得画儿韩那几句话可以举例说明。咱们可以打开书96页，画儿韩说“就这点本事也上我这儿来打苍蝇吃吗？骗得过画主本人，这才叫作假呢，叫他再学两年吧！”这句话用的是比喻的手法，把做假画骗钱比作“打苍蝇吃”，生动形象地写出了做假画骗钱令人很恶心。这几句北京话中运用了比喻的手法，表明北京话很有生命力和表现力。

师：原来作业的这两句话，被她给加上这个例子，作业内容立马就充实丰富了，不错。下面，哪个小组继续展示交流？

生18：我们修改的也是路羽白《北京人》的作业，她在第三段说大姐夫很会享受，会玩。她说“大姐夫，庙会上的各式各样的玩法，让人不禁心里一动，形容得惟妙惟肖的场景让人眼前一亮”。在88页的第5行，书上是这样说的“各庙会中的练把式的、说相声的、唱竹板书的、变戏法儿的……都得到了他的赏钱，被艺人们称为财神爷”，把大姐夫的各式各样的玩法都写出来了。原来作业说得有点笼统，应该说说大姐夫都玩了什么，应该具体说明。

师：好，你们也修改了这篇作业，修改的内容和上一个组不同。下面，哪个小组来展示交流？

生19：我修改的是我自己的作业。第三段中说“北京人说话也很幽默，总会在字里行间来上几个歇后语”，我补充了例子。在《云致秋行状》中，云致秋说“不要小鸡吃绿豆，强努”，使他的话特别生动。我增加了这个内容。

师：把这个例子放在这里，再稍作分析，作业内容就生动形象了。

生20：我修改的是于郝欣的作业。我增加了“老北京人的大度”内容。比如《寻访“画儿韩”》中，甘子千和那五合伙儿地骗画儿韩，被画儿韩识破后，画儿韩讽刺了那五，并没有点明画儿是甘子千假造的，给甘子千留足了面子。对于骗自己的人都这么宽容，说明了老北京人的大度。

师：补充上这个角度的作业，就把北京人的讲究更深刻地展示了出来。这四个同学的展示真的挺好的。同学们这样修改了作业，也知道了改善的方法。我相信，后面咱们班同学写的论文一定会质量挺高的。

通过以上对几则作业的评价和修改，同学们对于北京人的性格特点有了方方面面的认识，我们来概括总结一下。俗话说，一方水土养一方人。北京是历经元、明、清的三朝古都，中华民族的历史文化在这里留下了最深刻的印记。在厚重的京城文化的熏陶下，北京人拥有了以“讲究”为特点的典型性格和精神气质。“讲究”表现出不同的层面：注重规矩礼数，注重人际关系，注重面子；讲求生活质量，会享受生活，有生活品味。也就是说咱北京人讲礼儿，要面儿，会乐儿，这就是北京人生活的艺术，体现了北京人生活艺术化的特点。

因为是“礼义之邦”的“首善之区”，造就了北京人注重文明礼仪、规矩礼数，所以北京人普遍彬彬有礼、热情大方、豁达平和、襟怀坦荡。说到北京人“讲礼儿”：文学评论家赵园在《“北京人”种种》文章中这样感悟北京人：一言一行都有尺寸管着，却又极自然，似乎不假约束——也是传统社会做人的理想境界，到了这境界，礼仪行为即艺术化了。由技术而艺术，极人工反近天然，做人圆通之至倒令人不觉其圆通。“礼”于是成了‘其人’的一部分。

生21：老师，“其人”应该是双引号。

师：谢谢你提醒我。

因为首都海纳百川，兼容并蓄，形成了北京人多姿多彩的生活，所以北京人普遍话题丰富、思维活跃、幽默能侃、以说为乐。

因为文化深厚，让北京人懂得生活艺术，深谙生活趣味，所以北京人普遍讲吃会玩、以俗为美、自我陶醉，享受生活。

概括地说，北京人注重生活艺术，有“找乐儿”的态度。这可以说是北京人突出的特点。北京人凡事都爱“找乐子”，这“乐子”也实在好找得很。吃是乐儿；玩是乐儿；说话也能寻出乐儿来。从平淡生活中“找乐儿”，本质上是“将世俗的日常生活审美化”。这种“以俗为雅”的审美态度本是清代旗人的生活态度与文化姿态，北京普通胡同的老百姓未必多么风雅，但是，“住在万岁爷的一亩三分地上”，没吃过猪肉也见过猪跑，熏染久了，无师自通，领略俗中的雅趣，最为集中地呈现在北京人的这种“找乐儿”中，这表明了北京人审美感觉的特殊和细腻，人生态度的乐天、达观和智慧。

为什么老北京人爱好“找乐儿”呢？更深刻地看，这种人生态度可以说是对人生痛苦的逃避和排解。透过京味小说的视角，大家会发现：在北京的历史上，政治风云与时代变迁，都使生活变得艰难。这个“乐儿”其实就是一味药，药方子叫“忘却”——借找乐以忘却人生痛苦。在人生困境中告诉自己：“天底下的道儿多着哪，提个笼、架个鸟、下个棋、品个茶、练个功、耍个拳、遛个弯儿……”从北京人的“乐儿”可以隐隐看出的正是普通北京人生存的艰难和生存的顽强。

下面，我们可以参考一下文化学者是如何评价北京人的典型特点的。

易中天《读城记》：北京人最可贵的，是他们的贵族精神。所谓“贵族精神”，指的是一种高尚的人格理想、高贵的精神气质和高雅的审美情趣。贵族精神也可以说是北京的灵魂。正是由于这种精神，北京才成为中国最大气的城市。无疑，贵族精神不是一朝一夕所能产生。它需要长时间的培养、积累与熏陶。尤其趣味的培养和生成，更非一日之功。它也需要坚实的文化基础和雄厚的精神资本，北京恰恰有这样的条件。

探讨“北京精神”

师：通过前面的讨论和认识，同学们对北京人的典型特点有了更全面的认识。接下来，我们进一步探讨：作为北京的新生代，你认为应该发扬光大老北京人的什么特点，从而在今天更好地践行“北京精神”？请就你感触最深的一点，结合文本或联系生活感受，谈谈自己的思考和理解。再给大家一点准备时间。

师：大家的发言要简洁明了。

生22：厚德。“北京精神”的一条就是厚德。我认为从老北京人的行为上可以看出特别讲规矩，讲礼儿。《过年》中的孩子对姑母特别尊敬，父亲对姐姐也特别尊敬。北京人对人有礼貌，尊敬长辈。过年时，家里吃饭，老人不动筷子，孩子不能动筷子，这说明讲规矩。《寻访“画儿韩”》中画儿韩说话时给人留面子，这说明了北京人的“讲礼儿”。

师：他一下子就说出3个例子，重点说的是厚德的特点。

生23：我说的是包容。画儿韩讽刺甘子千，但给他留了面子。虽然甘子千伤害了画儿韩，他做错了，但作为朋友，也需要包容他，这是人的大度的表现。作为北京人，应该大度。比如，朋友之间，同学之间，有人犯了错误，不应揪住人家不放，应该给人家面子，给人家一点包容。

师：你说得真好，既能结合文本，又能联系生活实际。

生24：在《云致秋行状》中，云致秋总能把主角傍得特别好，对人特别厚道。还有，他默默奉献，安于本分，不求名利，有厚德的特点。

师：你的眼中，云致秋是京城文化人中的具有厚德优秀品质的人。经过讨论，大家能认识到北京人最可贵的就是“讲礼儿”的品格。“讲礼儿”就是注重文明礼仪，注重日常道德修养。“讲礼儿”的本质就是厚德。厚德之人才能爱国爱家，拥有博大包容的胸怀。这是当前社会转型时期特别需要提倡的“北京精神”。

在关注“北京精神”的同时，我们也不能忽略北京人的“生活的艺术”及“找乐儿”的态度。不理解的人，可能会对北京人的这个特点表示不屑，认为这是玩物丧志、耽于享乐、不思进取，其实，却也不妨认为这是一种审美的人生态度，这种审美态度中有高度发展了的文化，高度发展了的人的精神能力，有北京人对于生活、对于人生的美的创造。这种“生活的艺术”实际地润泽了无数老北京人的人生，也提升了北京人的整体的文化素质和审美修养。这也是当前社会转型时期特别需要提倡的文化品格。

融合上述的“讲礼儿”的道德修养和“生活的艺术”的审美修养，就是集中优化在典型北京人身上的成熟的教养。这是我们北京人应该感到自豪的地方，也是我们现代人应该继承发展的北京人的精气神。

下面请同学阅读一下这样的一段话，并请大家说说自己的感受。

易中天：事实上，“君子之泽，五世而斩”。没有永远的贵族，也没有什么永恒不变的东西。从庄子到阿Q，有时也只有一步之遥。事实上，不少北京人就不乏阿Q精神。比如“打肿脸充胖子”，就是他们的拿手好戏。北京人的毛病，就是虚，喜欢摆谱、讲排场、充胖子和夸夸其谈。就连他们最看重的礼数，也透着一股子虚气。(《读城记》)

师：你能用一两句说出来北京人哪方面的典型的毛病吗？

生25：北京人爱摆谱，《过年》中大姐夫一家，为了过个肥年，把房契都典押出去了。

生26：北京人爱排场，爱虚。

师：什么叫虚？

生26：说话的时候不怎么地道，就是夸夸其谈。

生27：北京人爱摆谱，讲排场。那五请甘子千吃饭，都要说去哪儿哪儿，哪儿好去哪儿。

师：我们讨论“北京人的毛病”这个话题，有点沉重，我们是应该客观地认识到有些作为不那么体面，在丢祖宗的脸。比如，虚夸、摆谱、国骂、懒惰、得过且过等，还有，就是看不起外地人，这也是北京人一向被指责的地方。说到“优越感”，在某种程度上，“讲礼儿”和“会乐儿”造就了北京人的“文化优越感”，而有教养的北京人绝不会把首都的“优越感”当做炫耀的资本。我们今天在这里津津乐道北京人，也应该警惕是不是出现了狭隘的“优越感”。当我们反省自己的优越感中有轻视他人的成分，真应该为这份无知和浅薄感到惭愧。我们应该看到任何一个地方的人民都爱自己的家园，都有值得我们北京人学习的优秀的品质。而作为北京人，最该习得老北京人的教养，懂得尊重他人，把握待人待己的分寸，做“讲礼儿”的北京人。

课下，同学们要完成学案中的一组填空，填写一首《北京人之歌》，来作为我们献给北京的一份心意。我先在这里抛砖引玉，我填写了这首《北京人之歌》，想请一位男同学和一位女同学配合朗读一下。

生28和29：

北京人之歌

北京人不一定要衣着光鲜亮丽，容貌漂亮好看，但只要有真诚友好的眼神，与人相处时能自然亲切地微笑，外地人眼中的北京人就体面了。

北京人不一定要能说会道、口若悬河，但只要在与人相处时会礼貌地问候，会适宜地道谢致歉，会热情地加以援手，外地人眼中的北京人就真诚了。

北京人不一定个个要成为圣人、英雄、劳模，但只要能自然亲切地待人接物处事，踏踏实实地工作学习，外地人眼中的北京人就实在了。

北京人不一定个个都成为学问家、艺术家、鉴赏家，但只要能以审美的眼光对待平常的生活，而且自得其乐，自我陶醉，享受生活，北京人自己就高雅、快乐了。

良好的教养，是北京人的一张名片，中国人的一张名片。

结束

师：这节课到了尾声，我想和同学们说说咱们北京人之间的心里话。在我们学习京味小说专题的这两周里，同学们一直兴致盎然。我想大家都认识到了京味小说为我们打开了一扇窗，让我们从小说中找寻到了我们自己的影子，也让我们更加了解、认识了我们自己！就此，我想和同学们深入交流一下：对于咱们北京人而言，我们幸运地扎根生长在首都，我们得天独厚地享有这片生活的家园，在精神上我们也会很多优越感。但是，我想问问大家：你是否真的看清了北京这座城市对于我们个人的意义所在呢？

大家都会说：“北京就是我的家。”可能在你们这个年龄，还不一定能够深刻地懂得家园的精神意味。而这份懂得，是需要学习的。我们可以从老舍、林语堂、汪曾祺、邓友梅、韩建功、刘绍棠、霍达、王朔、赵赵的京味小说作品中找寻北京人的生活印记，寻求醇厚、纯粹的“京味儿”；也可以从林语堂的《生活的艺术》、梁实秋的散文选，王小波的《我的精神家园》、章诒和《往事并不如烟》、张中行《顺民论》、季羡林的作品全集等著作中找寻北京人的生存之道和生活态度。这些小说和著作会帮助我们思考和提升认识。

在我年轻阶段，我还真没有意识到作为一位地地道道的北京人对于自己有什么意义。但是，随着年龄的增长，人到中年，有了一定的生活阅历和思考能力，也在阅读这些书中有了一些感悟，我开始慢慢懂得了原来司空见惯的故宫、角楼、皇城根、前门、鼓楼、四合院；这里的风味小吃，我离不开的炸酱面，我也爱吃的那口炒麻豆腐；还有，亲戚朋友满口的京腔京韵，这里的一切一切原来是这么不平常。每次说到这些，我都会感到亲切温暖、热血沸腾，离开了还魂牵梦萦——总之，我终于懂得了这个诗句“为什么我的眼里常含泪水，因为我对这片土地爱得深沉”撼动人心的力量。这让我懂得北京这方皇天厚土是我的生活家园，更是我的心灵和精神的家园。一个人找到自己的精神家园，就像大树扎根在坚实、肥沃的土壤中，根系能汲取到丰厚的营养，枝干会越发挺拔、茁壮。我相信，总有一天你会懂得的，你也必须懂得家园就是我们的根，它意味着归属和温暖，也意味着精神的独立和人格的尊严！

只有我们用心去发现，我们才能体会自己家园的无与伦比的美；

只有我们用心去学习，我们才能体会和理解她的精神和内涵。

只有到了这一天，我们真正以做北京人为荣，我们在精神上才算是拿到了北京的永久的身份证！我希望这一天来得更早些。和同学们共勉。

今天的作业是任选其一：(1) 确立“北京人”专题的同学完成本专题的小论文。不少于800字。

(2) 确立“北京话”专题的同学准备下节课的展示材料。

今天的课就上到这里，谢谢大家。下课。

附板书：

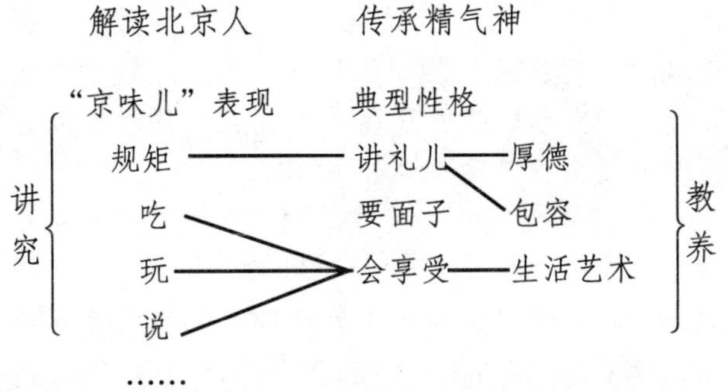

六、教学反思

本学期，我个人进入了新课程改革以来使用北京版教材的第三轮选修课程的实验。在前两轮的选修课“专题式”教学实验中，我已经开展了十几个专题教学，具备了整体把握专题学习内容的能力，并且具有了指导学生自主确立“专题”，开展探究性学习，写作小论文等环节的教学经验。有了这样的基础，我希望自己能够进一步深入“专题式”教学实验，实现更大的突破。本着这样的想法，进入第三轮选修课的教学阶段，我首先选择了自己最钟爱的京味小说专题开启了专题教学。之所以这么选择，主要考虑到京味小说专题最贴近北京学生的生活，学生易于联系自己的生活实际展开对京味小说的内涵和特点的思考。预想充分利用这个优势开展此小说专题的教学，能够有效地帮助学生化解需要“捆绑”整个专题多篇选文的学习困难，从而推动首次开展的“专题式”教学的顺利实施，为后面的其他的专题教学做好引导和示范。就是在这样的背景下，我在京味小说专题深入开展“专题式”教学，继而完成了重点围绕“北京人”进行专题探究的一节课——《解读北京人，传承精气神》的教学。本课的教学依循专题教学的总目标“开展专注整个专题的自主探究性的读写实践活动”而设定目标，教学立足点一是“专注整个专题”，二是“探究性学习”。较之必修课程开展单篇小说教学来说，本课教学充分体现出“专题式”教学的特点。以此课教学为例，反思这一轮的京味小说专题教学，我在“专题式”教学方面做了进一步的尝试，并有所突破，现总结如下：

1. 选准课堂探究的切入点，把文本学习引向深入

本课的教学在整个专题学习过程（即确立专题、课堂学习、成果展现的专题学习流程）中处在课堂学习的收尾阶段。前期学生已经确立了自己探究的“专题”，并且完成了四篇选文的阅读，本课教学必须关注到“专题式”学习的选择性以及专题学习内容的整体性，具有一定的深度和广度。尤其是对于学生来说，首次开展“专题式”学习，更是具有相当的难度。

为了让学生顺利地进入这节课的专题学习，我要求学生课前先自学，在“专题”的导向下独立自主探究选文内容，写出探究心得。强调学生把围绕“专题”而开展阅读的成果落实在写作练习中，以此来保证“专题式”学习的实效性。学生的预习探究作业凝聚了初步探究的成果，是宝贵的教学初始资源。这些作业大多处于原生状态，往往是零星的、片面的、模糊的，把它们转化为新的课堂学习资源，必须经过教师的二次加工，进行科学合理的开发利用。教师应具一双慧眼，筛选出具有普遍性、典型性的作业，发现其中有探究价值的新信息、新问题，从而紧密依据这些信息确定下一步的教学目标和教学内容。

本着以上认识，在备课中，我认真观察、分析和总结学生的预习探究作业，寻找教学的切入点，有了一定的发现和突破。据我的观察，大多数学生能够结合课文内容探讨北京人的特点，认识到了老北京人具有讲究、会享受、要面子、安分守己、知足常乐、重情重义等方面的特点，而作业中涉及的北京人的“京味儿”表现，也有规矩、说、吃、玩等方面，这些体现了学生初步

探究的成果。但是，学生的这些认识比较分散，缺乏概括和总结。在充分分析学生作业的基础上，我开始思考如何寻找课堂探究的切入点，我认识到，对于北京人的“讲礼儿”特点，可以就作业中呈现的“北京人的讲究——老规矩”的认识切入；对于北京人的“生活艺术”特点，可以从学生认识到的“玩”、“说”等角度切入。经过这样的思考和认识，我筛选出四篇具有普遍性、典型性的作业作为课堂的学习资源。这些作业，一方面能够联合呈现北京人方方面面的特点，有助于引导学生认识和理解北京人“专题”下的丰富内容和内容重点。另一方面，这几篇作业也暴露出一些典型的问题，有助于引导学生意识到自己专题探究中急需改善的地方。这样，确定了课堂展开探究的切入点，根据学生学习的实际的起点开启本课的专题探究，也就是铺设了一条把文本学习引向深入的路径，从而保证了后面专题探究的顺利开展。

2. 借助评价标准，更深入地进行自主探究

面对展示的探究作业材料，怎样让学生能够自己从中发现新的知识，并且发现作业的问题，进而思考自己的收获和不足，我认为这是最需要突破的教学难点。为此，我设计了两个自评表，精心琢磨、设定了相关的评价标准。比如，在设计自评表一的过程中，考虑到学生探究作业是以一段短文形式呈现的，应该关注到短文的题目、内容、写法和语言表达等方面，于是我设定了这四条项目。接下来，要为每一项目设计不同评价等级以及具体的评价标准。我认识到其中“优秀”的等级，就是教师预设学生达到的知识和能力的优秀目标。比如，在充分考虑专题学习的特点的基础上，我预设优秀的探究短文在内容上可以达到这样的目标：（1）准确概括出北京人的典型特点。（2）分析、整合多篇选文的关联和共性。于是，我就设定了这两条“优秀”等级的评价标准。以此类推，也设定了“良”和“及格”等级的评价标准。

具体、鲜明的评价标准可以为学生自评和小组互评提供参考。学生依据评价标准，可以积极参与到评价活动中来，发现自己的问题并及时改进，促进了学生的知识建构。同时，也让教师及时得到教学反馈信息，从而改善教学。有了自评表这样的辅助手段，学生的评价就不会失于随意，而会有路可循，有理有据，细致深入了。

课上展示的四篇探究作业，暴露出学生作业突出的问题，比如贴标签式解读，简单推出结论，没有结合原文展开具体分析；没有关注整个专题学习内容，不能分析、整合多篇选文的共性和关联点；语言表达中有明显的错误，等等。对于第三篇作业，依据评价标准，小组给出了这样的评语:“她的作业题目具体、鲜明、简洁，评价为优。她的作业不能分析、整合多篇选文的关联点和共性，评价为不及格。她能够从专题的角度准确地找到相关的原文关键语句，并且展开分析，评价为优。她在语言表达上能够清晰、有层次地表达自己的学习成果。没有病句和错别字，评价为优。总体评为良。”依据评价标准，这个评价小组认识到了本篇作业的“不能分析、整合多篇选文的关联点和共性”问题。在以往的专题教学中，“分析、整合多篇选文的关联点和共性”一直都是教学的一大难题，很难培养学生这方面的意识和能力。而参照评价标准的条目，学生相对容易地“发现”了作业中的这一问题，也就相对顺利地跨越了专题学习中的这一大难关。可见，使用自评表，参照评价标准展开评价，就好像是为课堂注入了活水，激活了本节课的教学，推动了专题探究的自主开展。评价表具有一定的可操作性，是在具有较大教学难度的专题教学中的一种有效的教学辅助手段。

3. 整合专题的关联点和共性，提升探究成果

本课教学任务是在北京人“专题”导向下探究北京人的典型特点和形象意义，整合专题学习内容是保障专题探究走向成功的

重要一环。分析、整合选文的关联点和共性，要求对四篇选文中的北京人特点进行比较、概括、归纳，促进学生从相对的高度、深度、广度重新审视“专题”，可以使学生获得新的体验和发现。

在专题学习的初期，一些学生没有关注整个专题的意识，需要进一步培养。例如，第三篇作业《北京人的讲究——老规矩》暴露的问题就是不能体现多篇选文的关联点和共性。在这个题目下是不能增添其他选文的相关材料的，但是，我鼓励学生群策群力，一起寻找其他选文中关于北京人讲究老规矩的内容。学生颇费周折，最后不得不摇头表现没有发现这方面的内容。这个“徒劳”的学习过程，有效地帮助学生强化了关注整个专题的意识。接下来，我又鼓励学生尝试修改作业。有的学生认为可以把题目改做《北京人的讲究》，也有的认识到还可以改成《“讲礼儿”的北京人》，或者《北京人“讲礼儿”》。在这个基础上，我进一步引导学生深入思考可以从哪些角度写“讲礼儿”。有个学生说可以通过北京人的称呼“您”、“怹”，表现北京人有礼貌的特点。还有个学生认识到北京人“讲礼儿”，“不仅是在人称上面，还有对待事情的态度，他是讲理儿的。知道错了就认错，不会胡搅蛮缠的。还有待人接物，与人沟通的方式。”学生通过分析小说中的甘子千是如何对待自己犯的错误的，“画儿韩”是如何对待他人的错误或伤害的，也就理解了北京人的待人待己的分寸和教养，进而理解了北京人的“礼儿”的丰富内涵。从这个教学片段中，可以看出学生能够打通《过年》、《寻访“画儿韩”》、《云致秋行状》、《辘轳把儿胡同9号》这四篇选文，寻找到了北京人的一些典型特点。这也表明学生通过分析、整合专题的关联点和共性，拓展了思维的广度和深度，这无疑培养了学生思维的全面性和深刻性。

从整节课的设计和实施来看，从作业展示、评价、修改，到概括北京人的典型性格和形象意义，再到探究“北京精神”，这符合专题学习的整体性和连贯性的特点，也切合学生由浅入深，由感性到理性的思维特点，学生的思维品质在专题学习中得到了明显的锻炼和提升。

从学生课后完成的论文质量来看，学生普遍能够分析、整合多篇选文的关联点和共性，提升了专题探究成果，显现出本节课教学目标的达成效果，也彰显了专题教学的优势和特色。

综上，我认识到，这节课教学的成功在于不仅避免了讲读单篇选文的现象，而且实现了“专题”的探究活动与文本学习的有机结合。其中，选准课堂探究的切入点，纠正探究中的偏差，能够帮助学生沿着“专题”学习的方向展开探究，也保障了文本学习走向深入。同时，运用自评表的评价标准为学生铺设了一条通向自我发现的探究之路，有助于学生提高探究的主动性，也有助于构建以学生为主体的自主探究型课堂。以上这些，可以说，实现了我在第三轮选修课实验初期开展“专题式”教学方面的一些突破。

本课教学也留有一些遗憾和不足。我也认识到自己在选修课堂组织教学上存在着一些尚待解决的问题。比如，如何在课堂教学中更高效地展开专题探究活动，探究活动又如何与文本学习更紧密地结合起来。于是，这两个问题就成为了我在后面的选修课专题教学中力争有所突破的课题。我的“专题式”教学的探索和研究正在继续，争取实现更大的拓展和突破。

学习探究学案

班级：　　　姓名：

学习目标：

知识目标：

（1）了解北京人的典型性格和精神气质。

（2）认识作品中蕴含的北京人的精神。

能力目标：

(1) 评价“北京人”专题内容，辨析北京人的典型性格和精神气质，提高准确、有条理的口头表达能力和对书本结论、他人观点提出自主分析与评价的能力。

(2) 探讨北京人形象的典型意义和社会价值，努力探索作品中蕴涵的民族心理和时代精神，提高收集、分类、概括知识与相关信息的能力。

(3) 关注“北京精神”的传承，提高关注可持续发展实际问题并提出创新性解决方案的能力。

情感、态度、价值观目标：

(1) 品味京味文化，形成良好的文化心态，尊重北京的传统文化。

(2) 体会作品中蕴含的北京人的精神，深化热爱北京的感情，唤醒和激发家园情怀。

1. 讲前预习探究

【预习知识】了解北京人的典型性格和精神气质。

【探究问题】在确立的“北京人”专题的导向下，自读本专题的四篇选文，筛选原文相关的有效信息展开分析，从中概括出北京人的典型特点。在此基础上，整合思考成果，完成“北京人”专题作业，字数不限。

2. 课中自主—合作探究

【探究任务 1】展示预习作业

做预习探究报告：台前展示预习作业，使用多媒体 ppt。

课堂讨论与评价：针对预习作业，利用评价表一，展开评价。

自评表一：针对预习作业，展开评价。

<table>
<tr><th rowspan="2">评价等级</th><th colspan="4">评价标准</th></tr>
<tr><th>题目</th><th>北京人的特点</th><th>结合原文分析</th><th>语言表达</th></tr>
<tr><td>优</td><td>具体、
鲜明、
简洁</td><td>1. 准确概括出北京人的典型特点。
2. 分析、整合多篇选文的关联点和共性。</td><td>能够从专题的角度准确地找到相关的原文关键语句，并且展开分析。</td><td>1. 能够清晰、有层次地表达自己的学习成果。
2. 没有病句和错别字。</td></tr>
<tr><td>良</td><td>表述较清楚、明白</td><td>1. 能够概括出北京人的特点。
2. 较少涉及分析、整合多篇选文的关联点和共性。</td><td>1. 能够从专题角度找出相关的关键语句，能够概括出内容要点，但是缺少分析过程。
2. 出现对某些关键语句的不恰当的分析。</td><td>1. 较清楚地表达自己的学习成果。
2. 较少出现病句和错别字。</td></tr>
<tr><td>不及格</td><td>表述不够清楚明白</td><td>1. 不能概括出北京人的特点。
2. 不能分析、整合多篇选文的关联点和共性。</td><td>能摘选一两处印象较深的语句并谈看法，但不能有条理地展开分析。</td><td>1. 不能清楚地表达自己的学习成果。
2. 较多出现病句和错别字。</td></tr>
</table>

【探究任务 2】修改、完善作业。

学习任务：每个小组选择前三则探究作业中的一个角度进行补充、完善。

课堂讨论与评价：发言并配合实物投影展示

【探究任务 3】深入探讨“北京精神”。

探究问题：作为北京的新生代，你认为应该发扬光大老北京人的什么特点，从而在今天更好地践行“北京精神”？请就你感触最深的一点，结合文本或联系生活感受，谈谈自己的思考和理解。

课堂讨论与评价：原位发言。参考自评表二，展开评价

自评表二

评价等级	评价标准		
	内 容	分 析	语言表达
优	思考“北京精神”的内涵及意义，能够就自己感触最深的一点，清楚地进行阐述。	能够紧密结合课文，或者能够联系自我，有理有据地表达看法。	能够清晰、有层次地表述自己的学习成果。
良	能够思考和表述“北京精神”的内涵及意义。	能够较清楚地表达看法。	较清楚地表述自己的学习成果。
不及格	不能思考“北京精神”的内涵及意义。	不能清楚地表达看法。	不能完整表述自己的成果。

【探究任务4】拓展练习

课堂作业：填空

北京人之歌

北京人不一定要衣着光鲜亮丽，容貌漂亮好看，但只要有真诚友好的眼神，与人相处时能自然亲切地微笑，外地人眼中的北京人就体面了。

北京人不一定要能说会道、口若悬河，但只要____。

北京人不一定个个要成为圣人、英雄、劳模，但只要____。

北京人不一定个个都成为学问家、艺术家、鉴赏家，但只要____。

北京人不一定____。

________________，是北京人的一张名片，中国人的一张名片。

展示交流：台前发言并结合实物投影展示

3. 讲后应用探究

【应用探究作业】

任选其一：（1）确立“北京人”专题的同学完成本专题的小论文，不少于800字。

（2）确立“北京话”专题的同学准备下节课的展示材料。

【小结与反馈】思考和交流学习收获。

我的知识增长——

我的能力增长——

我的情感态度价值观的增长与转变——

第十三节　张爱玲作品选读专题学习

一、专题的缘起

在2012年的第一个学期，我在高一年级开设了张爱玲作品选读专题学习的选修课程。开设选修课程，要求教师根据学科特点独立设计课程内容。作为语文教师，我本着拓展阅读的目的，而选择设计了这个教材之外的学习专题。当初设计这个专题时，我已经完成了新课程改革以来使用北京版教材进行的前两轮选修课“专题式”教学实验。“专题式教学”就是从选择、确立“专题”入手，以“专题”为核心开展教学活动的方式。使用这种教学方式，我在前期已经开展了十个专题教学，初步形成了自己的教学特色。我已经具备了整体把握专题学习内容的能力，并且具有了指导学生自主确立“专题”，开展探究性学习，写作小论文等环节的教学经验。有了这样的基础，我希望自己能够进一步深入“专题式”教学实验，实现更大的突破。

使用北京版教材，是进入高二年级后才从必修课程过渡到选修课程的。当时，我正在教授高一年级，没有专题教学任务。但我在讲授必修课程中，也做了一些“专题式”教学的尝试。比如在教授李白的《与韩荆州书》课文时，要求学生整合学过的李白诗文，进行有关李白的专题探究，学生兴致盎然，写出了李白专题的小论文，取得了不错的学习成果。通过李白专题的教学过程，我更加意识到开展体现一定拓展性的“专题”，有助于激发学生兴趣，培养自主性探究能力，从而提高学生的语文素养。

客观地看，我在以往开展的专题教学是在教材的范畴中运行的，在设计课程内容方面并没有实现很大的拓展和突破。而触发我开设教材之外的选修课程的想法，其实是受到了深圳市新安中学特级教师吴泓的直接影响。2011 年 11 月我参加在重庆合川召开的全国第二届高中语文模块课程·专题教学理论与实践研讨会，了解到了吴泓老师的“铸就思想、构筑精神”以及“精神和言语共生”的教学理念，我受到了深刻的触动。吴泓老师展示的“读整本书”、读“完整经典”的“专题研究性学习”的课例，我认为也有很大借鉴意义。

在这样的背景之下，我开始设计一个在教材之外、体现拓展性的教学专题。基于自己的阅读经验和爱好，我选择鲁迅、老舍和张爱玲这三位作家作为选修专题的目标。之后，我征求班级学生的意见，了解到学生更愿意选择金庸、张爱玲、三毛和琼瑶作为选修课学习的目标。在充分尊重学生的兴趣和需要的基础上，我最终确定了自己第一个独立设计和实施的选修课程——张爱玲作品选读专题学习。

二、课程目标和整体设计

1. 课程目标

开设选修课程目标：为了进一步切实提高学生的语文素养，针对不同学生有侧重地培养语文应用能力、审美能力和探究能力，促进学生特长和个性的发展，以适应及满足其兴趣和潜能、未来学习和就业的需要。

本课程教学目标：

(1) 走进经典，在阅读和鉴赏中领略作家、作品的永恒魅力，培养阅读文学作品的兴趣和爱好，提升语文素养。

(2) 通过专题探究，提高自主性探究能力，促进学生的可持续性发展。

2. 课程实施的原则

(1) 基础性原则。本课程不是专业的学术研究，而是普及性的鉴赏引导，立足于让学生对张爱玲由陌生到熟悉，由不解到了解，进而产生深入阅读、鉴赏、研究的热情和愿望，为他们的精神世界储备必要的经典“养分”。

(2) 发展性原则。本课程将为学生打开一扇通向瑰丽神秘文学殿堂的大门，引领学生发现、感知他们以前从未注意过的美，让他们在人情美、人性美、艺术美、文化美的熏陶中净化心灵，增强心灵的“抗击打能力”和“免疫力”，成为一个健康发展的人。

3. 实施方法与过程

（1）培养学生的主动参与意识，激发他们参与鉴赏学习的兴趣。

（2）合理设置教学内容，根据学生兴趣和作品特点选择探究专题。

（3）制定详细的教学计划，认真授课，保证效果。

（4）教学组织形式：小组形式、集体教学和教师指导下的个人自主活动相结合。

（5）授课时间：每周两个课时，在学校指定的地点进行授课，集体赏析讨论。

（6）成果形式：写论文、课件展示、表演片断剧等。

4. 内容安排与进度

第一周	导读一：作者与时代背景，内容提要
第二周	导读二：作者的伟大影响
第三周	阅读中篇作品集
第四周	阅读和交流
第五周	电影观摩
第六周	阅读专家学者的评论文章，进行交流
第七周	阅读专家学者的评论文章，进行交流
第八周	确定专题，进行写作
第九周	写作
第十周	论文交流
第十一周	展示成果

三、专题学习过程

第一阶段：精读原著，质疑探究。

本阶段共用五周时间。因为选修课程每周只有两个课时，课堂上主要用来讨论交流，学生要利用课余时间来完成阅读原著的学习任务。

课程伊始，来自不同班级的13位同学进入专题学习。我了解了学生阅读张爱玲作品的情况。在这个班级的学生中，只有白星月和彭勃两位同学表示认真阅读过张爱玲小说选，她俩对其中的名篇，比如《倾城之恋》、《红玫瑰与白玫瑰》、《金锁记》、《茉莉香片》有浓厚的兴趣和自己的阅读心得。而其余的同学都表示并没有读过张爱玲的作品，之所以选择这个选修课，是对张爱玲的名气和由她的作品改编的电影，比如《色戒》、《倾城之恋》、《红玫瑰与白玫瑰》等感兴趣。多数学生的这种“零阅读”状况，实在不令人乐观，让我认识到初次开展这个新选修课具有极大的挑战性。

这个选修课程确定必读书目是一部张爱玲中短篇小说选《红玫瑰与白玫瑰》，这里面包括17篇小说，共22万字，台海出版社出版，1998年版。之所以选定这个版本，一是考虑到该作品集中的作品适合作为学习材料。二是学校图书馆储存的这个版本的图书册数足够供学生借阅。在白星月和彭勃两位同学的推荐下，我们确定了其中的《倾城之恋》、《红玫瑰与白玫瑰》、《金锁记》、《茉莉香片》四篇作品作为选修课的必读篇目，要求大家两周之内读完，并写出初步的阅读心得。

在导读阶段，为了引导学生进入阅读情境，我和学生们一起分享对张爱玲作品的阅读心得。我个人认为《金锁记》是张爱玲的最深刻的作品。听到这里，白星月同学频频点头，她灼灼的眼神让我意识到，这个孩子是真正的“张迷”。我请她走上讲台，白星月侃侃而谈，洋洋洒洒，足足讲了半节课。她果然有深厚的阅读基础，对张爱玲有自己独特的理解。尤其是，她对张爱玲的最后的作品《小团圆》的曲折的出版情况都了如指掌，令我佩服不已。同学们也听得入迷，我想，白星月同学发挥了对其他同学的模范带头作用！有这样的榜样，其他学生会奋起直追，实现阅读的零的突破，我们的选修课就有了成功的基础。课下，我和白星月同学交流想法，请她帮助我建立一个张爱玲专题阅读博客。她利用两三个中午，在网易中成功开设了这个博客：劲松 laoshi 的日志。非常感谢白星月同学为我们的专题学习搭建了一个交流平台。

接下来，进入阅读单篇小说的阶段。我鼓励学生自己尝试解决疑惑，扫除阅读的障碍。如果不能解决，要把阅读的疑惑写在博客的阅读记录上，学习小组可以就这些问题进行讨论交流。对于几部中篇小说，学生先后提出了以下一些问题：

（1）白流苏最后终成范柳原正妻，为何还是怅惘？为何说“这是个不可理喻的世界”？

（2）范柳原为什么在香港沦陷后才和流苏结婚？范柳原与流苏结婚是因为真的爱她，还是想在战争中找一个可以陪伴的人？

（3）白流苏和范柳原之间，究竟是爱情游戏还是真情流露，亦或是两者都有？

（4）《金锁记》倒数第二段说“这不过是谣言”，是谣言为什么要在结尾处提及？有什么含义？

（5）振保为什么看到了孟烟鹂就会说“就是她罢”？振保为什么要离开王娇蕊？是红玫瑰那样的女人适合振保，还是白玫瑰那样的女人适合振保？

（6）《花凋》结局中的女主人公的死意味什么？为什么等她想通了，人也去世了？张爱玲想表达什么情感？

（7）《有女同车》中，张爱玲为什么要把儿子这一形象写进来？而且我不明白儿子做的荒唐事是什么？

（8）《第一炉香》中葛薇龙最后是不是被乔琪抛弃了？《第二炉香》中罗杰最后为何会选择自杀？

（9）《心经》一文，许小寒与其父、其母的关系为何时好时坏，又为何她对他父亲充满别样情感？

对于作者张爱玲及其作品特色，学生有这样的问题：

（1）什么是使张爱玲成为文学史上的奇人的主要原因？

（2）为什么张爱玲的作品开头总让人读不懂，有一种朦胧感？为什么结局总是显得有些悲伤？

（3）小说中面对动荡不安的生活，张爱玲都让主人公以一种冷静的态度去回归自然传统，那么，张爱玲为何在现实中表现得十分“悲剧”，是身不由己还是命中注定？

（4）张爱玲笔下的白流苏是个很能干、很贤惠的女人，但迫于生活的种种无奈与困境又不得已做出了很多出格之事，例如做了他人之情妇。张爱玲笔下的“她”是不是表现出生命的本能欲望在痛苦与无聊之间摇摆不定？这是张爱玲对生活的疑问还是自己的生活的写照？

看到学生提出的颇有深度的高质量的问题，我感受到了张爱玲这个传奇作家和她的经典作品带给当代学生的是巨大的文化冲击波。这样的阅读能够如此提升思考的深度和广度，这让我也强烈地意识到了阅读经典作品的意义。

通过分析以上学生提出的问题，我发现学生对张爱玲不够了解，但是充满好奇。接下来，我组织学生阅读了有关张爱玲的介绍材料，有钱定平的《关于胡兰成的为人为文及其他》、清秋子的《旷世之恋：张爱玲为何一见钟情胡兰成》。在详细地了解了张爱玲的生平以及她和胡兰成的爱情故事后，我们又集体讨论了以下问题：

（1）范柳原爱上白流苏的是哪一点？他俩是各自带有什么私

心相爱的？是战争让他们彼此依赖的吗？

（2）张爱玲为什么要描述那个时代的如此复杂的爱情故事？她本人经历了什么样的爱情？白流苏的爱情是否是张爱玲对自己爱情的希望？

经过这样的阅读和交流，学生对于《倾城之恋》、《红玫瑰与白玫瑰》、《金锁记》、《茉莉香片》这四个必读篇目有了比较深入的理解，初步领略了作家的传奇色彩和作品的文学魅力，达成了这一阶段的学习目标。

接下来的两周选修课是最受学生欢迎的快乐而又意义的语文课。我组织同学们观看了电影《倾城之恋》，是同学从网上找到的周润发主演的版本，播放的效果很好。后面，应同学们的强烈要求，我们又接着观看了电影《红玫瑰与白玫瑰》，主演是陈冲和赵文瑄，两个人演得精彩、出色，大家也看得津津有味。而且，学生给我们的博客链接了多部由张爱玲作品改编的影片。很多学生课下欣赏了自己感兴趣的其他影片，这些影片帮助学生更深刻地理解了小说作品。

第二阶段：拓展阅读，集体交流。

这一阶段共用两周时间。主要学习任务是阅读专家、学者的评论文章，以此来提升对作家、作品的思考深度。经过筛选，我推荐了三篇评论文章，包括夏志清的《论张爱玲》、王安忆的《世俗的张爱玲》和贾平凹的《读张爱玲》。把这些材料放在劲松laoshi的日志的博客空间里，供学生阅读。同时，鼓励学生自己从网络空间找寻有关张爱玲的评论文章，拓展阅读面。

学生在阅读评论文章中，要筛选这些评论文章的重要信息，对他人观点提出自主分析与评价。在思考分析后，要将自己的思考结果写下来，并且要把探究作业以写日志的方式上传到博客空间中，供大家浏览交流。在完成自己学习任务后，我还要求每个学生负责给其他两位同学的作业写评价，从而促进学生间多层面的合作交流。学生能够比较顺利地完成了此阶段的学习任务。下面是几篇学生的探究作业成果，能够显示学生在这个阶段的探究思路和探究水平。

读夏志清的《论张爱玲》有感

高一（3）班　白星月

本篇作者从张爱玲的童年经历说起，又接着细致入微地分析了张爱玲的几部作品。从夏志清先生的论述中，我感受到了佛家的一句话“相随心转，境由心生”。张爱玲许多的作品中对家族、对父亲的描述，都或多或少带有自己的生活的影子，其中她的《小团圆》最为突出，当然《小团圆》就相当于她自己的自传，而《金锁记》中的姜季泽这个典型的没落贵族子弟形象恐怕也来源于张爱玲家族吧！

这篇文章中让我感受最深的，还是夏先生对几部作品的理性分析，他评价《金锁记》说：“《金锁记》长达五十页，据我看来，这是中国从古以来最伟大的中篇小说。”同时他认为“曹七巧——打个比喻——是把自己锁在黄金的枷锁里的女人，不给自己快乐，也不给她子女快乐。”见解之独到，令人钦佩！这不禁让我想起傅雷先生对《金锁记》的评价说：《金锁记》是张女士截至目前为止最完满之作，颇有《狂人日记》中某些故事的风味，至少也该列为我们文坛最美收获之一。他认为最初曹七巧用黄金锁住了爱情，结果却锁住了自已。爱情折磨了她的一世和一家。

同时看这篇文章我也感受到了张爱玲作品“新旧文学的糅和，新旧意境的交错”，“对意境精心绘制呵出一片苍凉的气氛”的特点。这篇文章中夏先生的话“张爱玲喜欢描写旧时上流阶级的没落，她的情感一方面是因害怕而惊退，一方面是多少有点留恋——这种情感表达得最强烈的是在《金锁记》里。一个出身不高的女子，尽管她自己不乐意，投身于上流社会的礼仪与罪恶之中；最后她却成为上流社会最腐化的典型人物。”让我想起了张爱玲曾说的一句“因为懂得，所以慈悲”。也许张爱玲的经历让她能真正懂得她笔下人物的情感，才能写出感人肺腑的文字！

有些学生充分利用网络资源，自己独立拓展了阅读材料，我要求他们把材料上传到博客中。我经过阅读和筛选，保留了其中比较有学术价值的篇目，删除了内容不完整、缺乏思想价值的个别篇目。这样，我们的阅读材料就在最初我推荐的三篇的基础上增加到了七篇。下面，就是学生阅读自己找寻到的阎冬的《她从海上来——张爱玲作品浅析》、林少名的《张爱玲笔下的女性形象分析》后完成的两篇探究作业，也表现出较高的作业质量。

读《论张爱玲笔下的女性形象分析》有感

高一（4）班 张钟方

读这篇文章，让我从文章的女性中进一步了解了张爱玲小说所具有的更深层次的内涵。首先作者把张爱玲作品中的女性分为四类：一、心理变态型：社会悲剧的角色象征。二、甘为囚鸟型：性别悲剧的角色象征。三、红颜薄命型：命运悲剧的角色象征。四、天使型：救赎悲剧的角色象征。作者这种归类十分恰当到位，作者对曹七巧的定位是典型的心理变态的女性，她内心渴望正常人的生活。这种评价让我对曹七巧这个变态、自私、扭曲的人，有了更深层次的了解，我对她从一开始的憎恨变为同情、怜悯。还有就是白流苏，我曾经认为白流苏是一个敢去追求爱情的新时代女性，可读完了这篇文章我渐渐明白了她投入范柳原的怀抱不只是停留在爱情的层面上，还有对物质金钱和安稳的生活的追求。

这篇文章，不仅让我更明白张爱玲作品的文学价值，还让我了解了论文的格式。真是受益匪浅啊！

读《她从海上来——张爱玲的作品浅析》有感

高一（3）班 杨佳宁

本篇作者从张爱玲本人的经历入手，让我们这些读者知道了张爱玲为什么会有如此独特的感情世界，也让我们更加了解了张爱玲本人。通过这篇文章，我知道了张爱玲的祖父是清末名臣张佩纶，祖母是李鸿章之女，到父母这一代家族衰落，怪不得她会把《金锁记》、《倾城之恋》当中大家族的兴衰描绘得如此真实与独到。正因这种不寻常的经历，她才会对那种新旧时代的女性命运极为关注，对女性的心理挖掘极为深刻，对女性的心理痼疾进行拷问，冷静地剖析黄金枷锁和情欲压抑下扭曲变形的人性，展示了“家”中异态的亲情关系。可见一个人的经历，对她的思想的影响是多么深远！

第三阶段：确定专题，进行写作和交流。

本阶段共用三周时间。学习任务是写作一篇论文。

进入到小论文的写作阶段，首先，要面对的是这样一个攻坚难题：如何在前期的阅读和积累的基础上确定自己的写作角度。这需要学生整合自己的阅读收获，从中确立一个符合自己兴趣又有探究价值的专题题目，这对于大多数学生来说，都不是一件容易的事情。教师此时要给学生提供帮助，我要求每个同学找我面谈自己的拟题思路，适时给予学生点拨。

在和学生的交流中，我发现有些学生不费周折就能够找到自己论文写作的角度。他们的成功之处是在梳理自己的兴趣点的过程中，能够激活自己的最优兴趣点。教师只要提示学生考虑探究价值，或者让论文的题目更具体、鲜明，即可。

比如，张雨尘同学表示她有感兴趣的三个角度，即小说的悲剧色彩、爱情故事、人物间复杂的关系。她在表述完了后，自己就顺理成章地确定了“小说的悲剧色彩”为研究题目。

白婧同学也是这样，她最感兴趣的是张爱玲的爱情观。她认识到张爱玲式的爱情不同于琼瑶式的浪漫，而是俗世的爱情，女人在爱情中除了寻找感情的归宿，更要找到生活、生存的家园，这是现实的，是需要心机的。

杨佳宁同学对于张爱玲小说中的人物命运感兴趣，经过分析，她认为自己可以把关注点放在“人物命运的起落或转机”上。

白星月同学说，自己可以既关注张爱玲的人生命运，也可以关注她的作品中的张爱玲的影子。她初步确定自己的专题是“张爱玲人生经历在作品中的投射”。

张钟方同学很确定自己想写“张爱玲文章中的残酷之美”。看来，她对于张爱玲作品中揭露的人性之恶有充分的关注，我认为这个切入点能够抓住张爱玲小说作品的精髓。无疑，这是个很好的专题。

邹也彦同学说他关注的是张爱玲作品的创作特点和风格。我询问他如何具体切入，他说是“参差对照”。我又问他“参差”是什么意思，他说就是人物前后的对比。比如范柳原，原来是玩世的，而后来也回归了普通人的平凡。同样，张爱玲笔下的曹七巧何尝不是呢。听到他的解释和分析，我认为，他关注的切入点能深入作品抓住人物的发展变化，而且能发现人物的复杂多面性。沿着这个思路进行进一步的探究，能够发现张爱玲的作品的创作特点。可见，这还真是个不错的专题。

有些学生开始可能思路混乱，自己不能独立整理出清晰的写作角度，这就需要教师点拨指导。教师需要先帮助学生整理阅读的思路，挖掘学生的兴趣所在。

比如，崔羽婧同学表示有点理不清写作的思路。她说自己初步感兴趣的是张爱玲笔下的人物。我追问张爱玲塑造的人物有没有共同的特色。她说，曹七巧年轻时很活泼，但后来就畸形变态了。我进一步问“为什么会有这样的变化”，她认识到这是因为曹七巧缺乏爱，有爱的饥渴。我再追问，这都是什么原因造成的？是个人性格使然，还是环境使然？其实，我们师生的对话到了这个层面，她的思路就清晰起来了，她确立专题是“张爱玲笔下的女性人物的特点”。重点分析曹七巧、孟烟鹂、白流苏等缺乏爱的女性形象。

彭勃同学对《倾城之恋》这部作品有浓厚的研究兴趣。我追问，如果不写成故事梗概，该有什么研究角度？她想了想，认为可以把男女主角的爱情故事的发展脉络梳理出来。我进一步提示应有自己的研究重点，经过思考，她认识到可以就着爱情经历中的重大转变，分析两个人物的感情因素及其环境因素。

孟楠同学感兴趣的是张爱玲笔下的女性形象，这显然有些笼统，欠具体。问及应该从什么更细致、具体的角度研究呢，她说自己对女性的心理最感兴趣。经过进一步思考，她说要研究“人物心理的转换过程及影响其的原因”，我对这个颇显学术性的题目表示赞赏。

魏一夫这个男同学说自己对张爱玲的爱情经历感兴趣。我问，如果不简单粘贴张爱玲的故事，你能有什么研究的独特角度。他说，张爱玲三段感情经历其实都很惨淡，这对于张爱玲个人有重要影响。于是，我们商定，个人的研究分析部分，要多于粘贴的人生故事。

经过逐一交流，每位学生都确定下来自己的写作角度。接下来，进入了写作阶段。我要求每人都要独立完成一篇论文的写作，并且上传到博客空间里。还要求每人评价两篇其他同学的习作。这个班的学生都在两周时间内完成了不少于 800 字的论文。其中，不乏有独特见解的作品，如张雨尘的《悲剧创造了张爱玲》，白婧的《张爱玲的爱情观》，张钟方的《张爱玲·残酷之美》等作品。这几篇论文被选录进《专题学习成果》中。

第四阶段：成果展示交流

最后一周，学校安排了课题成果展示活动。我们的课题由两个同学负责布置展示。她们打印了大家的作品和课题学习的照片，装饰了展板。为了让前来参观的老师和同学更了解我们的课程特色，还特意打开教室电脑，让大家浏览我们的博客：劲松laoshi 的日志。我们给参观的老师和同学准备了精美的宣传卡片，还把自己阅读的张爱玲作品集提供给大家浏览。展示活动非常成功。

最后，张爱玲作品选读专题学习课程被学校评为“最受学生喜爱的课程”。

四、总结和思考

第一轮的张爱玲作品选读专题学习课程被学校评为“最受学生喜爱的课程”。这个课程之所以受到学生的欢迎，可能是多种因素促成的。我认为，其中不可或缺的是这样几个成功之处：

首先，选择的课题满足了学生的兴趣和需要。

近年来，由张爱玲作品改编的影视剧《色戒》、《倾城之恋》、《红玫瑰与白玫瑰》等的热播，已经激发起不少学生对张爱玲的兴趣，学生有一定的参与此课程的愿望。一些学生尽管开始并没有多少阅读的经验，但接触到张爱玲，无论是作家传奇的人生，还是作品的思想内涵和文学特色，都会被深深地触动、感染。正是学生自己的兴趣和需要被唤醒了，他们才能让这样的课程真正走进自己的内心世界，从而激发起对文学的兴趣和对于人生的思考，也才能真正欢迎这个课程。

其次，设计的专题学习课程具有优势和特色。

设计这个课程遵循《普通高中语文课程标准（实验）》中以下目标：

（1）尝试对感兴趣的古今中外小说、戏剧进行比较研究或专题研究。

（2）形成良好的文化心态，学会尊重、理解作品所体现的不同时代、不同民族、不同流派风格的文化，理解作品所表现出来的价值判断和审美取向，作出恰当的评价。

（3）学习鉴赏中外文学作品，能感受形象，品味语言，领悟作品的丰富内涵，体会其艺术表现力，有自己的情感体验和思考。努力探索作品中蕴涵的民族心理和时代精神，了解人类丰富的社会生活和情感世界。

（4）通过阅读和鉴赏，深化热爱祖国语文的感情，体会中华文化的博大精深、源远流长，陶冶性情，追求高尚情趣，提高道德修养。

综上，为了实现小说专题的教学目标，首先要针对课程的特点引导学生参与小说文本的阅读和鉴赏的实践活动。我设计的张爱玲作品选读专题学习课程，通过“感受形象”、“品味语言”等学习过程来推动学生阅读和鉴赏小说作品，让学生真正感受到了文学的感染力，从而提高了阅读和鉴赏的能力。

在此基础上，要完成专题学习的任务，开展某一专题研究。这样的学习，重在选择专题学习材料中的重点内容，有侧重地进行探究学习，即开展“专题式”学习。在专题探究活动中，要对探究内容所表现出来的价值判断和审美取向“作出恰当的评价”，这样的专题学习，有助于形成良好的文化心态，提升学生的文化修养和语文素养。本着以上的思考，本课程在阅读夏志清、王安忆等人的评论文章的学习环节，重点引导学生借鉴他人的观点和结论，学会对张爱玲作品“作出恰当的评价”，这样的学习有助于学生形成良好的文化心态，促进对文学、文化的深入思考，提升学生的文化修养。在学生写作环节，引导学生对写作的不同角度进行自主选择，也就是真正让学生有选择地学习，促进了学生有个性地发展，从而实现了专题教学的目标。

这样的专题教学，能够真正促进学生自主探究能力的发展。

在整个专题学习过程中，在阅读、评价、写作的各个环节，学生充分锻炼了在文章中找到相关的信息，并对信息筛选处理的能力，自我反思、分析问题、解决问题的能力，对问题独立思考的能力，对书本结论、他人观点提出自主分析与评价的能力等，从而全面提高了语文的阅读、写作能力和自主探究能力，从而真正促进了学生的可持续性发展。这样的教学，能够体现选修课程“致力于让学生有选择地学习，促进学生有个性地发展”的理念，也体现了专题学习比单篇小说学习具有的选修优势。

再次，学生从专题学习中获得了人生启迪，提升了自己的人生境界。

本课程通过课程导读，讨论有关作者、人物、主题等方面的问题，让学生在阅读和思考中领略作家、作品的永恒魅力，真正走进了经典，提升了自己的人生境界。

课程结束后，同学表达了参加学习的感受。白婧同学说：我很庆幸我选择了这门选修课，了解张爱玲和她的作品。在玩味张爱玲笔下的文字的同时，丰富了自己的内涵，更重要的是，我走近了这样一位奇人，这样的一位伟大的女人！

邹也彦同学说：说句实话，在习业之初，我对张爱玲的印象是全无的。尽管是出于对语文的热爱才选择的这项选修学科，但最初的品读也只能是凭空分析她笔下的各个人物形象。转眼时间又是一个学期，选修课也要告一段落了，但到现在为止，我真正理解了这位作者人生中的种种不凡事。虽然要告别这间教室了，但她的作品，我会一直读下去。想她文章中每一个故事情节，想她文章中所写到的每一个人物形象，想她笔下与她真实的人生所带给我们以深思的经历。这一学期，我深深记住了她的文风，她的写作手法。中国伟大的文坛奇才——张爱玲。

综上，我的第一个独立设计和实施的选修课程——张爱玲作品选读专题学习，完成了第一轮的教学，已经有了一些教学经验和教研基础。而且，为了这个课程在网易中开设的博客：劲松laoshi的日志，为我们的专题学习搭建了一个交流平台，也为我开设下一轮校本课程提供了方便条件。本次课程有很多可汲取的经验，同时也暴露了一些不足之处：因为时间仓促，只是围绕《倾城之恋》和《红玫瑰与白玫瑰》两部作品进行了重点探讨和影片观摩，对于《金锁记》、《茉莉香片》等作品没有充分展开深入探讨。这个专题教学尚需进一步完善和提高。

在2012年的下学期，我在高二年级开设了第二轮的张爱玲作品选读专题学习的校本课程。相信在前一轮教学的基础上，此轮教学能够发扬光大专题教学的优势和特色，而且能够弥补前一轮教学的遗憾，学生会有更突出的学习成果。

结束此轮校本的选修课程后，我要继续深化课外拓展的专题教学。预想下一步开设老舍专题学习，使京味小说专题走向更大的拓展空间。目前，课程设计正在进行中。而我的“专题式”教学的探索将更加深入，争取实现更多的拓展和更大的突破。

第三章　专题学习成果

第一轮课改实验中的学生小论文

北京版教材［选修模块1］史传文学专题一、《左传》与《战国策》

位卑未敢忘忧国

——论英雄

高二（2）班　樊睿 刘新慧

从古至今，爱国之人、爱国之事数不胜数。爱国也不分地位的高低，一旦自己的国家需要自己效力，那么便义无反顾地去做，这就是“位卑未敢忘忧国”。《烛之武退秦师》和《殽之战》两篇课文就成功地塑造了这样两位爱国之士，令我们敬佩不已。

烛之武，这么一个年迈的老人，在自己的国家有危难的时候，不惜自己性命，用绳子从高耸的城墙上缓缓而下，只为了前去面见秦伯，试图说服秦国不攻打郑国。你明明知道只有渺茫的希望，但仍然义无反顾。

这样一个须发尽白的老者，夜缒而出时是怎样的一种情形。当你拄着拐杖走进秦营时，这是怎样地大义凛然，视死如归。在秦王面前，你不卑不亢，细致入微，将秦、郑两国的利与弊阐述得淋漓尽致，使秦穆公心悦诚服，终于退兵回国。你的不计个人得失、处处为郑国安危着想的爱国主义精神，你的义无反顾夜赴敌营的信心和勇气都值得我们学习。

岁月给了你太多的曲折经历，同时也磨砺了你的意志和勇气，对郑国的爱又使你变得沉稳与敏锐。虽然年轻的时候郑王没有重用你，心里埋藏了太多的不甘，但是在国家危难的时刻，你可以不计前嫌，挺身而出；在与秦伯交锋时，几十年积蓄的能量终于在瞬间像火山爆发般释放了出来。凭借这样强大的力量，谁能说衰朽不能成功？草芥不能成英雄？

在《殽之战》中，也成功地塑造了一个英雄人物，那就是“劝谏秦王”、“拦师而哭”、“送子而哭”的蹇叔，一个国家忠贞老臣的形象在我们心中留下了非常深刻的印象。

当秦穆公因争霸心切，一心想攻打郑国的时候，蹇叔开门见山地提出“劳师以袭远，非所闻也”的观点，并精简地分析了“袭远”的后果。你将还没有发生的事情预想得细致周到，可见你的心思缜密而且深谋远虑。

当秦穆公不听劝告，执意攻郑时，你顿时声泪俱下：“孟子！吾见师之出，而不见其入也！”那情那景不禁让人震撼。

当秦军终于要出发的时候，你虽知此去将有去无回，但依然让儿子随军出征，希望能挽回一些损失，但，这岂不是白白送死？

读完全文，你的一言一行、一举一动，都让我们好不佩服，如果你不算是爱国英雄，那谁还是呢？

人们都说：“国难当头，方显忠臣。”蹇叔就是这么个忠君忧国、敢谏敢言的人，在经过两次劝阻均不成功，并遭到秦穆公的羞辱后，不计个人恩怨荣辱，以国为重，万般无奈下，你把自己的儿子送去参军，以缓解国家的危难。

在国家利益面前，你竟不惜让自己的儿子身陷险境，也要尽自己最大的努力，保护自己的国家，这种舍己为国、刚正不阿的品格，实在是让人钦佩！

烛之武，蹇叔，这些穿越了千年时空，至今仍令我们无法忘怀的爱国英雄们，你们的故事将会一直流传下去！永垂不朽！

位卑未敢忘忧国

高二（2）班 杜雨晨

战争，是历史长河中无法磨灭的字眼。有的人利欲熏心，在战争中大发国难财；有的人良心泯灭，在战争中卖国求荣。然而，也有人无权、无势，却依旧用自己最大的力量来帮助国家，为君分忧。

不惜散金，为拖外敌——弦高

在《殽之战》这篇课文当中写道“郑商人弦高将市于周，遇之，以乘韦先，牛十二，犒师”，一个郑国的商人，不是高高在上、能把握他人性命的那种有势力的人，也不是一人之下、万人之上的那种有大权力的人，即使国家衰败，也不会有性命之忧、权势之损。然而，他却当机立断，机智勇敢地与敌人斗智，拖住敌人，给国家送信，救国于危难之间。“不腆敝邑，为从者之淹，居则一日之积，行则备一夕之卫”，弦高以自己的利益为小，国家的兴亡为大，为保家护国贡献了力量。

不惧牺牲，年迈退敌——烛之武

在《烛之武退秦师》这篇文章中，烛之武不仅仅体现了出众的口才，更凸显了他的爱国情怀。烛之武很有才华，却总不被重用。“吾不能早用子，今急求子，是寡人之过也。”当郑伯为了国家的兴衰，来找烛之武时，他却没有过多的推辞，不顾年迈，夜缒而出。为了分化敌人，冒着生命危险，勇入秦营，体现了他临危受命，勇于担当。尽管无权，但当国家面临危险的时候，他却不顾自身安危，与敌人斗智斗勇。烛之武是在用一腔热血来报效国家。

年纪尚幼，为国着想——王孙满

《殽之战》一文中提到“王孙满尚幼，观之，言于王曰：‘秦师轻而无礼，必败’”。王孙满那么小，本不应该牵扯政治，而他却直言不讳，无权无势的他，在说这句话的时候，难道就没有爱国忧国的感情！

位卑未敢忘忧国，其实就是烛之武那样的“捐躯赴国难，视死忽如归”；就是弦高那样的“苟利国家生死以，岂因祸福避趋之”；就是王孙满那样的“天下兴亡，匹夫有责”。

[选修模块3] 诗文辞赋·外国小说　专题一、鲁迅诗文

走近鲁迅

高二（2）班　樊睿

在学完鲁迅专题后，本来不了解鲁迅的我也渐渐对这个白话文的开创者有了浅浅的理解。

我原以为鲁迅在当时社会的地位一定很高，有很多人崇拜他，景仰他，但恰恰相反的是，在《<呐喊>自序》里面，鲁迅表现出了无限的寂寞，整篇文章用“寂寞”这个词贯穿下来。鲁迅在文中追述了自己走上文学之路的历程，并且进行了冷静的反思，坦诚地表明了自己的文学主张和投身社会变革的态度。在这条漫长的道路上，他不畏艰辛，坚持想用文字来改变当时那个黑暗的社会，但是响应他的人实在太少，使他不免想呐喊，来排解自己的寂寞。那么孤独，那么悲哀。

而在《忆韦素园君》中，鲁迅却找到了自己的知己。虽然素园只是一个普通的文学青年，但是鲁迅对他的评价是极高的，他在文中说“是的，但素园却并非天才，也非豪杰，当然更不是高楼的尖顶，或名园的美花，然而他是楼下的一块石材，园中的一

撮泥土”这句话毫无保留地赞美了素园作为“一块石材，一撮泥土”踏实肯干的精神，远远比我们所瞩望的天才们的浮华无实耀眼，夺目得多。韦素园活了不过 30 岁，鲁迅之痛发自内心，世间还有几多知己来温暖、慰藉鲁迅孤独的心？

在我看来，鲁迅的文章就是“批判”、“同情”、“关心”、“号召”、“攻击”和“唤醒”这些词汇的结合体。他对当时社会的黑暗与封闭，人们思想的麻木，用自己特有的方式表现出质疑，并且提出自己的观点。他的文章是对封建制度和礼教的彻底揭露和批判，对中国封建伦理文化的吃人性、虚伪性、毒害性和顽固性作了充分的揭露和有力的控诉，他将这些思想熟练地融入到他的作品里，给了读者一个深刻的思想空间。

就像他的《北京通信》中所写到的，“我只可以说出我为别人设计的话，就是：一要生存，二要温饱，三要发展。”而后文又说“我之所谓生存，并不是苟活；所谓温饱，并不是奢侈；所谓发展，也不是放纵。”生存在鲁迅眼中，不单指有口饭吃，有口气喘，还包括了整个生命个体有尊严地、自由地活着。人的存在是肉体与精神的统一存在，精神失去了自由，只能像狱中的囚徒，活着只是为了活着。因此，他痛恨黑暗、腐朽的社会，那样的社会将人们的意识变得麻木，思想变得腐败，行为变得机械化。当一个社会没有了思想，没有了追求，没有了自由，那还剩下什么呢？

所以，学完这个专题，我才明白当时鲁迅源于内心的呐喊是由何而发，那种不顾孤独，依然坚持到底的决心是从何而起，那种批判社会的愤慨到底为何而生。我为他的寂寞而悲伤。

[选修模块3] 诗文辞赋·外国小说　专题二、辞赋与骈文

文与情相结合

——辞赋与骈文佳文欣赏

高二（2）班　孙颖

宏伟的阿房宫、华美的滕王阁还有那清幽的兰亭，每一位作者都将那似画卷一般的景致描绘得淋漓尽致、美不胜收。他们不仅将美景移入文章中，也将自己的情感糅合在了字里行间。

蜀山兀，阿房出

蜀山被伐尽了树木，大地上矗立起一座美轮美奂的宫殿——阿房宫。宫中楼阁错落有致，五步一楼，十步一阁，细细的流水穿梭在其间。眺望歌台，忽而有歌声传来，虽然歌声温婉但是却难掩丝丝的寒意。

王子皇孙，辞楼下殿，辇来于秦，为秦宫人。一位曼妙的女子站在阁楼上眺望着那渐渐走远的宫车，风吹云丝，原本美丽的脸上罩上了一层浓浓的忧愁。

在宫内，一天之内而气候不齐，六宫粉黛，三千佳丽，可见秦始皇的生活之荒淫奢靡。而后秦始皇只图私利丝毫不顾及民生，引起了百姓的反抗，最终走向灭亡。以史为鉴，作者将其劝谏当朝皇上的心意巧妙地融入粉黛凄婉的歌声和忧愁的面容当中。

落霞与孤鹜齐飞，秋水共长天一色

《滕王阁赋》描写滕王阁四周景物和宴会盛况，意境开阔，大气悠远，结尾却抒写羁旅之情，寓怀才不遇的感恨。其文始志存高远至结尾意气消沉，可以说暗合了王勃短短人生的实际境况。消沉而不萎靡，有避世之感却又存希望，也许这就是王勃当

时的真实心态吧。

文由心生，读此赋揣摩王勃的人生，我们会有很多不同的感悟。此是赋外之言，然读此赋不知王勃心路，当逊色多多也。在我们读此赋时惊羡“落霞与孤鹜齐飞，秋水共长天一色”文词绚丽、对仗工整、气势奔放时，我们更应该触摸作者的灵魂深处，感受他写此赋时的心态。透过词句精美的表像寻找那一颗孤独的灵魂，及他灵魂深处发出的无望呐喊，也许会更增加此赋的个性魅力，此是很多读此赋者未知之美感矣。嗟乎，读其文尝不知其心态，实文之悲哀乎？还是读者之悲哀？

固知一死生为虚诞，齐彭殇为妄作

《兰亭集序》先写崇山峻岭，渐写清流激湍，再写自然物色，由晴朗的碧空和轻扬的春风，自然地推向寥廓的宇宙及大千世界中的万物。意境清丽淡雅，情调欢快畅达。兰亭宴集，真可谓“四美具，二难并”。

但天下没有不散的宴席，有聚合必有别离，所谓“兴尽悲来”当是人们常有的心绪。刚刚对自己所向往且终于获致的东西感到无比欢欣时，但刹那之间，已为陈迹。人的生命也无例外，所谓“不知老之将至”，这不能不引起人的感慨。每当想到人的寿命不论长短，最终归于寂灭时，更加使人感到无比凄凉和悲哀。作者在表现人生苦短、生命不常的感叹中，流露着一腔对生命的向往和执着的热情。

文字不仅可以将事情描述清楚，也能向其他人传递作者的情感。对一篇文章我们不仅要欣赏作者那精巧的写作手法，更要用心去体会埋藏在字里行间的感情。只有这样，我们才真正读懂了文章！

古文出彩之处

高二（2）班　刘英男

专题二辞赋与骈文专题学习完毕，我发现无论是哪篇经典，但凡名留千古，必有出彩之处。这个专题中学习的几篇文章亦是如此。

在《阿房宫赋》一文中，有这样一段话：“使负栋之柱，多于南亩之农夫；架梁之椽，多于机上之工女；钉头磷磷，多于在庾之粟粒；瓦缝参差，多于周身之帛缕；直栏横槛，多于九土之城郭；管弦呕哑，多于世人之言语。”在这段话中，作者一连用了六个“多于”。“使”字从头至尾，贯穿整句，将自己的矛头对准了秦始皇。作者运用通俗的事物进行排比，农夫、工女、粟粒、帛缕、城郭、言语，也正是如此，才体现出事例越普遍就越具代表性的事实。作者也运用了多个事物，突出了“多”的特点。“多”字本是抽象数量词，但通过这一系列的排比，“多”这个字就有了非常具体的含义，也就是它不仅突出了宫室华丽与秦始皇的奢侈，也将作者的憎与贬鲜明地表现了出来。

在《陈情表》中的第二、三段中，作者用了大段文字来对自己辞官的理由进行陈述并以说理的方式意图打动晋武帝。李密先说自己被察为孝廉、举为秀才、拜为郎中、洗马都是“逮奉圣朝，沐浴清化”的结果，并称自己原先任职的蜀国为“伪朝”。晋武帝面对这样一个将自己夸上天并且对蜀王朝彻底否定的大臣，心下必定一松。接着，李密又说道：“伏惟圣朝以孝治天下，凡在故老，犹蒙矜育，况臣孤苦，特为尤甚。”对晋武帝孝治天下的做法大加赞扬称颂，还说到自己“少仕伪朝，历职郎署，本图宦达”，直接地表明了自己“不矜名节”的心迹。这样晓之以理的做法，使晋武帝的心房更加宽松了。只有这样，李密的那颗忐忑不安的心才会从嗓子眼儿回到了原位。

在学习了王勃的《滕王阁序》后，全文给我留下的最深的印象就是作者在文章暗处留下的一个字“精”。精，也就是精练。文章开篇，作者一句“星分翼轸，地接衡庐。襟三江而带五湖，控蛮荆而引瓯越”。仅仅几个数字就将洪都的地理位置说得清清楚楚。精，也是精品。世人在写景时，多会用到“落霞与孤鹜齐飞，秋水共长天一色”一句，这句写景之精品佳句，世人怎会舍之不用？又如“东隅已逝，桑榆非晚”、“老当益壮，宁移白首之心？穷且益坚，不坠青云之志。”这几句也是励志句中的典范了。

以上所说，都是各篇文章中的重中之重，出彩之点。一篇文章，有了精妙之处，才可称之为优。这也是我们在作文之时应要注意到的，更是要学习的。

[选修模块3] 诗文辞赋·外国小说　专题三、欧美经典小说

幻想

——《堂吉诃德》深想

高二（2）班　张楠

幻想，我们每一个人都会拥有；幻想，是我们心中的一个愿望；幻想，也许并不会实现，却是心中的一个希望。对于幻想，每个人都有不同的理解。在《堂吉诃德》中，我也看到了主人公堂吉诃德的幻想。但，我要说，幻想，只是幻想，不是理想。堂吉诃德将幻想当成了理想，导致了他最后的满身伤痕，以及使别人将他的一切当做是疯人疯语疯事。

在《堂吉诃德》中写到：这时候，他们远远望见郊野里有三四十架风车。堂吉诃德一见，就对他的侍从说：“命运的安排，比咱们要求的还好。你瞧，桑丘·潘沙朋友，那边出现了三十多个大得出奇的巨人。我打算去跟他们交手，把他们一个个杀死，咱们得了胜利品，可以发财。这是正义的战争，消灭地球上这种坏东西是为上帝立大功。”他将风车当作了巨人，甚至是被魔法

师施了魔法的坏人。他是英勇地去战斗了，可是结果呢？文中又写：他一枪刺中了风车的翅膀；翅膀在风里转得正猛，把长枪迸作几段，一股劲儿把堂吉诃德连人带马直扫出去；堂吉诃德滚翻在地，狼狈不堪。桑丘·潘沙赶紧骑驴来救。跑近一看，他已经不能动弹，驽骍南得把他摔得太厉害了。最终的结果却是把自己搞得伤痕累累，这些幻想害得他还不够惨么？

有人说："堂吉诃德是个疯子，疯狂的疯子。"可是在我看来，他只是把幻想当成了理想而已。他想要当一个游侠骑士，可是作为游侠骑士也是要生存在现实中的，他只是生活在幻想中，生活在了那些游侠小说的书本中。导致最终的他，不被别人理解，被其他人当作疯子。

幻想，不同于理想。理想是建立在现实生活中的，而幻想，只是一个梦而已。所以，人要活在现实中，而不是幻想中，也不要把幻想当成理想。

主角与配角

——堂吉诃德与桑丘的对比

高二（2）班　李乐

《堂吉诃德》这篇小说给我带来最深印象的就是作者笔下的两位重要人物：堂吉诃德与桑丘。这两个人物有着很大的反差，如果说堂吉诃德是正统的主角，那桑丘就毫无疑问地是配角一号了。

堂吉诃德是一个脱离现实、耽于幻想、行动盲目的人。他因读骑士小说入了迷而想入非非，丧失了基本的理性。文中几次写到堂吉诃德在和桑丘的对话时，提及那些骑士小说中的伟大骑士，并且想象自己就是那一名骑士，甚至比他还要强壮勇猛。但这一切，在桑丘的眼中，觉得是那么的荒谬。那是由于桑丘是一个非常明显的现实主义者。桑丘所要的仅仅是一开始堂吉诃德向他许诺的那个海岛都督和财富。桑丘是个穷人，他希望自己的驼背老婆也能坐上金光闪闪的马车，没有嫁妆的女儿也能成为伯爵夫人。也正是因为这样，桑丘才和堂吉诃德一同踏上旅程。

而桑丘也有着冷静与清醒的一面。他时时在提醒堂吉诃德从幻想中回到现实中来，在他眼里，风车就是风车，不是巨人；雄狮就是雄狮，不是魔法师的召唤物。在堂吉诃德的每次冒险之前，桑丘总是要劝阻，而每次劝阻都毫无效果，而最终却总是证明桑丘的劝阻是正确的。这样，桑丘的冷静与清醒正好与堂吉诃德的狂热形成了强烈的对比。

在作品中，桑丘与堂吉诃德无论在外形上，还是在形象的内涵上，都形成鲜明的对比。一个高，一个矮；一个重理想，一个讲实际；一个耽于幻想，一个冷静理智；一个讲究献身，一个看重实利……两两对比，相得益彰。这一构思也是塞万提斯的创造，它不仅有利于塑造人物，而且增添了小说的情趣，突出了作品的哲理意味。

堂吉诃德对发扬骑士精神的狂热幻想加上桑丘对金钱爵位的痴迷妄想；堂吉诃德的勇敢加上桑丘的弱小……这一切的一切，发生了巨大的化学反应，也正是这样的化学反应，才给后人带来了如此精彩的形象，如此成功的小说。

《堂吉诃德》，一篇经典的小说。堂吉诃德与桑丘，两个经典的人物。

[选修模块4] 语言应用·中国特色小说　专题二、唐宋古文

小议“道”

高三（10）班　刘博时

在专题二，“唐宋古文”这一专题始终贯穿的就是一个“道”

字。《师说》、《种树郭橐驼传》、《游褒禅山记》，内容不同，手法不同，立意不同，但相同的是，传达给我们的都是“道”。

先是从师之道。《师说》首句，“古之学者必有师。师者，所以传道受业解惑也。”对人们而言，应当做到不耻相师，勇于向他人拜师。对于“师道”的含义文章只提及了一面，那就是只要对你学习“道”有好处，任何人你都是可以以他为师的。从这句话，还可以引出另一个意思：你要信奉的是“道”本身，而对于那个作为老师的人，实际上没有必要过分迷信和盲从。这两种说法，是两类人对于“师道”的认识，没有对或错之分，只是从不同的角度来分析、解读它罢了。总而言之，为师，抑或是不为师，是根据自己的意愿而行的。只要是对自己的品质有益，有益于社会，那就是最好的从师之道。

然后是从种树之道，看到治国之道。《种树郭橐驼传》一文中，借植树能手郭橐驼之口，揭露了当时社会的一些弊端，阐发了“养民”治国的进步思想。但是，我更觉得它是一篇教育性质的文章，是教育我们生存的一种人生态度。他植者不能及郭橐驼种树成就。但现今生活中，我们的教育生活中又何尝不似“他植者”呢？被设计好的未来，安排好的路，是否能真正地起到作用？但是，如果顺天致性，一切追随自然规律，那么明天的我在面对问题、处理事情上会不会就是另一种态度？我的人生或许会因此改变很多吧！无论是种树还是治民，都要“顺天致性”而不宜违逆其道。想要顺天致性，就必先掌握究竟怎样才能“硕茂以番”，亦即摸清事物发展规律。不可忘记的是动机结果必须统一，避免好心办坏事，或只把好心停留在表面和口头上，这样，才算是真正的“养人术”。

再就是论人论学之道。《游褒禅山记》表为写景游记，实为表达对人生的看法。文章的主题虽是对一场游记的记述，但是却是借景议论，议论人生的哲理：“世之奇伟、瑰怪、非常之观，常在于险远，而人之所罕至焉。”所以如果想观赏到最为壮美的景色，不经过艰险和坚持又怎能得到？做任何一件事情都应该保持百折不挠的精神，坚定自己的意愿。只要认为是值得的，那就是值得你为之奋斗的。所以，我们为人、做学问、学习都应保持坚持不懈的精神，奋斗到底，永不放弃。成功，那只是努力与坚持到了一定的程度罢了。坚持了，努力了，用心了，成功自然也就不远了！

每一个人的心中都有自己的“道”，只有正确的“道”才值得去坚持。把握好“道”，抓住值得的“道”，将受益终生！

论如何成功

高三（10）班　张磊

每个人都渴望成功，当一个人没有成功时，会觉得，成功真的很难。然而，当他真正地实现了自己的理想，他会觉得，之前所付出的一切都是那么值得并且让他学会了那么多。

当我们做一件事时，也许会什么都不想，直接去做，和别人所花的时间和精力都相同，可结果却不尽人意，其实，做事找规律是很重要的。

郭橐驼，一个因种树而在当时远近闻名的人。他所种的树，几乎都活了。而有的人，和他所用的工具都一样，可效果却差得很远，他们看了郭橐驼种树的过程，也没有发现什么差别。其实，郭橐驼和他们最根本的差别就在于他是在用脑子思考，找到了“顺木之天以致其性”的规律。其实种树和做许多事的情和理都是相通的，所以作者最后做出了“吾问养树，得养人术”的结论。

可见，动脑子和寻找规律是成功的一个必要因素。

宋代的王安石，在游览褒禅山后，也写下了自己对成功的看法。他认为，成功需要的是志、力、物再加上“深思而慎取”。

的确，这四样都是成功所必需的。志是最重要的，一个人，只有坚定了自己的信念，然后克服了其他的因素，再一点一点地去努力，成功，也许就在他前方的路上。只要想走，只要敢走，只要能尽全力去走，就会到达。反之，如果一个人没有自己坚定的志向，那么，即使有再好的外物条件，那又有什么用呢？

学习是积累经验、知识，走向成功的一个重要阶段。所以，我们应该虚心接受别人的教诲，以从师为荣。毕竟，老师是我们成长过程中起到重要作用的人。韩愈在《师说》中就表达了他的观点，人不应耻学于师，从师应当不分对象，不分高下，只要能传授知识的，那就是我的老师。

每个人都渴望成功，既然有那么多的人都能做到，那我为什么不可以？也许现在，在我面前的山很高，很难攀登，但只要坚持，用心并且认真地去攀登，总有一天，我会站在山顶，有“会当凌绝顶，一览众山小”的感觉。

人生是如此的短暂，在人的一生中，又能有几次真正的拼搏呢？现在，最关键的一搏就在我的面前，为什么不拼一拼呢？

成功就在远方，但也许最快乐的时候不是我们得到了它，而是我们迈着坚定的步伐走在路上。

对比论证之我见

高二（2）班　解磊

通过唐宋古文专题的学习，我发现，在这些文章中都有一个比较突出的写作特点，就是我们熟知的对比论证法。这种方法可以增强论证的鲜明性，使读者清楚作者赞成什么，反对什么。而且通过了更深层次地学习对比论证法，我对文章的了解也就更加深刻了。

《师说》这篇文章写作上的特点是运用对比的方法，反复论证，并辅之以感叹句来加强说服力。例如第2段，首先用一个感叹句紧承前一段，转入对“师道之不传也久矣”的分析，然后从三方面作对比。先用古今对比，指出从师与不从师的两种结果；次用对自己与对儿子的要求不同来对比，指出“士大夫之族”行为的自相矛盾；最后用“士大夫之族”与“巫医乐师百工之人”对比，批判士大夫的错误想法，指出这是“师道不复”的真正原因。从后果、行为、心理等方面逐层深入分析，笔锋犀利。几个感叹句，均有加强感染力的作用。句式也有变化，“其皆出于此乎”，是用推测语气作判断；“吾未见其明也”，是用肯定语气作判断；“其可怪也欤”，是用惊诧语气作判断。句式“同”中有“变”，感情一层比一层强烈。

《种树郭橐驼传》这篇文章，也同样有着对比论证法的体现。例如第二大段中两段话是郭橐驼介绍的种树经验，上下两节是正反两面对举，指出关键在于“顺木之天以致其性”。为了把这一道理阐述得更深刻、更有说服力，文章用了对比的写法，先从种植的当与不当进行对比。“其本欲舒，其培欲平，其土欲故，其筑欲密”，四个“欲”字，既概括了树木的本性，也提示了种树的要领。郭橐驼正是顺着树木的自然本性栽种，从而保护了它的生机，因而收到“天者全而其性得”的理想效果。这正是郭橐驼种树“无不活”的诀窍。然后再用反面的例子来对比。他植者则不然，他们违背树木的本性，种树时“根拳而土易，其培之也，若不过焉则不及”，因此必然遭致“木之性日以离”的恶果。这就回答了上段的问题，他们“莫能如”的根本原因就在于学标不学本。

《游褒禅山记》中的对比论证法也是清晰可见的。作者用“夫夷以近，则游者众”与“险以远，则至者少”作对比，两相对比之后，紧接着指出“而世之奇伟、瑰怪、非常之观，常在于险远，而人之所罕至焉”，照应“入之愈深，其进愈难，而其见愈奇”。这里以景喻物，用“奇伟、瑰怪、非常之观”比喻代表某种最高成就的境界。但这种境界“人之所罕至”，不是每个人都可以达到的。文章充分利用对比论证法，把“最好的景色在最险最远最难以被人发掘的地方”这个道理体现了出来，使文章主旨表达得更深刻、具体。

通过这一篇篇的文言文学习，我受益匪浅。我知道了对比论证法的好处，就是鲜明地突出了所比事物的特点，能给读者留下深刻的印象。我相信语文的学习不仅仅是在于学习别人的写作手法，更重要的是能够将其转化成为自己的东西，使自己的写作更上一层楼。

[选修模块4] 语言应用·中国特色小说　专题三、红色经典
红色经典中的心理描写

高三（10）班　陈晗竹

在红色经典系列小说中，我最感兴趣的还是人物的心理描写。小说中细致入微的心理活动深深地打动了我。通过这些描写，我看到了英雄人物的性格品质：他们慷慨激昂；他们从容淡定；他们机智敏捷，让我敬佩不已。

通过心理描写反映内心世界的慷慨激昂。在《反割头税大会》中，其中严萍心理变化甚为明显。以前，在严萍的心目中，江涛就像个姑娘，“坐下来端庄，走起来安详……多么娴静”。而现在江涛挺立在千万人面前讲得慷慨激昂，“打倒土豪劣绅”如同霹雳闪电，劈进人们的心腑，震动人们的思想。此时严萍心中的那个温柔男子已经被彻底颠覆了，江涛刚强坚韧的一面展现出来。这一大转变，使严萍的内心世界也变得较为复杂。“严萍猛地脸上一热，一抖颤。心儿一摇，一喜盈，她的心上，羞怯怯地偷偷地系念着。”可见严萍对江涛激情涌动，感情倍增。此时，严萍慷慨激昂，迫切希望自己能成为江涛他们中的一员，她心里

热烘烘的，额角上沁出汗珠，随着人群伸出拳头，喊着：“打倒蒋介石！反对一切苛捐杂税！”她的爱情和对革命的热情同时高涨起来，一个革命者就此站立起来了。

通过心理描写反映内心世界的从容淡定。《黎明前的黑夜》描述的是新中国成立五十七天的夜晚，“漆黑的夜空下的悲壮情节”。江姐凝望着五星红旗，有着错综复杂的心境。她理解战友们兴奋心情，她听到胜利的喜讯也很激动，但是她却多了一丝冷静。她知道敌人是不会这么轻易地放过她们的，可能她就是首先付出生命代价的人。为了不影响战友们的心情，在欢乐的战友们面前，在五星红旗面前，她什么也没有说。从容淡定的她毅然决然地选择坚强面对，并且希望为党保存更多力量。当她听见特务叫她的名字时，脸不变色心不跳，像平时一样从容梳理着她的头发。她的表情和动作充分地反映出内心自然而平静。即使在黑暗的魔窟中，江姐心中充满了一种庄严的感情，她坚信共产党人是不能被打倒的，个人的信念是坚定永恒的，因此她拥有笑容而没有悲伤。面对牺牲也能如此坦然，真是具有钢铁意志的坚强、伟大的女性！

通过心理描写反映内心世界的机智敏捷。在《智识小炉匠》这篇文章中，我们看到这样一位敏捷机智的年轻人——杨子荣。看到可疑人的行迹，杨子荣心里反复地想：“他真是个小炉匠？为什么他向山外走而不向山里走呢？如果是匪徒的联络人员，为什么对我们毫不介意？”杨子荣既不能表现出太过张扬，也不能表现出太多疑惑。最后，他还是坚持自己的想法，不能轻看了匪徒骨干的伎俩，他对小炉匠的怀疑始终不减。杨子荣通过他的智敏识破了小炉匠的阴谋，他凭借机智最终取得了胜利。

红色经典中的这几篇小说反映出这些英雄人物有着共同的信仰，他们怀着对祖国的深切热爱，对反动势力的深恶痛疾；面对艰难险阻毫不畏惧，勇敢斗争。在《反割头税大会》中，通过对严萍内心世界的描写反映出她对革命的向往，她从一个“准革命”人逐步走向革命人的道路。我喜欢这样一个真实而自然的严萍，因为她离我们的生活很近。在《黎明前的黑夜》中，我们看到了一个与别人不一样的江姐。在其他人为胜利的喜悦感到高兴时，她的内心世界错综复杂，此刻她想到的是胜利必须付出多少生命作为代价，但她不后悔，她以坚定的信念克服了一切，充分地反映出革命者坚强、坚定的个性心理特征。在《智识小炉匠》中，我们看到的杨子荣心思细密，他凭借独特的思考，用智慧识破敌人的诡计。他以超乎常人的敏捷，最终战胜了敌人。

阅读红色经典，透过这几篇小说的心理描写，我们可以看到英雄们的共性与个性，他们共有的是对祖国的深切热爱，对革命胜利的美好憧憬；他们也是鲜活的个体，他们的个性心理特征表明英雄和我们一样都是有血有肉的人。红色经典小说中的心理描写使人物生动形象，栩栩如生，拉近了读者与人物的距离感，使文章更具有吸引力。通过这些心理描写，我们也逐步走进了革命人的心灵世界，了解了他们，也更加热爱他们。

小议“红色经典”中的人物情感

高三（10）班　王泽洋　高爽

“红色经典”也称“革命历史题材小说”，主要反映了中国共产党的革命斗争，而其中贯穿着不同人物的情感路线，也使文章更加生动，情节更具吸引力。

一、爱情路线

《反割头税大会》中，江涛与严萍的关系可以说是革命同事，但他们之间还有一层微妙的关系——他俩的爱情。虽然戏份并不多，但作者对他们的爱情的描写却十分精彩。“江涛憋红了脖子脸讲着，一眼瞥见严萍在小墙头底下，睁着善良的眼睛看着他。

他的眼里冒出金色的火花。”这种由相互欣赏而衍生出来的爱情，穿插在紧凑的情节中，随着剧情的发展而不断升温。在反割头税的游行中，江涛看见严萍单薄的身子骨“浮游在人群里……被人们挤得歪歪斜斜的，就偷偷挽住她的胳膊”。这样细腻的描写，反映出了那个时代青年男女之间纯洁而美好的感情，体现了作者对这种感情的赞美。

二、友谊路线

除了轰轰烈烈的爱情，“红色经典”中的革命友谊也格外动人。《黎明前的黑暗》就体现了江姐与其他被关押在重庆渣滓洞集中营里的革命志士之间的深厚友谊。在那个新中国成立的喜讯到来之时，女牢里的同志们与江姐诀别的时刻也到来了。从同志们希望由江姐“揭开象征黎明与解放的战旗”中可看出，大家对江姐的感情不仅是信任与尊敬，更是把她当作了精神支柱。“江姐，我宁愿代替你去……”这句话更是体现了同志间那种超越生死的革命友谊。

三、仇恨路线

本专题的三篇小说中都描写了主人公对敌人的仇恨之情。《反割头税大会》反映了农民对苛捐杂税的痛恨，以及对地主的仇恨之情。《黎明前的黑暗》，也通过李青竹、江姐等人对待特务的态度，体现了中国共产党党员对反动派的不屑与凛然正气。而《智识小炉匠》结尾处也描写了解放军对土匪的憎恶之情。从要捉土匪时孙达得高兴的语气中可以看出他对土匪们的深恶痛绝，也体现了他们铲除匪徒的决心。

“红色经典”小说中，塑造了很多形象伟岸的英雄人物，他们敢爱敢恨，爱憎分明，对他们情感的描写虽然不多，但都感人至深，在读者心中留下了深刻的印象。

红色的英雄

高三（2）班 刘英男

本专题我们对四部红色经典作品进行了学习与研究。红色经典，经历了时间的淘洗、政治运动的冲击和文化建设中的筛选，魅力不减，红色依旧。如今，红色英雄人物依然深入人心。

在《反割头税大会》中，朱老忠这一人物可以说就是一位将军似的人物。在群众赶到县政府时，是朱老忠站在队伍前面，举起拳头大喊："要求贪官污吏出来和民众见面。"当县长说出可以晚交割头税，江涛对大家发出义愤填膺的话语时，朱老忠就是一个复仇者，跳起来使出绝力大喊。同时，他也是一位父亲，当看到儿子朱大贵出息的时候，他也无法掩饰住心中的欣喜："看吧！咱这孩子行了！"朱老忠也是一位身怀武艺的铁汉子，当他看到敌人的刺刀就要伤害到江涛时，他脱下大棉袄，举起三截鞭就冲了上去，噼噼啪啪地迎挡着……这一切的一切，都让我感觉到，朱老忠，他就像民间传奇中的一位侠客。朱老忠，他就是一个英雄，铁骨铮铮的汉子！

《黎明前的黑夜》一文，让我崇拜上了江姐。在连夜绣红旗的场景中，江姐等革命者把坚贞的爱国之情，把欢庆新中国诞生的激情，全寄托在针线上，你一针我一线，一针一线织绣出闪亮的金星。她们对革命胜利的必胜信念和美好憧憬，倾注在这平凡朴实的一针一线中。"江姐依偎在李青竹身边，凝望着刺绣中的五星红旗……她看见了胜利，可也看见了集中营的最后斗争……"这一段描写，道出了江姐此时的复杂心情。她既看见了胜利的曙光，也料到即将发生的屠杀和越狱付出的代价。无言中，表现出江姐异常地冷静与沉着。

《林海雪原》一文，凝聚了智慧的元素。文章的开篇从一只白色的胶皮鞋开始，杨子荣与孙达得扮做买山货的商人前往捡鞋的地点寻找线索。两人在密不见天日的森林、密不露地皮的烂草丛中行进，寻遍了所有的山头，找遍了所有的小沟，却仍然没有收获。疲倦不堪的孙达得决定放弃继续寻找。而此时的杨子荣，并没有被疲累与渺茫的希望所打倒，他耐心地通过逻辑分析，终于查到了树上的刀痕。并且继续追查，查到了一个无名小屯，从屯里一个孩子的脚上进一步扩大了疑点。作者对孙达得的疏忽大意与杨子荣的细心观察、善于思考进行了对比，更能表现出杨子荣足智多谋的性格特点。

杨子荣的足智多谋还可以在他运用了孙子兵法中的计谋所体现。在石峰根下休息的那夜，杨子荣先是运用“瞒天过海”，装作睡着，用打鼾打消了小炉匠担心被跟踪的忧虑。而后当杨子荣二人到达那大院后，杨子荣“欲擒故纵”，故意地没有在此时抓他们，而是和孙达得两人回到了秘密洞府中等待小炉匠回来，“顺手牵羊”地抓住小炉匠。作为一个与匪徒打交道的解放军，机敏果敢、随机应变、足智多谋是必不可少的素质，而作者刻画的杨子荣这一人物就是这样的人。

在红色经典作品中，一个个作者笔下的红色英雄，给我们带来的，不仅仅是一个个精彩的故事，更是亘古不衰的红色精神！

反面形象

高三（2）班　杜雨晨

“红色经典”中作者们对反面人物的描写并不多，但可以说是“少而精”。这些穿插在角色言行间的小片段，往往起到不可小觑的作用。

反面人物之动作描写。《黎明前的黑暗》文中第二部分，在胜利即将来临，敌人将要败退，被关的同志有希望得救的时刻，“一阵杂乱的皮靴，沉甸甸地踏过三合土阶沿，来到女牢门边，粗暴的声音狂喊着：‘开门！开门！’”其中“杂乱”“沉甸甸”

这两个形容词形象地描写出特务紧张、慌乱和害怕的心情，他们要最后再杀一批共产党。“特务颤抖着手，心慌意乱地提着钥匙，不去开锁，却抓住牢门硬推”。“颤抖”“抓住牢门硬推”体现特务“慌不择路”不知如何是好，同时预示着中国的胜利。“支吾”一词写出了中国的胜利近在眼前，特务们也怕共产党人再次反抗，最后一次大屠杀也说成“转移”，以特务面对战争失败后的慌乱，来显示出江姐面临死亡而不畏惧的精神。

在《智识小炉匠》中选文的结尾“靠窗的大炕上，中间放一盏大烟灯，小炉匠和刚才关门的那个胖老头，一个炕头，一个炕尾，弯弯的像一对大虾，抽得正起劲。”此句中“弯弯的像一对大虾”运用了比喻的写作手法，生动形象地描写出了小炉匠和他的叔叔对大烟的沉迷。“一盏大烟灯”“正起劲”两个短语体现了大烟像疾病一样，已经深入到他们的生活当中，只有在吸烟的时候，他们才会像大虾那样放松地弯着身。吸到大烟后精神放松，像虾一样蜷缩在炕上，从中也表现出大烟对广大烟民的侵害。

在《反割头税大会》中，“穿黄军装的保安队，挺着胸排着横队，挡在县政府的大堂门口”中“横”这个形容词，生动地写出了保安凭仗有枪就很嚣张，而“挡”这个动词不是“站在”，主要就是体现了保安目中无人，无视老百姓，当地主的走狗，欺凌压迫人民。后文在人们激烈的反抗中，保安们又退缩了，“退进院子”，胜利是经过领头人与广大人民的不断努力而得的，以此来表明：广大人民应该团结一起，抗击地主阶级，弘扬斗争精神，从而照应题目中的“反”字。

反面人物之语言描写。在《智识小炉匠》中，“‘哎！’小炉匠的声音显然很慌张，‘杨掌柜，你，你……’”“哎，哎……”小炉匠虚假地笑了，“闻不着，闻不着，哎！不客气”。“你，你”小炉匠以为自己被发现时，现出了慌张，结巴得说不出话来，体现了他做贼心虚，明知是错事，还依旧做，“虚假”一词，是小炉匠对杨子荣二人的敷衍。小炉匠是偷运的老手，做事有经验，对待勘察的人有他自己的掩饰手法，而在这么一个善于伪装、有心计的坏人面前，杨子荣二人依旧可以发现破绽，以此体现题目“智识”二字。

反面人物之气质外貌描写。在《肖飞买药》中写了“他脚上穿的皮鞋是漆黑瓦亮，下身穿一条咖啡色的西装裤子，上身穿着白绸子衬衫，结着蓝白花的领带，看穿戴真像个有文化的洋奴，看他的神气又像个粗野的凶徒恶棍”。其中“漆黑瓦亮”“西装裤子”是对郎敬仁的肖像描写，是绅士、有素质的人的着装，而他的样子“粗野”是对郎敬仁的神态描写，是对粗鲁的、缺少教养的人的形容词，文章对他着装神色的对比，鲜明清晰地表达出了他作为一个医院掌柜表里不一的特点。告诉读者，郎敬仁即使穿得再优雅再华丽，他的眼神都会暴露他内心的肮脏与丑陋。描写坏人的嚣张能够反映当时社会的黑暗与腐败，值得读者关注和思考。

描写反面角色不仅仅为了凸显主角，更是在为全文做铺垫，甚至主导着文章的发展趋势。有了这样的认识，我们应该再读一次这些小说，关注一下这些不起眼的反面小人物。

话语之间突显人物形象

高三（2）班　孙颖

红色经典中的每一篇小说都运用了多种手法，使得人物更加鲜活，其中，对人物的语言描写尤为突出。语言描写是塑造人物形象的重要手段。成功的语言描写总是鲜明地展示人物的性格，生动地表现人物的思想感情，深刻地反映人物的内心世界，使读者“如闻其声，如见其人”，获得深刻的印象。

语言描写要能显示人物的身份、职业、地位和经历。

在《黎明前的黑暗》一文当中，有这样一句话“还在向台湾盗运！今晚上又飞走了五六十架”。这一句话道出了他们是被关押在牢房深处的一群共产党员，而且还是一群身在牢房却心系祖国安危的爱国青年，他们的爱国精神由此可见。在《反割头税大会》一文中作者通过描写江涛语言的逻辑性彰显了他知识青年的身份。俗话说“三句话不离本行”，行话运用适当，人物的身份便自然而然得到了介绍。

语言描写要能够表现人物的思想感情，反映人物的心理活动。

当崭新的五星红旗被绣好后，“孩子，心爱的孩子！……”“孩子啊，快点成长吧！叔叔娘娘们……为保卫红旗而贡献了问心无愧的一生。”（《黎明前的黑夜》）孩子将会与新中国一同成长，他们将是新中国将来的主人，江姐的话表现了对以“监狱之花”为代表的所有青少年儿童的关爱与殷切的希望。

语言描写要性格化，符合人物的身份。要在描摹语态，叙写对话过程中表现出“这一个”的个性特征来。

“你们这买卖作得也太大了！我一不挑货，二不打价，三不赊欠，四不抹零，叫你们跟着去拿钱就不行。怎么？看着我这个主顾不地道是怎么着？”即使身在敌人的军营，肖飞依然扮演着特务的角色，看不出丝毫畏惧。肖飞远远地喊：“截住他！别让他跑了！他是八路！”“不对！不对！抓错了！是前边那俩人，他俩打死了皇军。快追！”在逃跑时也可以临危不惧地想出应对的方法。（《肖飞买药》）由这两句话可见肖飞的勇敢机智，蔑视敌人，不畏牺牲，充满自信，胆大心细。

“言为心声”，不同思想、不同经历、不同地位、不同性格的人，其语言也是不同的。鲁迅曾说过：“如果删掉了不必要之点，只摘出各人的有特色的谈话来，我想，就可以使别人从谈话里推见每个说话的人物。”能够让读者从“各人有特色的谈话”中来“推见每个说话人”，这便是成功的语言描写。

［选修模块4］语言应用·中国特色小说　专题四、京味小说

老北京人的生活艺术化

高三（10）班　程美晨

老北京人，特别是当年的旗人，一般文化素质都比较高，但旗人如果在过去当不上官，既不种地，又不经商，有可能他们过得非常落魄。但不论贫富，不论是贵族还是普通人，老北京人自视高雅的生活态度一直留在他们的日常生活之中，造就了北京人生活艺术化的特色。

老北京旗人的生活艺术化。

多甫——旗人没落的贵族顽主。“他的脸瘦了一些，因为从初一到十九，他忙得几乎没法形容。”究竟有多忙呢？他逛遍所有的庙会，向财神庙借元宝，他用铜钱打了桥洞里坐着的老道，用小棍敲了敲放生的老猪的脊背，买了风筝与大串的山里红，喝了豆汁，参加了抓彩，发赏钱，骑驴耀市，看各式各样的灯，看烟花。真是丰富多彩啊。“在白云观，他用铜钱打了桥洞里坐着的老道，并且用小棍儿敲了敲放生的老猪的脊背，看它会叫唤不会”。他不错过每一次的活动、每一场的礼仪。他做的每一件事都很彻底、很讲究，力求完美。要说生活艺术化，还不如说他的生活已经形式化了！固执、讲究的思想已经在他的脑海里根深蒂固了。

那五——八旗子弟最不长进的那一类。“他把画拿到善作假画儿的冯裱褙仿古裱了出来，加上‘乾隆御览’之类的印鉴，作了旧……”裱了起来，还加上了皇上的印鉴，惟妙惟肖！作假都这么讲究，何况生活呢。“春绸长衫，琵琶襟坎肩，尖口黑缎鞋，白丝袜子。手中捏着根二寸多长虬角烟嘴。装上‘三炮台’，点燃之后，举在那里。向柜台递上包袱去，说了声：‘当个满价

儿！’就扭头转向墙角站着，一眼看去，活脱是位八旗世家子弟。”瞧那五的障眼的扮相做派，这身行头，哄人哄的，俗话说得好“当行的人，先看衣装后看货”，那五把这身行头穿出了味儿，就算没钱也能穿得很艺术！那五的“吃”也很艺术，先是说“专候我一顿‘便宜坊’”，后是请甘子千到正阳楼吃河螃蟹，似乎对整个北京城的吃都很了解，但他根本消费不起。那五这个人把那份八旗子弟的摆谱儿的劲儿一直保留在他的言谈举止中。

老北京的普通人也是蛮有生活情趣的。

云致秋——普通人的生活艺术化。北京人有许多的风俗，特色名吃就是其中一项。云致秋“有一小包天福的酱肘子，一碟炒麻豆腐，就酒菜、饭菜全齐了。”众所周知“天福号酱肘子”是北京特色风味名食，它从 200 年前创业至今盛名不减，令人称奇。麻豆腐也是京城特有的小吃。可见北京人对吃很讲究，就好这一口，所以特色名吃成为风俗的一大特色。老北京的另一大特色则是北京人爱听戏，“卖牛肉的和致秋是老街坊，‘发孩’，又是个戏迷，致秋常给他找票看戏”，说明北京人对戏曲喜爱之极，就图个乐儿。北京人把学习歌舞、戏曲的人，统归为梨园行。梨园行有许多的特色，“戏班里的事，也挺复杂，三叔二大爷，师兄，师弟，你厚啦，我薄啦，你鼓啦，我瘪啦，仨一群，俩一伙，你踩咕我，我挤对你，又合啦，又‘咧’啦……经常闹纷纷”。因为梨园行环境复杂，演员文化程度低导致人际关系复杂难以调节。“文化大革命”中剧团中的黑帮也有着和外面不同的扮相，“给那些‘敌人’勾上阴阳脸，带上反王盔，插一根翎子，穿上各色各样古怪戏装，让黑帮打着锣，自己大声报名，谁声音小了，就从后腰眼狠狠地杵一锣槌”。云致秋被时代的重大变化击中了，迷惑了，沉沦了。他这么个梨园行的“内人”，他可还是那个“用粉彩，鹅蛋粉、胭脂，眉毛描得笔直，樱桃小口一点红，活脱是一幅‘同光十三绝’”的云致秋吗？我想，他在骨子里还是那个梨园行的有生活情趣的云致秋！但是没有任何一个人能够抗拒时代的影响，包括他的生活情趣和品位。

韩德来——大杂院平民的生活艺术化。社会底层的老北京，没有《过年》中旗人生活得那么讲究，但却也活得有滋有味儿。韩老头儿刚和毛主席握手的那段时间，院子里总是有许多人围着他转，可后来，忽然那些人都没了，剩他光杆儿一个，烦了，累了，冷清了，没事干了，他便会一个人闷闷地坐着，打着节拍，唱起京剧来。韩德来唱的，您只要躲在边儿上听过一次，就不能不佩服他，确实唱得好，字正腔圆，但却没有人理解他！在当时的大的时代背景下，平民的文化素质比较低，人的发展就受到了限制。唱京剧，是他排忧解闷的一种方式，也是北京人艺术生活的一种体现，他们在日常生活中把唱京剧作为表达自己心情的一种方式。韩老头儿的街坊赫老太对吃那是非常讲究的，和其他旗人老太太一样，她就是很稀罕麻豆腐，麻豆腐的做法讲究用羊尾巴油，要放进地道的青豆，还要放上两端炸得焦焦儿的干辣椒，那味道，既麻，又酸，还辣，十分受北京人的喜爱。北京人对吃很有研究，那些有名的小吃，像豆汁儿、天源的酱菜、便宜坊的烤鸭，还有春饼、糖瓜儿，都能体现北京人的生活艺术化。正是北京人对生活许多方方面面的讲究和追求，才使他们的平凡生活充满着京味儿十足的乐趣。

学习了京味小说这一专题后，我对老北京人的生活艺术化很是欣赏。他们不论贫富，都有北京特色的生活和品味，这是这几篇小说中京味儿的精粹。每当我想到小说中的生活艺术化的特色已经淡化，甚至消失的时候，我仿佛看到了历史巨人裹挟着这些京味儿而去的背影，我感觉有一些悲哀。如今，老北京人的生活的情趣、生活的艺术还是保留了一些印记，但不及小说中的纯粹和精彩，就让我们这些北京后人徜徉在小说的世界里，来一起品味当年的丰富多彩的生活吧！

品北京话的特色

高三（10）班 高爽

北京话蕴涵着北京的文化、北京的特色。

北京话的儿化音，就是它的一大特点。而这儿化音让北京人说得顺口，也听着顺耳。

在老舍的《过年》中，“父亲在边缘上捏出花儿来”的“花儿”就是儿化音。若将其换成“捏出花来”就显得很可笑而且呆板了。“儿化音”让我听得亲切，听得舒服。而且儿化音在北京话中有着极高的使用率。如“饺子馅儿”、“柿饼儿”、“泪在眼圈儿里”，这些儿化音不仅说起来很“哏儿”，听起来也很有韵味，若是缺了它们，说话也会显得呆板，生涩。而这点，就反映出北京人说话圆润、有味道。

有时，儿化音也给人一种很有气势的感觉。如在《寻访“画儿韩”》那五那一句“当个满价儿”有了一股子气势，虽然那画不是真品，但是他说这话时却很自信，让“画儿韩”也误认为他是八旗子弟，来变卖家产的。

在北京话中不仅仅只有个儿化音，北京话的口头语和北京话的那种市井味，都是它的特色和亮点。虽说有市井味，但是北京话可并不俗气。

像《过年》里的“咱们旗人，但分能够不学手艺，就不学!”在这句话中，“但分”是只要的意思，这是句地道的北京话啊，不过现在很少有北京人用这个词了，虽然是句口头语，但是听起来，品起来，并不粗俗吧，这样的一句话就能看出旗人的那种爱面子的特点。

而像《辘轳把儿胡同9号》这篇小说，它的市井味是很浓的，北京话的那种特色更是处处都有体现。文中主角老韩头的话透着浓浓的老北京的市井味。“这叫什么事儿！我把他们训一个溜够。”这个“溜够”就是透着一种北京的市井味儿。而当老韩头说中国的水多么多么值钱时，从话语中就能感到韩老头盲目自信。他很喜欢给别人讲些别人不知道的“新闻”。“瞧你们这沉不住气的劲儿！”还有“那水，值老鼻子的钱了！”老韩头一开口，那北京话的味道一下子就能迸发出来。

当然，北京话还体现出说话人的性格和北京人的特色。

在《云致秋行状》中“就这么点事儿呀？嗐！没什么大不了的！行了，等老头子回来，我跟他说说”。这一句有很多的北京话的特色。如儿化音的“事儿”，再有着感叹词“嗐”，还有什么“行了”、叠词“说说”等，都体现了北京人的一种性格，比如好面子、大气，等等。

在这个专题中我感受到了北京人的那种好面子，那种幽默。而北京话是北京人性格的一种展现，更是北京人的一种智慧结晶吧。

北京人的讲究

高三（10）班　王泽洋

都说北京人讲究，这很大程度是受了旗人文化的影响。作为北京人，我对这些“讲究”就深有体会。通过学习京味小说这一专题，我也对北京人的几样讲究做了总结。

北京人讲究礼儿和面儿

北京城里的旗人分三六九等，但大都身份尊贵，尤其是那些没落了的贵族们，他们生活拮据，却保留着原有的生活习惯与待人方式，而这些都体现在了礼儿和面儿上。说到礼儿，这在《过年》中的“父亲”的身上就有所体现。这个低调本分的旗人，“走在街上的时候，总是目不斜视”，但若有人与他打招呼，他都礼貌地上前请安。不仅对待邻里朋友，对待家人，父亲也十分讲究礼节。对待姑母这位家中地位颇高的女性，父亲向来是卑微而恭敬的。从三十儿晚上，父亲想着法儿让这位姑奶奶开心，也可以看出，父亲对姑母不仅有讨好奉承，也有一份出于小辈的尊敬与关心。《辘轳把儿胡同儿 9 号》中，也体现了北京人的礼儿。在大杂院里出来进去的，少不了几句礼节性的问候，“吃了么您那?”“哪儿去您那?”别看这点礼数小，少了它可不行。文中的张春元就因为少了这点礼儿，而被讲究礼数的赫老太认定“傲气得不懂尊卑长幼”。

北京人讲究好面子，有了好东西，甭管多少，一定要拿出来跟大伙一块堆儿分享。“您知道，旗人老太太们，是最讲究面子的。”买到了十几年没吃着的麻豆腐，赫老太便向全院儿的人宣布。“有点子什么新鲜吃的，愿意街坊邻居尝一口，是个心意，也是个礼数。”这样不仅满足了大家的胃口，也做足了自己的面子。

北京人讲究生活

北京人对生活的讲究，主要体现在两方面——吃与玩儿。提到北京的小吃，恐怕是我们这些在北京长大的孩子们，最津津乐道的了。像什么驴打滚，自来红，京糕，豆腐脑儿……小时候只知道吃起来好吃，长大了才知道做起来也讲究。拿炒麻豆腐为例，《辘轳把儿胡同儿 9 号》与《云致秋行状》中都提到了它。“炒麻豆腐，讲究用羊尾巴油，要放进地道的青豆，还要搁上两段炸得焦焦儿的干辣椒……”不仅细节上讲究，北京小吃的花样颇多。“夏天，吃烧羊肉；冬天，吃涮羊肉；正月初二，吃春饼；腊月二十三，吃糖瓜儿……”不同的节气往往搭配不同的美味小吃，不仅让人过足了嘴瘾，还能让人体会其中无穷的乐趣。可见，这些小吃在北京人的生活中起到的可绝不仅是点缀作用，它们体现出了北京人乐观积极的生活态度。

北京人讲究凡事儿图一乐儿，所以北京人大都爱玩儿。老舍笔下的多甫大姐夫就是这样一个典型。他是个正宗的旗人顽主，从初一到十九都在忙，忙着到处玩。也许在别人眼里他是个十足的败家子儿，可不得不承认多甫十分会玩儿，从庙会逛到财神庙，再从厂甸儿玩儿到大钟寺，吃的玩的他样样不落。真是玩得精彩，玩得讲究。尽管生活拮据，但北京人总是想着法儿地给生活找乐子，这就是北京人对生活的讲究。

北京人对文化艺术的讲究

北京人的艺术文化通俗却不庸俗。说到北京的文化艺术，不得不提两个地方，其一就是琉璃厂。也许是受了旗人文化的影响，大多数北京人都对古玩字画有着浓厚的兴趣，其中也不乏这方面的行家。《寻访“画儿韩”》中就有两位造假画的行家——“画儿韩”与甘子千。北京人常说：“玩儿鹰的倒叫鹰鸽了眼。”指的就是打了眼，这事不算新鲜，但文中的“画儿韩”收了假画打了眼之后却不认栽，又为假画造了假，倒把假画的原主人蒙了过去。没有这么高的手艺，没有这份对艺术的讲究劲儿，一般的人还真是做不到。

另一个地方就是梨园。梨园是戏班子的别称，梨园行由来已久，其中的讲究也颇多。《云致秋行状》中的云致秋就是梨园出身，这些讲究从他的经历中也有所体现。梨园行讲究地位尊卑，再加上受教育的程度有限，演员之间难免有摩擦。三叔二大爷，你厚啦，我薄啦，仨一群，俩一伙……经常闹纷纷。这样的纠纷虽然有着负面性，却也体现出了梨园行中辈分的讲究。尤其是师徒之间，真是一日为师终身为父。致秋在外码头搭班唱戏，不管到哪儿，回北京，总得给于先生带回点什么。于先生病故，他出钱买了口好棺材，披麻戴孝，致礼尽哀。不仅体现了北京人的礼数，更体现出了梨园界辈分地位的讲究。

本专题的四篇京味儿小说，分别讲述了从晚清到“文化大革命”之后，各个历史时期发生在北京的故事。这些故事都有一定的历史跨越，故事中的人物也都经历了时代的变迁。北京的历史不断变化，然而时代变了，讲究却没变，它们被深深地刻进了北京人的骨血里，并随着时代的变化不断优化，体现着北京悠久的历史与厚重的文化积淀。

第二轮课改实验中的学生小论文

[选修模块4] 语言应用·中国特色小说　专题二、唐宋古文

找准位置，实现价值

高三（4）班　高策

每个人都有自己的价值，每个人都有属于自己的位置。在不同的位置，自身的价值也会有所不同，无论这位置是高是低，只有找到真正属于自己的位置，才会使自身的价值有所体现。

生前即孤独，身后亦坎坷——柳宗元

“千山鸟飞绝，万径人踪灭。孤舟蓑笠翁，独钓寒江雪。”这是何等的孤寂与高傲，又有几个人能懂。他几乎是遗世独立，但他还是要顽强地活，孤独地生。只要给他一个空间，他可以尽展才华，如同郭橐驼种树一般，一定顺民之天以致其性，使百姓安居乐业，幸福安康。他被贬到柳州是人生的一大打击，“十年憔悴到秦京，谁料翻为岭外行”。但是他并没有绝望，他在柳州重新沸腾起了沉寂十年的热血，他在柳州找到了属于自己的位置，他把那个被称为“蛮荒”之地的柳州治理成为适合人类居住的地方，他说：“柳州柳刺史，种柳柳江边。谈笑成故事，推移成昔年。垂阴当覆地，耸干会参天。好作思人树，惭无惠化传。”他不仅找到了属于他的位置，还让他自身的价值在夜空中闪耀着夺

目的光环。

从顶峰到无底深渊——韩愈

身为唐宋八大家之首的他，跨越了一千多年却仍在指导我们的行为，这是何等的智慧与境界，又有几个人能做到。子曰："三人行，则必有我师焉。"韩曰："是故无贵无贱，无长无少，道之所存，师之所存也。"在韩愈看来，老师没有年龄之分，更没有地位之分。因此他说："是故弟子不必不如师，师不必贤于弟子，闻道有先后，术业有专攻，如是而已。"就是这样一位伟大的人从顶峰被推到了无底深渊，他被贬潮州，再离潮州而贬袁州，在这八个月的时间里，他同样找到了属于自己的位置。"欲为圣明除弊事，肯将衰朽惜残年。"可见他胸中块垒，笔底波涛。最终，他给他自身的价值"戴"上了花环。

长悲事业典刑间，独守千秋——王安石

有人向他抛了桂冠，有人向他吐了唾沫，这是一个存在争议的人，但是他的变法，他的纯粹告诉我，他一生光明磊落，一生堂堂正正。"墙角数枝梅，凌寒独自开，遥知不是雪，为有暗香来。"他正是这样，默默地香在墙角，香在千古，香在我们的心里。他在变法中找到了属于自己的位置，找到了他的光环。"区区岂尽高贤意，独守千秋纸上尘。"就这样，他在历史长河中验证了自己的价值。

其实，每个人都有自己的位置，每个人都有自己的价值，你应该找准自己的位置，更应该实现自己的价值。

位置与价值并存

高三（4）班　陈思楠

"采菊东篱下，悠然见南山。"陶渊明归隐田居，自吟小诗；

“蓦然回首萧瑟处，也无风雨也无晴。”苏东坡看破红尘，自酌美酒。在生活中，每个人都有每人的位置及其价值所在。因此，在我看来，位置与价值并存。

回顾历史，多少古人一生跌宕起伏，大起大落，他们的位置多少有些发生变化，对国家、社会、他人所创造的价值也发生着变化。

柳州柳刺史，种柳柳江边

他，便是柳宗元。柳宗元年少时就立志“始仆之志学也”，一身才气的他，初入仕途，自己参与的轰轰烈烈的维新活动就以失败告终，这对于他来说正如晴天霹雳。无奈，贬为永州司马。“十年憔悴到秦京，谁料翻为岭外行。”他失望至极，但他却以“凌寒独自开”的坚忍面对现实，重操旧业；又以“孤舟蓑笠翁”的傲气，不屈于现状。是的，他做到了。原先柳州杂草丛生，人烟罕至，毒蛇野兽，百姓食不果腹，疾病成灾。如今的柳州，环境优美，车水马龙，民风向善。

这些都是这位柳州柳刺史在其岗位上兢兢业业为老百姓做出的贡献。他虽为一刺史，官位不大，但他所创造的价值令人赞叹。并不是你身居高位，就一定创造出更大的价值的。其实，每人身居其位都各有其价值。

江水悠悠去不还，长悲事业典刑间

王安石身为当朝首辅，位高权重，但其中也有道不尽的难言之隐。当时，民间疾苦不堪，国家积贫积弱，内患不断，外敌欺凌。王安石挺身面见皇上，要求变法，实现富国强兵裕民。其中有人赞同，有人反对，朝廷顿时混乱不堪，但这些都没有动摇王安石变法的决心。“在其位，谋其政”，他没有忘记自己是当朝首辅的身份，也没有忘记他这重要的位置。他忍受着“千古罪人”

“古今第一小人”的骂名，坚守着自己的信念。在他眼里，“一民之生重天下，君子忍与争秋毫”。他不在乎丰功伟绩，青史留名，他更在乎的是百姓的安康，国家的太平啊！

站在他的位置上，担子很重，但王安石却不辜负众望。想到变法能够国泰民安，他的嘴角泛起一丝微笑。他创造出了在其位置上应有的价值，故此，他这个人成功了。

回首现在，我们每个人的位置可能大不相同，但我们应该创造出应有的价值。这样一来，家，才能幸福；社会，才能稳定；国，才能太平！

庙堂之高，还是江湖之远？

高三（6）班　白天傲

居庙堂之高则忧其民，处江湖之远则忧其君，是进亦忧，退亦忧。究竟哪里才是你的位置？

——题记

古之仁者或高居于庙堂之上，鞠躬尽瘁，死而后已，天下苍生莫不衷心拥戴，青史留名——如魏徵；或遁逸江湖之间，狂乐纵酒与民同乐养一方水土，为民之父母——如欧阳修。有的人适合当地方官，进入中央就碌碌无为。有的人则适合“为君之鉴”，让他做地方官反而无从措手。每个人都有自己的价值，但是一个合适的位置却可以放大这种价值。

于是，我想到了韩愈，一位“文起八代之衰，道济天下之溺”的文坛泰斗，一位“不知进退、不识好歹”的不合格的政客。

你曾在长安担任监察御史，可以随时向皇帝提意见。这是一个极易得罪人的职位，而你本人又太过刚直。你以国为主，以民为本，求真务实，与当时乌烟瘴气的官场格格不入，权贵之流，你得罪了个遍。在官场，想好好过下去，必须保持低调。然而，树欲静而风不止！

是时天下佛教大兴，万民争迎佛骨，不知浪费多少钱粮，明眼人都知道，这是一场闹剧，各人明哲保身，只有韩愈深知“文死谏，武死战”方为为臣之道，你毫不犹豫地上书“捋虎须”，要求焚毁佛骨，一片赤诚为民之心毫无保留地付诸笔墨。果然，皇帝震怒，将你远逐至八千里外的潮州。

“一封朝奏九重天，夕贬潮阳路八千”，你离开繁华的长安，举步蛮荒，多么孤寂而坚定。

“云横秦岭家何在，雪拥蓝关马不前”，你得知家人被赶出长安，爱女惨死道旁，你又多么地悲伤，禁不住仰天长叹，老泪纵横。

你的身后，贪官污吏弹冠相庆，跳梁小丑争相落井下石，有谁在为你的离去而叹息？

路的尽头，千万黎民在水深火热中等待你的到来，又有哪些牛鬼蛇神在簌簌发抖？

你到了潮州，任职八月，为当地做了四件好事，当地人竟为你建了一座祠堂，把堂前之江易名韩江，堂后之山易名韩山，从此蛮荒不复蛮荒。在那里，时至今日，也许无人知道当时那位佞佛的帝王姓甚名谁叫什么，但是他们一定记得你，连同祠堂门前的诗句“若无韩夫子，人心尚草莱”，只要韩山不崩，韩江不枯。

这里，你找到了自己的路，这里，才是你的位置。无所谓庙堂之高，江湖之远，能先天下之忧而忧，后天下之乐而乐，为国为民，存乎一心，足矣。

[选修模块4] 语言应用·中国特色小说 专题四、京味小说

说说面子这回事

高三（4）班 刘宏凤

北京人有一个特点就是爱讲究，总是好面子。从《过年》中清末北京下层旗人的生活状态，到《云致秋行状》中新旧不同时代文化人的为人处世，再到《辘轳把儿胡同9号》中“文化大革命”后那些市井小人物的生活，无时无刻不体现着北京人爱面子的特点。

当然，不同时期的不同人物所讲究的面子也不尽相同。先说清末时候在这户旗人家中发生的故事吧。家中生活拮据，但是“父亲”还是很重视礼节。父亲拜年时都要穿上比二姐还要大两岁的大红套裤。这红套裤只有在过年拜年时才穿，这一方面是过年总得穿得喜庆点，另一方面就是因为碍于面子。生活再窘迫，也不能坏了规矩，要讲究。父亲的这种碍于面子体现出遵循祖辈传统，随遇而安的生活态度，可以说父亲的面子本质上是碍于面子，生活很无奈，不得已而为之。而《过年》中大姐夫这种艺术化的生活简直是太“奢侈”了。家庭也不算富裕，大姐夫却在春节这十几天里逛遍大大小小的庙会，玩遍了所有的玩意儿，他可谓“玩”得淋漓尽致。典押房契来过年，这种人败家也败得淋漓尽致的。为了面子为了找乐，竟走到如此境地，真是可悲。

也许爱面子这种事对市井百姓来说本来就是一种错误的思想。辘轳把儿胡同9号院的韩德来就是一个鲜活的例子。老韩头儿在“文化大革命”中是何等风光？人家可是进过中南海，见过毛主席，吃过国宴的主儿，搁谁谁不得显摆显摆啊？那时院中的人每天都听他说教，冯寡妇还都得“敢情”几次。在别人看来这多有面子多风光啊！可是“文化大革命”之后人们的思想进步了，也都不爱听老韩头儿的瞎白话儿了。原来许多人围着他转，

如今那些人都没了，就剩他光杆一个了，他多烦多闷呐！最后他竟无聊到去电影院倒电影票。他觉得失了面子没人理他了，但是倒票时就不一样，一群人围着他索要票。他又一次享受了被人群包围带来的快乐。在人们的簇拥下，他似乎又回到从前，丢下的面子又可以重新找回了。韩德来这种爱面子更多的是体现出下层市民的许多缺陷，他们狂妄自大、虚荣心强，处处体现着小市民的习气。

在文化人中也有爱讲面子的。“画儿韩”是京城的文化人，有一身识画仿画的本领。他爱听戏，有一次竟因没去看戏导致主角被叫倒好。为此，“画儿韩”专门请客为盛世元洗羞。这样一来，既维护了盛世元的面子，也为“画儿韩”自己添了光彩。我认为这样有真本事的人在乎面子是可以理解的。“画儿韩”的这种爱面子也体现了北京人讲义气、豪爽的特点。他们的生活有品位，这才是真正的艺术化。暂且不说“画儿韩”的命运如何，单凭他因为讲义气而请客，被人尊敬这一件事就可以体现出他的讲究面子与大姐夫、老韩头儿的截然不同。

我认为面子这回事因人而异，也因时间而异。我们不能完全否认它，因为人毕竟是有羞耻心，有虚荣心的。这个不可避免，但是我们要有一个度的把握。时代在发展，我们的思想也应该更新换代了。老韩头、“父亲”、“大姐夫”这样的爱面子的人们身上显露的是浓重的封闭与狭隘的思想，因此，我们真的应该摒弃这样的面子。说到这里，我认为我们应该学学云致秋。他也会糊涂，做错事，但是瑕不掩瑜，他乐天与世无争，与周遭一直保持了一种平和的心态，这就是中庸吧。我们是应该做到这样的。面子这玩意儿有时候还真不能丢，只是看自己的把握了。总之，我们要懂得生存法则，不要为虚幻的面子而禁锢自己，要拥有豁达、宽阔的心胸。

北京人的闲情逸致

高三（4）班　王君阳

北京是一个十分古老的城市，生活在这里的人们朴素、宽容、谦和、豁达、具有幽默感，但也十分要面子、讲规矩。北京人还有一种情趣，那就是闲情逸致！

北京人的闲情逸致不分穷人、富人，贵人还是市井小民，他们都十分讲究生活，日子过得有滋有味！

《过年》中的“父亲”是一个善良、守旧、老实的穷旗兵。他虽然没有什么嗜好，但也会养点儿“姥姥不疼、舅舅不爱的五色梅”、洋麻绳菜和草茉莉这种能自生自长的花，这是十分平凡，又透着雅致的情趣！

《过年》中的“大姐夫”多甫也是一个穷旗兵，但却十分会玩。“从初一至初九，他忙得几乎没法形容。他逛遍了所有的庙会。”就连十四、十五、十六他也不闲着，他看遍了各种各样的灯会，并欣赏燃放花盒！我想，现在就光找到这些庙会，并确定好路线等都要花很多的工夫吧！可见，他常年享乐如此！

穷人们、富人们的闲情逸致如此，艺人们同样也有自己的闲情逸致！

邓友梅的《寻访“画儿韩”》中甘子千与“画儿韩”的相识正是因为这闲情逸致。“他两人都爱听京戏；京戏中专听老生；老生里最捧盛世元”、“他俩几乎天天在三庆碰头。两人又都爱高声喊好”，从这“专听”“最捧”以及他们几乎天天“碰头”等词语中，足以见得他们的这种闲情逸致早已融入到了生活中，已经是生活中不可或缺的乐趣了；也正因为这闲情逸致才使盛世元与“画儿韩”拜了把兄弟，才有了后来精彩的故事！文中还写道甘子千来到陶然亭寻访“画儿韩”时遇到的景象：“这时天还没大亮，雾蒙蒙的湖园里有跑步的，喊嗓的，遛弯儿的，钓鱼的……”由此可见，就算是在新旧不同的时代中北京人也会找出时间来使自己的生活变得更加精彩！

其实就算是北京的市井小民也有自己的闲情逸致！

陈建功的《辘轳把儿胡同9号》中“就这么着，老韩头儿说，冯寡妇和，每天傍晚，茶余饭后，在小院儿仅剩的立锥之地，海聊一气，几乎成了他们两个，不，是全院老少必不可少的‘第四顿饭’。”老韩头儿与全院的人们那“第四顿饭”不正是他们的闲情逸致吗？聊一聊时事，谈一谈心中苦恼，道道家长里短，这是北京市井小民的闲情逸致！

玩玩靛颏儿，坐坐茶馆，赊两只烧鸡，哼几句二黄或牌子曲，遛遛鸟，养点鱼，看话剧，逛庙会……看！北京人的闲情逸致跃然纸上！

现在，生活变得机械化了，同时西方文化涌入了北京城，融入了北京人的生活中！北京人的生活越来越多元化了！但是我们老北京人的文化，老北京人的那种闲情逸致却被冷落了！我想，在我们的学习工作之余，真的不妨体会一下我们老北京人的闲情逸致，使这种独特的文化得以继承与发展！

在阳光迤逦，水波潋滟之际，走在公园的小路上，哼几句京戏，这并不是老年人的专利，也可以成为年轻人的时尚……

京味儿的讲究

高三（6）班　张楠

京味小说，是指洋溢着浓郁北京风情的小说。自然，我们可以从中学习到很多老北京的风俗文化、人情世故。学习了这几篇京味小说之后，我非常喜欢这四篇里对北京人讲究的描写。

《过年》讲述的是清末老北京的一户经济拮据却颇讲礼数的旗人家庭的生活。文中典型人物有父亲、姑母、多甫大姐夫。其中，父亲的讲究主要是对于神佛的敬重，“他煮了些年饭，用特制的小饭缸盛好，上面摆上几颗红枣，并覆上一块柿饼儿，插上一枝松枝，枝上还悬着几个小金纸元宝，看起来颇有新年气象”。他感谢神佛，谢谢神佛赐给他老儿子，虽然供物低廉，但心很虔诚。即使自己吃不到什么，也还要供养神明。信佛供神是旗人的讲究，所以父亲传承了祖上留下来的讲究。

姑母，自然也是讲究之人，因为她讲究，所以她才会在除夕之夜给了二姐压岁钱。即使她是多么地不情愿，但是为了好彩头，还是给了。由此可以看出，旗人是讲究礼数并且信守祖宗留下来的规矩的。

多甫大姐夫的讲究，纯属败家子一类的。“他来贺喜，主要地是为向一切人等汇报游玩心得”，这个正宗的旗人顽主，一天到晚就知道吃、喝、玩、乐，练就了一身的败家功夫。从初一到十五，吃喝玩乐的讲究逐一体现。大清日颓，旗人中不乏追求生活艺术化，而以自食其力为耻的败家子，他们精致的讲究给后来的北京人留下了深刻的影响。

《寻访“画儿韩”》将京城文化人在新旧不同时代的际遇巧妙连接。这篇小说中，细腻的语言把京城文化人的讲究体现得淋漓尽致。“画儿韩”和甘子千共同的爱好就是对戏曲的热爱，他俩一同给喊好，“他两人都爱听京戏；京戏中专听老生；老生里最捧盛世元”，北京人讲究听戏，这是事实，从他俩身上就可以看出老北京文化人的讲究。

《云致秋行状》让我们体会到听戏是北京人的爱好，梨园行作为老北京的文化象征，也是老北京人讲究的所在。云致秋作为一个二路角儿，他的粉彩扮相，活脱是一幅“同光十三绝”，这个形象是不是“艺术”，好像不那么重要，而这个模样实在太招眼了，他的小小狂劲儿也太可爱了。“于先生病故，他出钱买了口好棺材，披麻戴孝，致礼尽哀。”云致秋又是这样尊师重道、知书达礼，他的讲究是一种品格修养的讲究。

《辘轳把儿胡同9号》围绕老韩头展开描写，描绘了老北京大杂院几户人家的生活起居。从老韩头身上，我体会了一句话——死要面子活受罪。真的是这样的，老韩头从胡同的一个风云人物，到自己孤孤零零，无人问津。他从一大群人围绕着他，到再也没有一个人围着他，他怎能忍受丢面子的痛苦。从老韩头的身上，我们感受到北京老百姓的深层心态，要面子也是一种讲究。

旗人，一个有众多讲究的民族，对吃也是很有讲究的。赫老太作为大杂院中旗人的代表，好吃一口麻豆腐，“旗人老太太们，是最讲究面子的。有点子什么新鲜吃的，愿意让街坊邻居尝一口，是个心意，也是个礼数”。从中我们可以看出老北京人好面子、好吃口、讲礼数的特点。

学习了京味小说这一专题，我以自己是北京人而骄傲。咱们北京人，就要了解北京人的特点，这样才算不枉做北京人。

京味儿小说别开生面之老北京话

高三（6）班　张尧

通过本专题的学习，我对老北京的浓郁的地方文化有了很深的了解，尤其是对老北京话产生了浓厚的兴趣。我发现，咱们北京人说话是很有特点的，透露着北京人对北京文化的理解。

在《过年》这篇小说中我初次体会到了老北京话。作者通过小说人物说的北京话把人物刻画得惟妙惟肖，不同人的特点也都尽显出来。文中有许多地道的北京话，如“您看，就是挨家挨户去辞，也总还有拦不住的”。这句话中开头的“您看”表现了北京人谦虚礼貌的特点，北京人经常把这两个字挂在嘴边。又如“要不怎么说，我的福气不小呢!”“要不……”也是北京人说话的特点，表达的是一种肯定，而不是否定。还有就是“您放心，没错儿，押出去房契，可不就是卖房!”这句话我认为是最典型的北京话，里面的“可不就是卖房”可得仔细品味，这句话断句很重要，应该在“可”后面停顿，而不是在“可不”后面停顿，这句话表达的意思是：不是卖房！要的是一种否定，一般在外地人看来这句话是表肯定的，表达的意思是卖房，所以这是地道的北京话的说法。其实北京话是北京人独具的特色，仔细去研究会有很多意思。

在《寻访“画儿韩”》中的北京话也别有一番情趣。像那五说的那句话“当个满价儿！”虽然就五个字，但是北京话的特点也就显现了出来。其中句尾“儿”子是个儿化音，北京人说话就爱带儿化音，我认为这是一种饱满的读音，是北京人的特色。加个儿化音上去，字读起来不那么枯燥了，而是增添了一番情趣。还有就是“我当是谁呢。五爷呀！嗨，都是自己人，您何苦……”“我当是谁呢”深层意思是原来是你啊，本来应该很惊讶，但是一看人又不是那么惊讶了。仔细品味研究北京话是非常有意思的，里面的京腔京调、潜台词等都是值得品味的，你会发现北京人说的北京话不是大白话，是富有情趣的。

《云致秋行状》这篇小说中，主人公云致秋是个地道的北京人，他说的北京话很有北京人的特点。如“得来，我就这儿就乎就乎吧！”“得来”两字表达出了北京人能凑合，不斤斤计较，开阔大度的特点。而后的“就乎就乎”意思就是将就将就，不用麻烦别人了。还有北京话中一大特色是歇后语，如“不要小鸡吃绿豆，强努”，我觉得这不仅仅给文章添了情趣，还多了一些幽默。致秋还说过这么一句话“你还叫我保你！我保你，谁保我呀！”这是一句大实话，显示出了北京人无保留，说话比较直，直截了当、干脆利落的性格特点，不遮遮掩掩的。正是这些独具特色的北京话使云致秋这个人物形象丰满起来了。

《辘轳把儿胡同 9 号》展示了胡同文化。胡同是老北京留下的产物，一条一条的胡同记载着北京的悠久历史。在胡同中也有一些老北京话值得品味。如“掏钱呗您哪！家伙！”这句话说得很地道，配上北京人爱贫的特点，这句话韵味十足啊！又如“来了您哪！慢走，当心门槛儿您哪！”、“得，您来了，吃多吃少，尝一口算是您给咱捧场！”这是北京人招待街坊邻居时常挂在嘴边的话，即礼貌又大方得体，与北京人热情好客的特点一致。就好象自已有好东西都迫不及待让大家都来分享，不吃独食。有时在北京话中，讽刺一个人也是挺讲究的。如“老赫头儿，您挺舒坦啊，社会主义也允许您提笼架鸟啦，倒是也不比‘满洲国’次吧?”我觉得这句话就充满了挖苦人的色彩，亦或许是大家在无聊时互相调侃的话题，总之北京人爱贫的特点显现了出来。

通过这四篇京味小说的学习，我对老北京人有了一些深刻的了解，更了解了韵味十足的北京话。京味儿小说既通俗，又有品位，让我非常喜欢，而且倍感亲切。我研究小说中的北京话，切实加深了对北京文化的理解。

北京人的讲究

高三（4）班 吴海峰

北京——一座具有千年历史的文化古都。在阳光下，他接受自然的哺育；在风雨中，他屹立千年不倒；在列强面前，他顽强反击；而面对时代的变迁，北京文化的符号——北京人的讲究，又会有怎样的变化呢?

“咱们吃什么不吃什么的都不要紧，可不能委屈了神佛！”这是《过年》中“我”父亲的“形象”，一个生活在衰败背景下的穷旗兵；“咱们旗人，别的不行，要讲吃喝玩乐，你记住吧，天下第一！”同样是那个年代，这是“我”大姐夫用房契换回来的一句阔绰的话。在父亲与大姐夫看似截然相反的言行中，似乎隐藏着他们必然的联系——面子。父亲没钱，但这年也得过，这之中自然会有些取舍，在老礼儿的驱使下，父亲还是选择了把好吃的好喝的贡给“神佛”，这供奉中多少体现出一些父亲的无能与无奈，更体现出当时人们封建保守、靠天吃饭的思想。而大姐夫呢？活着就要享受，而消遣在他眼中就是活着的艺术，但是他没有自己真正的用来消遣的资本，而只是靠变卖祖辈的资产，这样的面子没有意义，这样的人简直就是社会沉重的负担。不适时宜的讲究，只会让他们的生命沉浮在一汪死水里。有钱的真讲究，没钱的穷讲究。无论父亲还是大姐夫，是有钱还是没钱，这样的讲究只会被历史的滚滚车轮摒弃，只会成为日后人们研究过去落后思想的垫脚石。

当然了，对于北京城的老礼儿，我们不能一味地否定，还是要用“取其精华，去其糟粕”的态度来对待。在《寻访“画儿韩”》中，主人公“画儿韩”就为我们树立了榜样。“画儿韩”为了一个不是自己犯的“错儿”，特地请客向盛世元“道歉”，为盛世元洗羞，最后两人还拜了把兄弟。这件事足以见得北京人的人情味与好义气。而后来“画儿韩”又请客，并“烧”掉一幅自己收到的假画，以自己太自信太冒失的过错，告诫各位要谨慎，这又能看出北京人的端正的行事做派。与之形成鲜明对比的是，甘子千的一句没有表明态度的话却改变了“画儿韩”后半生的命运，而这句话也似乎反映出这个北京人多少有些小心眼儿，在含而不漏的话语中掩盖住自己的“小九九”。有时候你并非出于恶意，但你细微的言行却可能会严重地影响到别人的命运。但是，甘子千后来对“画儿韩”的寻访，其实是对良心的寻访，似乎又体现出北京人内心深处的人性美。

与“画儿韩”的讲究有异曲同工之妙的是云致秋，在《云致秋行状》中，主人公云致秋也有着老北京人的人情味和端正的行事做派。云致秋在剧团里如鱼得水，而且极会来事儿，是个“活络”人物。这样的人还能保持老北京人的谦虚与低调，则体现出他的中庸之道。他本是恪守自己的生存法则的典范，但“文化大革命”到来了，时代的巨大变化使维持他心理平衡的处世哲学彻底崩溃，他完全懵了。细想，他揭发别人的行为似乎违背了他的处事原则，但面对时代的变化，面对思想革命的趋势，又有什么事儿不会发生呢？云致秋命运的沉浮表述了时代风云带给北京人的深刻影响，透着一种“苦味的嘲谑”。

小说故事发生的时间又离我们近了一些，生活在《辘轳把儿胡同9号》中的普通百姓，日常行为也与现实中的我们颇有几分相似。旗人老太太愿意和邻居分享自己家的吃食儿，乘凉的老大爷愿意和路过的人聊上几句……人们彼此亲热。然而平静的生活被邻居韩德来与政治领袖的一次握手打破了，人们“蜂拥而上”，围挤着与这位邻居握手。但，很快，随着“文化大革命”的结束，随着社会的进步，随着人们心中领袖崇拜的消失，随着人们自主意识的增强，这样的“握手”已成了人们茶余饭后拿来开涮的笑柄，然而韩德来又怎受得了这样的落差？怎甘心失去这样的面子？到电影院门前倒票似乎成了他再次被包围的好机会……韩德来的讲究暴露出浓浓的市井气。

通过“京味儿小说”专题的学习，我深刻地认识到了小说中的北京人很重视老礼儿，很在乎面子，这是北京人精神层面的讲究。通过这些让我倍感亲切的“老北京”，我认识到我们北京人的性格特点：我们热情，我们中庸；我们爱讲究，我们好面子；我们有很多优点，但我们也有不少缺点……无论社会怎样发展，时代多么进步，我们的内心可能总会存在这两个挥之不去的字——讲究。北京人的讲究，讲究的北京人，在我看来，“讲究”既是我们生在天子脚下的自豪，又是我们北京后生肩负时代重担的责任！

第三轮课改实验中的学生小论文

李白专题

李白，我想对你说

高一（1）班 许世豪

李白，你有亘绝千古的艺术才华，又有潇洒豁达的绝代风流，更有笑傲天地的撼人气魄。千百年来，你以独特的人格力量和个性魅力让后人仰慕不已。如果有可能的话，真想在明月底下与你一起促膝长谈，告诉你我想对你说的话。

志向远大

你是一个志向远大之人，一直有着作“帝王师”的理想，从小就向往着有一天能够激昂青云。年轻之时，你坚信“天生我材必有用”，对前途充满信心。你的一篇《大鹏赋》闻名千古，一句“激三千以崛起，向九万而迅征”在天地间书写了你的远大志向。在襄阳你“高冠配雄剑，长揖韩荆州。”写下了那流传千古的《与韩荆州书》，文章中你抒发的那“虽长不满七尺，而心胸万夫”的气概和不卑不亢、“平交王侯”的性格让无数人对你刮目相看，也促成了你此生的成就。

博学多才

实力往往代表着许多东西，而你最强大的实力便是你那登峰造极的文学水平。你从小就受到良好的教育——“五岁咏六甲，十岁观百家。”十五岁时学习剑术。二十岁前后在家乡匡川读书，从友人学习纵横术。你勤奋好学——“常衡经籍书，制作不倦。”一生作诗七百多首，杜甫曾称赞道“李白斗酒诗百篇”，足见你的才华多么出众，也正是这些出众的才华在你的成功道路上铺下了基石，也让你成为了万众瞩目的诗仙。

自傲自负

人无完人，你也有一个巨大的缺点——自负。在《与韩荆州书》中，你在韩荆州并不了解你实力的情况下写“日试万言，倚马可待”。要知道，写自荐信必须要谦虚，尤其是在你那个封建的时代。你这样写只会让韩荆州觉得你这个人很自大、自负，让他瞧不起你。试想一下有谁会用一个自负的人呢？在皇宫中，你让高力士脱靴，让杨贵妃研墨，到底是为了什么！你究竟是得到了什么！结果只是让皇帝一点点疏远你。这是在你人生中的一大败笔！

永不放弃

这也许是你的一生中最重要的优点了。韩荆州没有任用你，你没有放弃，继续往来各地，寻找政治出路。此期间又写下了诸多著名诗篇。安史之乱后，你写了许多诗篇来表达你对叛军的痛恨，对国家和人民命运的担忧。终于，你被以抗敌为号召，在江陵起兵的永王聘请参加他的幕府，平定内乱。可天有不测风云，没想到永王被新继帝位的萧宗消灭，你也因此获罪。可你依然坚持下来了，最终在被流放 15 个月后遇到朝廷大赦，重获自由。无数次，你跌落低谷，又有无数次，你站了起来。你没有像其他的诗人一样在朝政黑暗时选择归隐，正相反，无论在怎样的人生低谷中，你一直选择坚持你最初的理想。我想这才是使你名垂千古的真正原因！

你的人生充满坎坷起伏，但又常有辉煌相伴。虽说你的自负阻碍了你的前进步伐，但你远大的志向、惊人的才华、永不放弃的信念使你最终成为一代诗仙，站在了中国文学的最高峰——中华历史中当之无愧的诗人首席，被天下众人所敬仰！

忆李白

高一（1）班　于郝欣

李白，你可知道，有多少人羡慕你的自信与豪迈吗？有多少人佩服你的才情吗？又有多少人为你没能实现政治抱负而惋惜吗？

你把自己称为青莲居士，你特立独行，旅览四海，一是求仙访道，二是欣赏大自然的美。你说过："五岳寻仙不辞远，一生好入名山游。"此外也是寻求为国效力的机会。你在《梁园吟》中说："东山高卧时走来，欲济苍生未应晚。"那个时期，朝政阴暗，你却绝不向权贵屈膝，在《梦游天姥吟留别》中写道："安能摧眉折腰事权贵，使我不得开心颜!"也许"出淤泥而不染，濯清涟而不妖"是你的品性；"天生我材必有用，千金散尽还复来"是你的自信和豪爽；"人生得意须尽欢，莫使金樽空对月"是你的气魄。

李白啊，你五岁开始读书，十岁通百家，十五好剑术，剑术自通；你三十成文章，历抵卿相，如此才情的你，为何会倾心于帝王之家呢?

看着你的经历，我有些难过。你被玄宗皇帝安置在翰林院，可惜他早就不再是当初的那位圣明的君主了，你没想到因好言政事被他疏远。也难怪，你天生的傲岸性格，让你狂放不羁，长安市上酒家眠，天子呼你不上船，还称"臣是酒中仙"。你让杨贵妃捧墨，你让高力士脱靴，却最后落得个"赐金放还"。

哎，李白啊，我想对你说，人生道路千万条，何必单恋帝王家。你的诗，横扫古今；你的剑，纵横天下；你的酒，无人能及。这些都足以成就你的人生，以你的才情，以你的名气，定能闯出一番名堂来。

看着你举头赏月的身影，我想以前的你并不知道自己的诗歌会经久不衰。在岁月的长河中，你的胸怀和气势，注定你是一颗璀璨的明星。

看着你渐模糊的轮廓，李白，你就像一个旷世千古的谜……

今夜无眠，愿与你同醉。

李白，你听

高一（2）班 刘晔

在唐代诗人中，你是我最欣赏的一个，不单单被你的才华和诗文感染，更是被你独特的人格力量和个性魅力所深深吸引。

你虽热衷、向往功名，却很有自己的原则。你毫不畏惧得罪权贵："安能摧眉折腰事权贵，使我不得开心颜。"你满腹才华，有理想有抱负，却无处施展。学习了《与韩荆州书》，我在瞬间忽然觉得你是一个性格孤傲但又阿谀奉承的矛盾体，但马上我又觉得自己能够理解你了，那所谓的自负其实也只不过就是你自我安慰的行为罢了，而夸韩荆州的溜须拍马也是无奈之举，或许只有这样才可能实现自己的人生理想。我想你早就看透了若是想在那样的社会里"出人头地"就必须与他们"同流合污"，但你无法埋没自己的良心，更不愿为荣华富贵和虚荣心去做自己不喜欢的事。因为我也是这样的人，不会因为什么而改变真正的自己。

我也是一个对文学十分热爱，对文字极其痴狂和敏感的人，从小就开始读你的诗，"小时不识月，呼作白玉盘……"到如今，已是读过数不清多少诗文，不是每首都过目不忘、印象深刻，但总有几首最得我心。在我看来，你不是一贯的豪放派，你更多的是天真烂漫，只是少有人懂你。这些诗句就是最好的证明："举杯邀明月，对影成三人"、"我寄愁心与明月，随风直到夜郎西"，你爱皎洁的月，把静静的月亮作为知己，听你吐露心声，每每想起这几句诗，定能感受到一种清水芙蓉般明丽清新的美。同是愿意把情感抒发在笔上的人，我自是知道你心中的那份苦痛和哀伤，知道你无法实现理想抱负的遗憾会想要在纸墨上得到寄托。有时也会有慷慨激昂令我振奋，或是延续淡淡忧伤的情愫让我随你悲伤。可是，李白，你知道吗，世上并不存在无忧无虑的"桃花源"，我们只得面对生活的种种。众人皆知你爱饮酒，是啊，酒能够给人一种氛围和创作灵感，但在更多时候是借酒消愁吧？恐怕是“抽刀断水水更流，举杯消愁愁更愁”吧！你总是孤独的一个人，难免会有些寂寞。而我又是如此地理解你，你那胸中的苦闷，究竟能向谁诉说呢？

你的生命走向了终结，你并没有在政治上取得什么重大成就，而是在贫病中死亡，我感到遗憾的同时，却获得一丝安慰，因为你终于可以不被那个污秽的社会所玷污了！你可以继续地高傲下去，不会有人责备你狂傲什么的了。你的诗流传下来了，是你留给这个世界美好的东西，是最有价值的东西。而我有幸读到，受益匪浅。有时常想若是我也生活在唐代而有幸与你结识，一起谈论诗词文曲，一同畅快饮酒，一起在远离世俗纷扰的地方悠闲地生活，是这样的志同道合。但，这些也只是遐想，不是现实。

李白，我激动地对你说了这许多，不知你是否听到了？

不一样的李白

高一（2）班　侯晓婧

李白，字太白，唐代伟大诗人，号“青莲居士”，与杜甫合称为“李杜”。这些知识是我很早之前就知道的了。但当我学过《与韩荆州书》并阅读过老师下发的材料后，我对李白有了新的认识。

与大多数文人骚客一样，在“万般皆下品，唯有读书高”的时代，“学而优则仕”成为绝大多数读书人毕生的追求，读书的目的更多地是为了金榜题名——一朝成为枝头凤。李白就是个很典型的例子，他不仅是诗词写得好，得到大家认可，成为诗仙，而且在他的仕途中也能充分展现个人魅力，由于他善于自荐，所以总会得到与权贵接触的机会，或者得到上层人士赏识，甚至谋得职位。李白虽然表面上光鲜亮丽，但他在仕途上奋斗的一生却是郁郁寡欢的一生，他的最终归属是“报国无门，郁郁而终”，他最终的失败必然与他放荡不羁、性情高傲有关系，但我认为这与当时的社会环境也有关系。

在《与韩荆州书》中，李白多次在文中恳请韩朝宗推荐自己：“而今君侯何惜阶前盈尺之地，不使白扬眉吐气，激昂青云耶？”“倘急难有用，敢效微躯！”“幸推下流，大开奖饰，唯君侯图之。”这些话都表达出李白满怀壮志和对自己的那份自信。但文中“君侯制作侔神明，德行动天地，笔参造化，学究天人”“今天下以君侯为文章之司命，人物之权衡，一经品题，便作佳士”这些又体现李白为了能受到韩荆州推荐，对韩荆州过于推崇，甚至将其誉为神明，充满吹捧阿谀谄媚之词。

对于李白来说，韩荆州只是生命中的过客，他是孤独的。只有在生命的后期，李白在“桃花潭水深千尺，不及汪伦送我情”的低徊咏叹中才感受到来自崇拜者的情意。李白在静夜里写下了“床前明月光，疑是地上霜，举头望明月，低头思故乡”的千古伤心词，然后在月光下低下了高傲的头——他也有乡愁。

李白就这样在众目睽睽之下成了不折不扣的无所皈依的孤儿。他是一个时代的孤儿，是大唐的孤儿。

李白，我想对你说

高一（2）班　刘沛豪

灯下，沏一杯茉莉花茶，茶香清幽。我坐在桌前，翻开你的诗篇，走进千年前的你。你的一颦一笑，一悲一叹，一喜一怒，都让我为你痴，为你醉。

很小的时候，便开始无意识或有意识地读您的诗篇：“小时不识月，呼作白玉盘”“白发三千丈，缘愁似个长”……真像清肺润心的芬芳啊！那朦胧的又让我欲罢不能的古典与秀美！我知道了世上有位诗人，他叫李白。于是我慢慢住进了你的诗文中，朗诵着欣赏着长大。

你是一位满腹才情的骚人，一位静观世态的墨客，在空前绝后的季节闪耀光彩，在开朗雍容的时代独自绽放。

你生长在四川江油县青莲乡这样一个弹丸之地，为了留下你的眷恋，于是将自己称为青莲居士。你特立独行，旅览四海，“出淤泥而不染，濯清涟而不妖”这是你的品性；你在乎功名，却傲视权贵，“一夫当关，万夫莫开”，这是你的豪情；你豪放不羁，以酒为乐，“人生得意须尽欢，莫使金樽空对月”，这是你的气魄。

当你告别家乡，仗剑游国时，你高诵“千金散尽还复来”；在告别一双儿女，奔赴朝廷时，你仰头大笑“我辈岂是蓬蒿人”；但在告别王伦时，你有感“桃花潭水深千尺，不及汪伦送我情”。

世人称你为“诗仙”，也许你要说：“‘诗仙’一词只是空名，高山流水知音何求？”的确，世人不了解你的浪漫，你的豪气，你的洒脱，你的寂寞。你却找到人生中最大的慰藉，对酒当歌，恣意人生，你曾说过：“五花马、千金裘，呼儿将出换美酒，与尔同销万古愁。”

你十五好剑术，遍干诸侯；三十成文章，历抵卿相。你在七岁时便做《咏萤火》“若飞天上去，定做月边星”，你拥有曹植七步成诗的才能。

此刻，已是深夜，只有皎洁的明月与我相伴，我笔写我心。伴着滴答的钟声，抚摸着你的诗集，当我合上书时，我忘不了你是那么伤感“抽刀断水水更流，举杯消愁愁更愁”；忘不了你“天生我材必有用”；忘不了“低头思故乡”……

李白，我想对你说，千年前的你，永驻我心。我思念，我搜寻，我徘徊！

李白！我喜欢你的浪漫，喜欢你的豪迈，喜欢你对朋友的深情，还喜欢……

我抚摸着你的诗集，还想对你说……

张爱玲作品选读

悲剧创造了张爱玲

高一（2）班　张雨尘

胡兰成说“张爱玲先生的散文与小说，如果拿颜色来比方，则其明亮面是银紫色的，其阴暗面是月下的青灰色”，张爱玲的家庭悲剧和爱情受挫让她的心灵受到了严重的创伤，以至于之后的文学作品都包含着悲剧色彩；可以说，她人生的悲剧性影响了她的文学，或者是悲剧色彩造就了她的作品，我更认同后者。我喜欢把文章写得很有刺激性、令人感动的同时还令人莫名地伤感的张爱玲。

张爱玲出身在名门贵族，家世显赫。祖父张佩纶是清末名臣，祖母李菊耦是朝廷重臣李鸿章的长女。但其祖父的煊赫遮不了父辈的衰落，父亲染有弄风捧月的旧习气，性格上则是暴戾乖张；张爱玲的母亲是一个受西方文化熏陶很深且清丽孤傲的新派女性。旧习气与西洋文化格格不入，这种水火不容导致最后的不和，直至离婚。张爱玲的童年也因此分裂为两个世界，母亲的世界——洋派、光明、温暖而富足，在母亲那里她得到了文明的教养和气质的熏陶；父亲的世界——腐朽、黑暗、冷漠而寂寥。父亲另娶了太太，这更使张爱玲的生活阴云密布。敏感的张爱玲从小就在高门巨族中过着孤独而凄惨的生活，咀嚼了人世的沧桑、世态的炎凉。缺失的母爱、后母的虐待、父亲的狂暴，让她深深体会到人生的阴暗与悲哀，也逐渐孵化出张爱玲孤僻和冷淡的性格。父母婚姻的不幸，还有后来的自己的爱情悲剧，对张爱玲精神以沉重打击，直接影响她形成了创作上的悲剧观。

擅长塑造女性的悲惨人生也是张爱玲小说的一大看点。不论是《金锁记》里的曹七巧、《红玫瑰与白玫瑰》里的孟烟鹂和王娇蕊，还是《倾城之恋》里的白流苏，张爱玲笔下的这些女性形象无一不充斥着悲凉的气氛。比如《金锁记》中的曹七巧，她出身卑微，仅仅是个麻油店小老板的女儿，就因此受到婆婆、妯娌甚至于自己丫鬟的藐视和冷落。她的丈夫是个软骨病人，姜家是个大家族，出了很多钱，七巧便被“卖”到了姜家，仅仅是个传宗接代的工具。因此，在这个大家庭里，她得不到任何人的一点尊重。《红玫瑰与白玫瑰》里的王娇蕊和振保之间的爱如梦如幻，娇蕊唯一爱着的人是振保，振保却选择离开了她。很多年后振保结婚了，有孩子了，再一次遇到了娇蕊，两个人心里都有说不出来的苦；孟烟鹂和振保是没有感情基础的，经熟人介绍划个船，就算认识了，也就结婚了，烟鹂把自己的一生都交给了一个不爱自己的人。烟鹂是很有上海小女人特点的人，有点爱说闲话——这也是她唯一可以做的事情了，因此她也没有什么朋友。比起娇蕊，烟鹂是很孤独的；而娇蕊是那个磕掉了牙往自己肚子里咽的人。张爱玲以独特的视角，冷峻的笔触，刻画出这些旧时代女性形象：从上层的太太小姐到下层的丫头佣人，从新派的知识女性到封建的旧时女子，这些女性或是为了金钱、或是为了虚荣、或是为了欲望而疯狂，而落寞，她们的命运总是浸透着太多的不幸。

在那个封建思想被新文化冲击的时代，女性内心渴望爱情的解放，却又无力抗拒根深蒂固的封建思想，她们心里对爱情的一抹希望之光，最终被社会巨大的黑暗吞噬。张爱玲就是以这样的爱情悲剧为题材，揭示社会生活和人性的世俗面。

张爱玲的爱情观

高一（6）班　白婧

要说张爱玲最有名的一部作品，那一定是小说《倾城之恋》了。《倾城之恋》中，白流苏的爱情充分体现出了张爱玲的爱情观：爱情无需多么地轰轰烈烈，只要两个人在一起，简简单单地就好。张爱玲与琼瑶不同，在琼瑶笔下，爱情是十分伟大的，可以依靠，可以寄托，可以创造，甚至惊天地泣鬼神。而在张爱玲笔下，人物的爱情是没有青春、幻想、热情和希望的，有的只是虚妄和苍凉。

“倾城之恋”这四个字听起来像是讲述了一段刻骨铭心、甚至死去活来的爱情故事。其实不然，那样的爱情并不是最为张爱玲所欣赏的。张爱玲笔下的“倾城”指的是整个香港的沦陷，而这沦陷成就了白流苏与范柳原的爱情。平凡简单地在一起，可见这样的爱情不是张爱玲认同的。张爱玲呈现这样一个爱情故事，没有华丽的辞藻，只是寥寥几笔就把自己心中的“爱情”写了出来。是“倾城”才成就了白流苏和范柳原，这是多么大的代价啊！可见两个人简简单单、平平凡凡地在一起也是多么不容易呀！或许，张爱玲期待这样的爱情——并不华丽，却不一定来得很容易，它非常值得人们去珍惜！

还有一部非常著名的作品——《金锁记》。这部作品中的主人公曹七巧也有着自己的爱情。曹七巧这个扭曲了的女人，“……三十年来，她戴着黄金的枷，她用那沉重的枷角劈杀了几个人，没死的也送了半条命。”张爱玲在小说的结尾这样写着。正是这副有形的黄金枷锁，锁住了曹七巧的爱情，七巧被那副枷锁逼“疯”了。曹七巧的悲惨命运中，爱情是怎样的呢？“爱情是建立在金钱至上的美的反映”，这是曹七巧的爱情观。她一直追寻着自己心目中的爱情。丈夫无法给予自己，小叔子季泽绝对不会选择七巧，还有一个男人就是儿子长白。曹七巧为自己错误的爱情观付出了巨大的代价，变得变态、扭曲，最后连自己的孩子也不放过，这个可怜的女人亲手断送了自己与孩子们的幸福。想要得到一段美好的爱情真的那么难吗？确实不容易，白流苏可是因“倾城”才得到了属于自己的幸福。而曹七巧付出的是失去幸福的代价，她不肯抓住平常的爱情，她嫁入这个豪门根本就是她的爱情观有问题。所以并不是“爱情”没有眷顾七巧，而是七巧想要的太多，不配拥有白流苏那样的爱情。

比较白流苏和曹七巧，白流苏只是想与范柳原做一对平凡的夫妻，过平凡简单的生活，仅此而已。所以整个香港“沦陷”成就了她；而曹七巧由于错误的爱情观，一定要把爱情建立在金钱的基础上，于是她的整个人生都是悲惨的、失败的。

像白流苏和范柳原那样的爱情，无论怎样，最后两个人在一起了，就是最幸福的事情。要懂得珍惜，我想，这就是张爱玲心中的“爱情”吧！

张爱玲·残酷之美

高一（4）班　张钟方

一个学期慢慢地过去了，在这个学期中我深入地阅读了她的作品，渐渐了解了她的个性，也慢慢地爱上了她，她便是——张爱玲。

“1995 年 9 月，美国洛杉矶 10911 罗契特街公寓，一个瘦削的老人缓缓倒下。当人们发现时，从她的证件中得知，她就是读者熟悉和喜爱的上海作家张爱玲。”这是对于她去世消息的介绍，她的一生既清纯又繁复，既热闹又荒凉。我们一再追问，是什么使得一个女人如此冷静地面对死亡，消逝地如此凄美？就如同她给我的印象，一切都是那样唯美却又凄凉，亦或是凄惨，总之，我认为就是一种残酷之美。回首张爱玲，上海那座老房子是张爱玲生命的原乡，也就是在这座老房子里孵育出了她的恋父情结以及她自恋的人格特征，并且这种恋父情结融化在她的作品当中，形成她的人物，形成她苍凉的底色。她与别人不一样，她残酷地恋父，却令人心酸，好像那一切只是美丽幻妙的简单爱，谁又能说怎么样呢?

在网上，关于张爱玲，常常见到一种批评：她的作品悲观，没有展现理想，不曾塑造英雄。不是我们熟知的情节发展，抑或是结局都很难预料。有人曾引用《金锁记》里的一句话，来概括她的小说“一级一级，走进没有光的所在”。对于这样的意见，我认为是片面的，假如不看作价值判断，单就陈述事实而言，本身并不错。但张爱玲为什么这样，这不是简单的“悲观”或“乐观”所能解释的，而背后还有一个东西，那是人们看不到的她内心的残酷与美的交织。那是未曾经历过的人所体会不了的滋味，谁也住不进她的内心，却可以通过她的文字深深感悟。

第一，先从张爱玲笔下的“好人”谈起吧。这些人物性格虽各不相同，但都是善良的人，对于生活都有一些小小的愿望，都有一种对于“好”的追求，一种向着“好”的程度不同地发展。但是在张爱玲笔下，然而所有这些努力都落空了。给我印象最深的是《红玫瑰与白玫瑰》里的王娇蕊。这是个情感很丰富的女性，过去都是她抛弃别人，后来遇到佟振保，最终却被他给抛弃了。原来只是面对着一份简单的感情，然而娇蕊却是倾注了全部的爱，只是这份爱过于残酷，以至于伤口留下会结下伤疤，却回不到从前。电影中有张爱玲的一句话说：“从前的娇蕊是太好的爱匠。现在这样的爱，在娇蕊还是生平第一次。”但是“这一次，使那坏女人上了当了!”话虽觉得只是小说里的一句理，可是现实生活中谁难免没上过几个感情的当呢。按照佟振保的想法，娇蕊就是个彻彻底底的纯粹“坏女人”。可是在跟佟振保的关系里，王娇蕊很无辜，没有什么过错，但是也落得这样一个下场。多年以后，佟振保在公共汽车上见到王娇蕊，她已经变得不像样了，但还是执着于这份情感，佟振保难道就能说他真忘记了当初那一份情吗？不，谁都不能，不然他干嘛让先下车那个人是自己而不是娇蕊呢！人们好像都是这样的吧，怀中拥着一个人，心中期待另一个，对怀中的有所愧疚，却还是对另一个有所期待，尝试用替代的方式转移感情，不料却是徒劳。从背后抱你的时候，期待的却是她的面容，还说是得不到的永远在骚动，被偏爱的都有恃无恐，那不过是人们想掩饰内心黑暗的借口，觉得自己只是没有更好的方式放手走，不过一个“念”字还在牵动。张爱玲只是把这种残酷的现实用小说的方式明明白白地展现给了读者，美妙的爱不过是点缀了残酷的句号来结束心中不该残留的念，你难道能说她不对吗？

再说说另外的一个“好人”——《茉莉香片》里的言丹朱。张爱玲曾经说过“我写的故事里没有一个主角是个‘完人’。只有一个女孩子可以说是合乎理想的，善良，慈悲，正大……”所指的就是言丹朱。她想帮助一位同学聂传庆，结果差点被他打死。这么个人，怎么会是这样的结局呢。因为聂传庆对这个世界充满仇恨，要找一个报复的对象，就选定了言丹朱，按照他的想法，她根本不应该在世界上存在，美丽的人却逝去于私念。

例子很简单，却很典型，王娇蕊也好，或是言丹朱也好，在张爱玲笔下都落得最悲惨的结局。不过她们的悲剧到底还可以归咎于某一个人，王娇蕊可以归咎于佟振保，言丹朱可以归咎于聂传庆。为什么我用尽全身力气，却换来半生回忆，残酷确因美记在心中。

说过了“好人”就一定有“坏人”，张爱玲笔下另外一些成功塑造的人物，第一个必须要提到的就是《倾城之恋》里的白流苏。她是离了婚的女人，住在自己家里。有天晚上忽然来了个客人徐太太，议论白流苏的前夫死了。于是她在家里住不得了，突然面临生存危机。经过徐太太的提示，白流苏明白自己需要找个男人结婚。她说："一个女人，再好些，得不着异性的爱，也就得不着同性的尊重。"她相信自己有能力做到如此。张爱玲后来讲："流苏实在是一个相当厉害的人，有决断，有口才。"经过很多的波折，最后她嫁给了范柳原。但是这个结局，完全不是白流苏自己的成就。因为范柳原只想把她当成情妇，不愿意正式结婚。白流苏花了好大精力，都白费了。而且在家里她还背负着抢妹妹男人的罪名，不过我们能说不是吗？她的确是从妹妹的相亲饭局上结识的范柳原，也是自愿接受了他，她只是考虑了自己的处境，自私地接受了范柳原的追求，但缘分谁能决定呢？小说快到中间部分，实际上这个结局已经定了，她只能做她不想做的事，变成范柳原的情妇。谁知就在这时，战争爆发了。两人的关系因此改变，白流苏的命运也因此改变，她终于如愿以偿地结婚了。小说结尾处说："流苏并不觉得她在历史上的地位有什么微妙之处。"实际上张爱玲还是用俯视的眼光来看这一切，在她看来白流苏自己的一切努力并无意义。以后她在《自己的文章》里说："柳原与流苏的结局，虽然多少是健康的，仍旧是庸俗；就事论事，他们也只能如此。"白流苏并不是这个时代的英雄，是因为"倾城"，才成就了她的"恋"。明明很好的一段因为爱情的两个人，却在张爱玲笔下有了"罪人"、"坏人"的味道，她用了整个香港的沦陷来成全范柳原和白流苏的爱情，也许就是要成全她，一个大都市倾覆了，难免让人觉得有了黑暗的色彩。但是，在这不可理喻的世界里，谁知道什么是因，什么是果？唯美的爱情却用残酷来诠释，这就是张爱玲的风格，那是她内心的波澜，也使我们的内心产生了波澜！说不尽的沧桑故事——不问也罢！

张爱玲的小说有两种特色，一个叫残酷，一个叫苍凉；前期的小说残酷色彩更重，后期的小说苍凉色彩更重。而苍凉是因为有个残酷的前提：残酷之下，这个人还得继续活着，就是苍凉。

在我看来，张爱玲不同时期有不同时期的风格，它们之间又有一致之处——她始终是用两种眼光去看这个世界，去看这个世界上的人；她看到他们悲剧的一面，也看到他们喜剧的一面。

这便是我对张爱玲的理解，也许你会觉得她不太符合常理，然而我却喜欢她的这种残酷之美，或许是唯美太多，就厌倦了；或许是残酷太狠，就惧怕了，只有这种用残酷诠释美，用美诠释残酷，彼此的结合才能表达人内心的阳光与黑暗。不要觉得张爱玲太现实，她只不过是将你内心的黑暗绽露了出来，谁都一样！

“请允许我尘埃落定，用沉默埋葬了过去，满身风雨我从海上来，才隐居在这沙漠里，该隐瞒的事总清晰，千言万语只能无语。爱是天时地利的迷信，原来你也在这里！若不是你渴望眼睛，若不是我救赎心情，在千山万水人海相遇，我被放逐的心又要往哪里去！”

“玫瑰的红，容易受伤的梦，握在手中却流失于指缝，又落空……”

如昙花般夺目的女子——张爱玲

高二（2）班　杨蕊菡

曾有这样一个女子，如绽放的昙花般绚烂夺目，却比凋谢的昙花还要寂寞三分。她如玉般温润，但她的爱恨足以倾城。

她是中国文学史上的一个“异数”，是民国世界的临水照花人。在她极富传奇的一生中，有绚丽惊世的成名过往；有痴心无奈的爱情经历；有十里洋场的上海故事；有华美悲凉的上海情缘。

有人说她是小资创始人，从小孤傲、漠然，她的作品隐隐会散发出一种盛气凌人、高不可攀的气势，这种气质从她的照片中便可以看出。然而在我看来，她是人性最透彻的洞察者，也是最能用文字走进读者内心深处的真情女子。

一、万般的无奈，却也无力回头

读完《倾城之恋》后，总有一种体味人情冷暖、体会世态炎凉之感。或许是张爱玲以自己的真情实感所写，又或者是张爱玲借书中的人物所表达的一种真情想往，总会感受到她借人物命运的沉浮起落抒发的是身不由己之痛，展露的是对生活的太多无奈。

书中的白流苏，遇上了一个原是介绍给她妹妹的男人范柳原。虽然柳原对流苏有一点爱意，但这点爱意不足以让他承担起婚姻的责任。流苏却只要一纸婚契，因为她是离了婚的女人，知道爱情不能长久，而婚姻能提供生存所需的一切，她只是想生存。在绵绵情话营造成的甜腻腻的气氛中，展开的却是一场无声的战争，各自设了精妙的陷阱，期待能猎获对方，却都不能如意。最后，流苏已甘心于情妇的身份……

人与人之间的关系本来很简单，由于利益分配很复杂，才有了尔虞我诈，才有了勾心斗角。

纷繁的尘世其实也很简单，由于人情冷暖很复杂，才有了恩剑情仇，才有了悲欢离合。

人生，说到最后，简单得只有生死两个字，但由于有了命运的浮沉，由于有了人世的冷暖，简单的过程才变得跌宕起伏、纷繁复杂。

渴望爱情、婚姻的幸福美满，却又向广大读者告诫着、申诉着婚姻的无奈与种种悲哀。一边渴望它，一边又批判着婚姻是长期的卖淫。在升华与浮华中，在失意与豁达中，张爱玲展现给读者的是回归自然的本性流露，是人性最真实的一面。

二、红玫瑰与白玫瑰都是现实中的幻影

“也许每一个男子全都有过这样的两个女人，至少两个。娶了红玫瑰，久而久之，红的变了墙上的一抹蚊子血，白的还是

‘床前明月光’；娶了白玫瑰，白的便是衣服上沾的一粒饭黏子，红的却是心口上一颗朱砂痣。”这是张爱玲对于爱情与婚姻的道白。

爱情在女人眼中真实而又美丽浪漫，然而在男人眼里却是变幻的、弥盖人心的童话。《红玫瑰与白玫瑰》的主人公佟振保奔走于理想与现实交织的网上，无法摆脱生活的艰辛，也无法躲避现实的羁绊。只是对于振保这个人物，我实在是不大喜欢的。在外人看来，他事业有成，稳重大方，是个君子。然而在我看来，这个男人在光鲜亮丽的外表之下，骨子里却是懦弱与不甘。娇蕊是他记忆深处永不褪色的那道风景，成为了他心目中的红玫瑰。“他喜欢的是热的女人、放浪一点的、娶不得的女人。”二人就此相遇，“现在这样的爱，娇蕊还是生平第一次，她自己也不知道为什么单单爱上了振保。”两人便如此产生了无任何附加条件的爱，那是真正的、发自内心的爱。然而，后来振保把真实的一面告诉了娇蕊——他不想为此情而承受太多责难。娇蕊收拾她纷乱的泪珠，出奇地冷静起来，从此走出了他的生命。之后便是振保娶了那个身材单薄、静如止水的女人：孟烟鹂。这是一朵白玫瑰，根本无法满足振保的需要，所以振保便开始在外面公开地玩女人。直到有一天，他在公共汽车上巧遇了他生命中的“红玫瑰”娇蕊，她已有一种中年人的俗艳了。岁月无情，花开花落。在泪光中，振保的红玫瑰与白玫瑰已是一种现实中的幻影。旧日的失落一点一点地逼近振保。回到家，在一番歇斯底里地发作后，振保又重新变成了一个好人。

毫无疑问，《红玫瑰与白玫瑰》又是一部讲述男女之情的书。爱情，只是一种企盼，亦或是迫于生活的一种无奈选择，这是张爱玲在此书中所表述的人生的最原始、最真实的一面。

三、在浮华与失意的背后，追寻岁月静好、现世安稳

了解张爱玲的人不难发现，她的作品中有着她与胡兰成的影子。当年，张爱玲是胡兰成的第四任妻子，在成为妻子前，她也是一个“小三”。在已经沦陷的上海，他们相互吸引，走到了一起。胡兰成的第三任妻子是一个歌女，同他的子女住在南京，而张爱玲在上海，胡兰成就是我们现在说的有两头住家的男人。但当胡兰成的歌女妻子知道了张爱玲的存在后，就决然离开了，胡兰成甚至在张爱玲面前流着泪说，“英娣要与我离异。”言语中有万般的不舍。这个令人鄙夷的胡兰成或许可以比作是振保，张爱玲可以比作是红玫瑰，两人的命运注定会以悲剧收场，但在张爱玲看来，她的内心里大抵也是温暖快乐过的。正如她自己说的那样：“于千万人之中遇见你所要遇见的人，于千万之中，时间的无涯的荒野里，没有早一步，也没有晚一步，刚巧碰上了，那也没有别的话可以说，唯有轻轻地问一声：‘噢，你也在这里吗?’”“你问我爱你值不值得，其实你应该知道，爱就是不问值不值得。”“人生最大的幸福，是发现自己爱的人正好也爱着自己。”到最后，发现自己爱的人除了爱自己也爱别人，她只好转身离去，内心再有百转千回也都是一个人的事儿了，爱过之后唯有沉默。这样一种倔强、孤独的灵魂，大抵是不易得到幸福与快乐的吧。

不知为何，每当品读张爱玲作品之时，心里难免会有一丝迷惘与一份感伤。即使在结尾处，男主人公回归了真实的本性，却难免会在爱情的征途上留下遗憾与失落。这种悲剧感也映射出了张爱玲所受家庭的影响。先是父亲和继母天天吸鸦片，自然对她和小弟是没有什么教育和照顾的了。继母乃一无甚修养之人，对其时有拳脚相加之举，其父也因其母的反叛而加怒于她。她曾被囚数十天，后终于逃离，跟随母亲生活，幻想过西方那种自由的生活，其母便教她西洋的一切生活，但很快发现她不适应那种“西式淑女”的作派，又加无生活来源，终于放弃了她。上海沦陷后她就读于香港大学，在此她感受到了许多：家事、国事、世俗文化冲突、人性的暴露等。这样的成长经历让张爱玲对这个社会、这个世界产生了一种荒凉的感觉，这终将影响张爱玲的人生。

正是在这样的家庭背景长大，张爱玲在现实生活中过于早熟。在二十几岁就已经洞察人性的她，却终究逃不开世间的“情”字，认识了在她生命中对她最重要的人——胡兰成，“见了他，她变得很低很低，低到尘埃里，但她心里是欢喜的，从尘埃里开出花来。”然而，即使是低到尘埃中，她的爱情最终也未能开出最夺目的花朵，爱情之花最终变为缤纷的落英，也还是爱上了，爱伤了，爱到萎谢了。

正是这样一个在那个旧时代里昙花一现的夺目女子，触动了所有用心读她作品的读者的心。张爱玲内心强烈地追寻岁月静好、现世安稳，却也难免会因为人与人之间那复杂凌乱的关系，而体悟到的是命运如玩笑般的无奈与悲凉。这就像张爱玲在《金锁记》的开头说的“我们也许没赶上看见三十年前的月亮，年轻的人想着三十年前的月亮应该是铜钱大的一个红黄的湿晕，像朵云轩信笺纸上落了一滴泪珠，陈旧而迷糊。老年人回忆中的三十年前的月亮是欢愉的，比眼前的月亮大，圆，白，然而隔着三十年后的辛苦路往回看，再好的月亮也不免带点凄凉。”然而，对于这样的复杂感情，那些没有读过张爱玲的小说或看过她的电影的人是永远不会明白的。

［选修模块 4］语言应用·中国特色小说 专题四、京味小说
老北京的特点

高二（2）班　程思思

北京有着三千多余年的建城史，是中国四大古都之一，拥有众多名胜古迹和人文景观，是全球拥有世界文化遗产最多的城市。北京城，它经历风雨，文化荟萃。它内涵丰富，韵味十足。

身为一个北京人，我怎能不觉得骄傲，面子上有光？这两周，学习了几篇京味小说，真的是叫我感慨万千，流连忘返。让我这个年龄不大的小北京人，深刻地感受到了老北京人的会乐儿，要面子等各方面的独特之处。现在就让我来聊聊老北京几个特有的特点。

要说特点，咱老北京话是最有趣儿的。几个儿话音，几个不同的声调，让你听了还想听。就算是光听老北京人聊天，你也能听一个上午。而最近我们学的汪曾祺写的这篇《云致秋行状》就满载了北京人的方言土语，就如同太上老君的炼丹炉里的丹，集所有精华为一身。读了一遍还想读，每一遍都能读出不同的韵味，读出不同的感慨。我觉得其中最经典的对白就是问致秋为什么自己不挑班。致秋答："有人撺掇过我。我也想过。不成，我就这半碗。唱二路，我有富裕，挑大梁，我不够。不要小鸡吃绿豆，强努。挑班，来钱多，事儿也多哪。挑班，约人，处好了，火炉子，热烘烘的；处不好，'虱子皮袄'，还得穿它，又咬得慌。还得到处请客、应酬、拜门子，我淘不了这份神。这样多好，我一个唱二旦的，不招风，不惹事。得，有碗醋卤面吃就行啦！"这里的五六句话，话不在多，但说得好，说得妙。云致秋非常实诚地说出了自己不挑大梁的原因。他的语言圆润，没有一点骄傲的感觉。随时跟上几句俏皮话。"不要小鸡吃绿豆"、"虱子皮袄"，又逗乐，还把处理不好事情、很"难拿"的那种感觉比喻得形象、贴切。话语之间，一下子就突出了云致秋的性格特点。他是一个乐天派，不贪图钱财，不惹事儿，轻松爽快，而且很有教养。读了几遍这几句话，感觉很难拿，不容易读出那种京腔京韵。北京话不是看上去得那么普通，听个乐儿就过去了，越咂摸越觉得有味道，越听越有感觉。

要说老北京少不了的是什么？那就是规矩礼数。见到长辈要用"您"，见到朋友就得打招呼。"吃了吗，您哪？"特别热情。

在旗人家里供一些神佛也是必不可少的。《过年》中的父亲虽是旗兵，可是已经失去二百年前的叱咤风云的气势。过年之际没有钱，没有买什么年货。可是他并没有忽略了神佛。“不但请了财神与灶王的纸像，而且请了高香、大小红烛，和五碗没有烙熟的月饼”，他穷得连年货都买不起，还花钱请佛像。真是委屈自己也不能断了规矩，真的是有点死要面子活受罪。“他拿起皇历，看清楚财神、喜神的方位，以便明天清早出了屋门便面对着他们走。他又高兴起来，以为只要自己省吃俭用，再加上神佛的保佑，就必定会一顺百顺，四季平安!”可见，讲究规矩礼数对旗人来说是多么的重要，还有哪里的人能那么在乎礼节，那么遵守讲究?

旗人过年还不只是书里提及的那么一点讲究，还比如腊月二十三祭灶王；二十四打扫房间；二十五糊窗户；二十六炖肉；二十七杀鸡；二十八发面；二十九蒸馒头；三十晚上守岁；大年初一拜年。还有一年的二十四节气，每个节气都有不同的必吃的菜肴。还有旗人不能吃狗肉等。从文中和平时看来，满族真的是一个很讲究的民族，也是一个很重礼数的民族。不管是以前的高贵的旗人，还是以后的衰败的旗人，虽然他们拥有的金钱、社会的地位有着很大的差异性，但是他们都习惯了那些讲究。随着社会的发展，北京有了很多的变化，但是那些讲究都一丝儿没变地流传到了今日。

作为一个北京人，您要是不好面儿，那可真就不好意思了。北京城古香古色，历史悠久，几千年的文化积淀蕴含了很多别的地方学不来的老北京特点。《寻访“画儿韩”》里的主人公甘子千怕自己画的假画被画儿韩识破，“此事一旦传开，自己的人品扫地，也得罪了画儿韩”。一个人的败坏人品被传开了以后，没有几个人会待见他，没人给他好脸子看，没人会再给他面子。这样看来，北京人对于面子问题，真的是特别敏感，特别重视。要是谈论面子问题，当然少不了《辘轳把儿胡同9号》里韩德来的曲折经历。韩德来倒卖电影票的原因就是想有几个人能在买他的票的时候追捧他。他很享受被别人簇拥着的感觉，觉得面子上倍儿有光。可见，他的“面子”已经扭曲，他虚妄追求，盲目自大。作为一个北京人，现在我们都还很要面子。比如说，平时做了点好吃的，还会给同事啊，朋友啊带着尝尝。朋友们也肯定都会给个面子尝尝。做的菜被表扬了，觉得脸上倍儿有光，心里倍儿高兴。好面儿是好事儿，但也不能太好这口了。但作为一个北京人又怎么能不好面儿呢？

几篇文章，几万个字，把老北京生活写得活灵活现，把老北京人的一言一行描绘得栩栩如生，写得是如此的精彩。还没有聊到老北京人的悠闲会乐，还没有聊透老北京人的为人处世。老北京的特点真的是太多太多了，哪怕是三天三夜也说不完。这也说明了北京是一个文化深厚的城市，北京人更是有内涵的人。我爱北京，我更爱北京人——爱的就是北京的那些别人学不来的“倍儿局气”的大气。

北京话·北京人

高二（2）班　焉然

这两周学习京味小说，研究北京人，北京话。作为地地道道的北京人，我不仅体会到了过去年代的北京话的多种多样，也学到了更多我还不知道的北京话，品出了北京话的味道。结束了专题学习，就像离开老朋友一样有些恋恋不舍。

我探究的是“北京话”专题，从这几篇小说中，总结了很多老北京人说话的特点。

北京人的文明用语，是北京话中不可缺少的成分。在老舍的《过年》里，我学到了从没听过的“您”。在老舍笔下的旧年代，北京人就会用“您”，只要有人对长辈说“你”，就能判断出他不是地地道道的北京人。现在，虽然“您”被很多地方的人取用了，但“您”还是只属于北京人的北京话，是用于对长辈，上司的敬称。

北京人最会的还属儿化音，很多其他地方的人都不会。像老舍《过年》里的“她们都搭不上茬儿”、“您放心，没错儿”，等等。这些后缀的儿化音，成为了北京话的象征，是北京话专有的特征。

老北京方言土语，是我们北京话的标志。在老舍的《过年》里，有一句话只有北京人才真的懂，“可不就是卖房”这句话给别人读，也许，就读出了不一样的感觉。大多数非北京人会读出的意思是就是卖房，如果把“可不”换成一声，后面断一下，就是北京人的读法，意思是：不是卖房。如果不是地地道道的北京人还真的不会说，这也算是北京人专属的北京话吧。

北京话不仅仅有着属于它自己的标志，而且在说话艺术上，也有着属于它自己的艺术特色。看《寻访“画儿韩”》，也许，读者不会注意“画儿韩”是什么意思，其实，它也是北京话的一种风格吧，它专门来形容画画技术高的人。在文中，最精彩的还是要属那五拿来的画被画儿韩识破的那一部分，画儿韩说“画儿是你拿来的，如今你又拿了回去，来回跑挺费鞋的，这几个钱你拿去买双鞋穿，告诉你那位坐帐的！”，这段话有三处以“的”结尾，这也是北京话的特色，他们有着不一样的意思：“画儿是你拿来的”，这里的“的”是指强调是你拿来的画；“来回跑挺费鞋的”，这里的“的”强调费鞋；“告诉你那位坐帐的”这里的“的”指人。分析完这几个简简单单的“的”，真的好有趣。还有“就这点本事也上我这儿来打苍蝇吃吗？”这句话意思是：你来占的是又小又恶心的便宜！这句话在含蓄地讽刺对方，也用这样的比喻给自己找乐儿。最后还有“这才叫做假呢，叫他再学两年吧！”写出了轻蔑、讽刺的态度。这几句普普通通的话语，让人能看出、听出不同的意味，也让人看出来北京话具有的平民气、市井气和人情味，还让我懂得了：即使是对于伤害自己的人，说话也要留有余地，不要给自己筑起一堵墙。

《云致秋行状》中说到的“爱聊天，也会聊。他的聊天没有什么目的”和“致秋的爱聊，只是反映出他对生活，对人，充满了近于童心的兴趣。致秋聊天，极少臧否人物”，这两处话表现出了北京人的一大特点：爱聊天。北京人在聊天中，总是有很强的好奇心，总是说人家的好处。有时候，北京话还带有一点俏皮，比如：“我寻思这回该上八宝山了，没想到，到了五棵松，这又回来了！”他把自己曾经差点丢掉生命的事，也用开玩笑的方式表达，写出了北京人的幽默感。

《辘轳把儿胡同9号》中，有句话是“听见张春元的话，韩德来认定这是往自己的脸上抹玻璃碴子哪”，用比喻的修辞方法，强调的是让人脸上挂不住，不好看，写出了老北京人的爱面子。

从上，我能体会到北京话不是普普通通的表达用语，它还是北京的标志，是北京人的专属的艺术。通过京味醇厚的北京话，我不仅能品出北京话的俏皮、幽默、礼貌，也能从字里行间品出一个人的性格特点。北京话，真是越品越让我豁然开朗。我们要传承北京话，使北京话成为世世代代北京人的标志。

地地道道的北京话

高二（2）班　齐晨

京味小说专题学习已经结束了，我体验到了北京文化的深厚。我发现，北京话是北京文化的脊梁，如果没有传统的北京话，北京的文化可能永远都不会有意义。从老舍的《过年》，到邓友梅的《寻访“画儿韩”》，再到汪曾祺的《云致秋行状》，最后到陈建功的《辘轳把儿胡同9号》，无时无刻不在体现着北京人语言的朴实、亲热、圆熟和幽默，也无时无刻不在衬托着北京的文化气魄。

我们家人是地地道道的北京人，我们北京人说出来的话具有京腔京味。在《过年》这篇小说中让我记忆最深刻的就是多甫大姐夫说的那句“可不就是卖房”。简短的“可不”两个字就足以体现出北京人的言语中所带的京腔京味。在课上我们尝试很多次去念这两个字的字音，可我们都没有念对。可见北京人的语言文化是多么的悠久。在我的日常生活中，家人的话语也掺杂着传统的北京话。我奶奶老说：“别哈着腰”，她的意思是让我别老弯着腰。有时候奶奶觉得一件事没有做成功时总会说“完菜”，“完菜”表示一件事情没有做好。有时候，在我们放学回家的路上把迎面走过来的行人看成了同学，而发现不是同学时，总会说“看走眼了”……对的，我们的话语中无时无刻不充满着京腔京味。正是这种京腔京味让我们的北京话独一无二。北京话充实着北京文化，让北京文化更加浓郁、更加悠久。

《寻访“画儿韩”》小说中的语言也充满了京腔京味儿。就好比说题目，“画儿韩”是指一个姓韩的擅长画画的人。文章中也蕴含着不少这样的说辞。“画儿韩是作书画买卖的跑合儿”，“跑合儿”是指买卖的中间介绍人；“你想要，今晚上我破工夫再给你作一幅!”，“破工夫”是指花费时间；“看样儿没我的事了吧?您拿钱吧，我该走了。”，“看样儿”是指看见这种情况……可见一篇京味小说所蕴含的京味儿着实不少。正是这种京腔京味才深受读者的喜爱，也正是这种京味儿小说把北京的文化充实光大了。

《云致秋行状》这篇小说蕴含的北京话不仅多，并且时时刻刻体现着北京人说话的特点。“他爱聊天，也会聊。致秋的爱聊，只是反映出他对生活，对人，充满了近于童心的兴趣。致秋聊天，极少臧否人物。‘闲谈莫论人非’，他从不发人阴私，传播别人一点不大见得人的秘闻，以博大家一笑。他走南闯北，知道的事情很多，而且每个细节都记得非常清楚”这几句话通过写云致秋会聊天并且不说人隐私，体现了北京人朴实、厚道的特点和修养。这就是北京人说话艺术的精神，对于现在来说也许就是“北京精神”中的厚德了吧。

从几篇京味儿小说的视角来看，北京话真是一座文化积淀深厚的宝藏。也许正是这些别人所学不来和不能理解的文化底蕴，才让我们北京人无比地骄傲与自豪。北京话好似是一张北京人的名片，也是北京这座城市特有的文化丰碑。这座丰碑在老北京城足足屹立了千百年，这些都使我们21世纪的青年更加富有民族使命感。北京话是北京文化的桥梁，是北京人的脊梁，我们北京人也要成为中华民族的栋梁。

多味儿的北京话

高二（2）班　乔浩鹏

说起北京话，真是叫人喜爱非常。不仅是因为它的幽默，更是因为它能体现北京人“要面儿”和讲究，突出了北京人的内涵。

首先，它的幽默让人不得不说。老舍笔下的《过年》生动地体现了这一特点，文中的那句“可不就是卖房”，在不了解北京话的人理解下一定会以为是要卖房，可经过咱北京人给你一解释，你就会发现完全不一样的意思，由此你也不得不感叹这北京话的幽默了吧。生活中北京人连拒绝人好像也“舍不得”让你没面子，会幽默地给你来一句“歇菜吧你”，令你连生气的力气都没有了。是啊，悠久的历史铸就了这幽默十足的北京话。说这样的话，在平时的交谈中往往可以拉近人与人之间的距离，让你做事事半功倍，这也显现出了北京人的包容、好客、善于交往。

第二不能漏下的就是它的讲究。《寻访“画儿韩”》中“今晚上我破工夫再给你作一幅”，意思是今天晚上我抽时间给你做一幅。其中的“破”字不光是说明要给人作画，也体现了他要在忙碌的时间里抽时间给人作画，表示了他对人的尊重。而在“自己已蜡头不高，生前不把他找回来，死后闭不上眼”这句话中，用“蜡头不高”比喻自己的寿命不长，极言余日无多，形象感很强，生动地表现了甘子千要在有限的时间里找到画儿韩的决心，也令我们这些读者读出了他的悔意。生活中这样的例子也有很多，例如北京人见面打招呼都会说“吃了吗，您哪?”简单的一句问好，却拉近了双方的距离，增加了彼此的好感。因此，讲究的北京话不光起到了表达自己意图的目的，更会使对方加深对自己的印象，突出自己的决心以及拉近彼此的距离，等等。

北京话诸多特点也体现着北京人的“要面儿”，生活中的北京人无处不体现着这个特有的风格，这恐怕已经成为我们的风气。今天学习了课文《辘轳把儿胡同9号》，其中的人物令我难忘，最突出当属老韩头了。“文化大革命”期间他因为受到过毛主席的接待，从一个文化水平低的工人成为了9号院里的焦点人物，从此过上了面子十足的生活。“瞧你们这沉不住气的劲儿!”这句话底气十足，将老韩头“要面儿”的特点发挥得淋漓尽致。但好景不长，当院中其他人都快速发展后，老韩头的权威没有了，面子仿佛也受到了打击，导致他竟然为了找回面子而去倒卖电影票，享受那一时被人包围的快感。从这举动中不仅能看出他的虚荣以及幼稚，也能看出这个北京人的要面子。生活中，我们出去玩，总会说“这顿我请了”，“我朋友来，给我上最好的”之类，无不体现北京人的要面子。

说了这么多的特点之后，当说说北京话最重要的内涵，我看非此点莫属了，那就是，众所周知的“逗乐”。在京味小说专题的《云致秋行状》课文中体现得尤为突出。在好友问云致秋为何不自己挑班、开戏园子时，云致秋说：“我可没那本事。”他用“小鸡吃绿豆，强努”这样风趣的话说明了自己不开戏园的原因，又表明了自己有自知之明，同时也更加地体现了他的谦虚、不自满。虽然云致秋可以唱各种角色的戏，却调侃自己没有本事，让人不得不对他心生敬佩。短短的一句话，却能如此鲜明地体现出自己的性格特点，生动地说明了北京话极具内涵。

多味的北京话铸就了多味的北京人。让我们传承这悠久的北京话，发扬其体现的北京人的讲究和厚德，为这北京话自豪吧！

那一股浓郁的北京味儿

高二（2）班 周珂欣

世事变幻，白云苍狗。北京，这片神奇的土地发生了太多太多的故事，家长里短道不尽，京腔京韵自多情。直至今日，我们依然随处可听可见。

《过年》那个爱吃喝玩乐的败家子多甫大姐夫和《寻访“画儿韩”》中提笼架鸟的那五，他们都是老北京旗人的代表，他们俩身上的“好乐儿”态度，就是北京人专属的，他们寻乐的法子也是北京人特有的。过年时，借元宝、用铜钱打老道、买风筝、买山里红、喝豆汁儿、逛庙会、给赏钱、看烟花、看纱灯……就算在今天，我们也没有这么多讲究，但是多甫大姐夫宁可典押了房契也要过这么一个“肥年”，这种大排场不是北京人是不会理解的。再说《辘轳把儿胡同9号》里的韩德来老头儿都一把年纪了，还是很要面子，他最喜欢让别人围着他。在人群中央被人用钦佩的眼神“仰”望，在他心中就是莫大的殊荣。甚至在自己被冷落的时候，还想着倒卖电影票来博得别人的关注，这种做派在外地人眼里一定被认为是大傻子的举动，在北京人眼里却多了一点理解。多甫大姐夫的“生活艺术化”、小市民韩德来的“死要面子活受罪”处处都成为了老北京人的特征。

要面子的同时还会给人留面子，这就是北京人的互相理解、互相包容。《寻访“画儿韩”》中的“画儿韩”不仅技艺高超，而且待人接物也留有余地，将北京人的高尚品格发挥得淋漓尽致。在得知好友甘子千与别人“恶作剧”欺骗了自己，作为常人，心中的愤怒可想而知，但是北京人懂得包容并不当着众人让老朋友颜面尽失，这并不是所有人都能做到的。当我们在被欺骗时如果能理清前因后果，做到包容待人，那么北京人的这一高尚的品格便又得到延续了。

不光要面子，北京人还特讲“礼儿”，这礼数问题看得也极重。《过年》中的父亲便处处讲老礼儿：“不但请了财神与灶王的纸像，而且请了高香、大小红烛，和五碗还没有烙熟的月饼。”虽然家境穷困，但是这种祭神的老规矩可不能忽略。如今的北京，“礼”已成为了人们的习惯：出租车里，“您去哪儿?”餐厅里，“您来点儿什么?”，这种敬语让人心里舒坦得很。

另一方面，北京人的善良与热心又是无人能及的。《过年》中“我”的父亲虽生活穷苦，但在困境之下却仍然保持着随遇而安的生活态度。面对姑母的责难，在新年之际，依旧心平气和地对待一大家子人，这就是北京人的本色。《辘轳把儿胡同 9 号》里的冯寡妇与赫老太对张春元有些看法，但毕竟邻里之间，在误会张春元有难时却还是好心帮他说话，这也是老北京人善良的本色。

这种老北京本色不仅在老北京人身上得到了体现，更是在现代的北京人身上得到了传承。如今在大街小巷，北京人那亲善的笑容成为了一道亮丽的风景线，那股好客的热情在人与人之间洋溢着。这就是北京人，爱讲究、爱讲礼儿、热情好客的北京人。

那一股浓郁的京味，那一种浓郁的北京情结！

参考文献

1.《普通高中语文课程标准（实验）》，人民教育出版社，2004年版。

2. 刘宇新：《选修课程的有效实施——选修课例展示与研究》，2010年8月，北京教科院基教研中心中语室提供的教师培训课件。

3.《语文课程标准（实验）解读》，湖北教育出版社，2004年版。

4. 刘宇新、韩明英、亓东军：《对选修课程中"专题式教学"的思考与设计》，载《中学语文教学》（京）2009年2期。

5. 张秋玲：《把语文教学引回自己的家园——走进吴鸿"语文研究性学习常态化"实验的逻辑思考》，载《人民教育》2010.22。

6. 纪秋香：《基于专题学习的读写结合的实践思考》，载《2011年全国高中语文模块课程·专题教学理论与实践研讨会议资料》，北京师范大学出版社。

后　记

此书是我，作为一位普通的语文教师，参加新课程改革以来的教学成果，集中包含了我在语文选修课“专题式教学”方面的探索和思考。它能够呈现我近几年的专业发展足迹，也凝聚着我付出的心血和殷实的收获。我衷心地希望此书通过真实记录教学实践过程和具体描述切身体会，能够体现一线教师教学探索的原创价值和拓荒意义。

在撰写此书的过程中，我得以清晰地看到自己从文字中跳脱出来的专业发展脉络。自 2008 年进入选修课的教学，由最初排斥抵触，到蹒跚起步，再到沉下心来慢慢探索，一路跌跌撞撞，但也时有收获。从市级公开课，到参与全国研讨会，到论文获奖，再到结集成书，积累下来，也算有些成果。回顾五年来的教学，我已走过了一段不算短的路。通过对新型的选修课程进行“专题式教学”的体验和思考，我逐渐摸索出了一套适合校情、学情的行之有效的选修课教学方法，初步形成了自己的选修课教学特色。从中，我觉得自己最大的收益是：自己人到中年，在具有了一定的教学经验和思考总结能力的阶段，在参与课程改革进程中，我开始走上了积极主动的教学探索之路。在这条路上，我实实在在地经历着对语文教学越来越深刻的领悟过程，真真切切地感受到自己与语文新课程同步发展，全面促进了专业成长。在这条路上，我唤醒了自己进行教学和教研的兴趣和热情，也找到了自己参与新课程建设的价值感和创造力。我终于打破了教师是“传声筒”的定位，明确了教师应是新型课程专业化的创造者的意义。因此，我找到了自己在教师岗位上的位置和价值，也一定程度地获得了职业的成功感和幸福感。

我个人在专业上的点滴进步，也得益于北京市和石景山区两级教研部门的专业引领。区教研员纪秋香老师给了我很多的指导和帮助，令我受益多多。是她，在一次进校座谈中温婉平实的几句话，启发了我开始尝试新的教学方法；并在我承担市级公开课的准备过程中，倾尽心力地给予指导；还带我多次参加国家级、市级的专题教学研讨会，让我开阔了教学的视野，拓展了研究的领域。在这里，我向纪老师表示衷心的感谢。同时，也向石景山教育分院的孙淑萍、张菁、孙庆明等老师长期对我的关注和帮助一并表示感谢。

借此机会，我也向北京教育科学研究院中学语文教研室的刘宇新主任、夏宇老师表示感谢，刘主任在指导我完成市级公开课的过程中给我提出过很多宝贵的意见，也对我的论文提出过修改意见。同时，我也向北京师范大学的郑国民教授和张秋玲、林秀艳、吴欣歆三位女博士表示感谢，几位专家为我校语文组及我个人开展教研提供了专业指导。尤其是郑国民教授还亲自为我的书稿作了序，让我深为感动。诸位师长严谨治学和平易近人的态度值得我一生铭记和学习。

我还要感谢我们苹果园中学的于志勇校长，他在创建高品质校园文化，促进教师的专业发展方面富有长远眼光和极大魄力。感谢他对教师个人出版专著给予的真诚鼓励和大力支持。也感谢张跃民书记、夏伟平副校长等领导以及学校的老师们给予的一切热情的帮助和支持。

在此，我还要对我的学生表示特别的感谢，感谢他们对于我在选修课的教学中大胆尝试“专题式”这种新的教学方法的大力支持。我在这条探索之路上取得的每一点进步，其实都是师生集体智慧的结晶，其中更多凝聚着的是学生们的才华和创造力。这本书中收录了我自 2008 年以来的一些教学实例和学生论文，这些都能够真实地记录下我们近五年的选修课学习中深入一个个专题开展探究的学习过程。学生的作品就像一面镜子，反馈出每一个专题教学的得与失，更让我深刻地体会到了教学相长的教育真谛。这本书稿与其说是我在选修课专题教学中的成果，不如说是我们师生共同的学习体验和成长过程的真实记录。在此，请允许我郑重感谢出现在我书稿中的张泰、范雅丽、樊睿、刘新慧、杜雨晨、孙颖、刘英男、张楠、李乐、刘博时、张磊、解磊、陈晗竹、王泽洋、高爽、程美晨、高策、陈思楠、白天傲、刘宏风、王君阳、张尧、吴海峰、张斯琦、韩华、彭达、高志博、朱旭、周炀、范珊珊、王玮尘、厉舜、史尧瑶、许世豪、于郝欣、刘晔、侯晓婧、刘沛豪、张雨尘、白星月、白婧、张钟方、彭勃、杨佳宁、崔羽婧、孟楠、魏一夫、邹也彦、路羽白、李一凡、程思思、焉然、齐晨、乔浩鹏、周珂欣、杨蕊菡等同学，以及在我从教22年以来所珍存心底的校园记忆中的其他学生们。

最后，我由衷地向中央民族大学出版社的责任编辑李飞表示感谢，是李老师的大力支持和鼎力相助才使我们学校顺利出版了此套“苹果芳馨”系列丛书。她的亲切周到、严谨细致的工作作风，特别是对所编书稿的一丝不苟的态度都给我留下了极为深刻的印象，感谢她为此书出版付出的辛劳和所做的贡献。此外，我还要感谢为我们提供很多帮助的出版社的领导和朋友们！

2012年11月